民间金融系列研究型教材

投融资增信类民间金融理论与实务

张立莉　主编

中国财经出版传媒集团
中国财政经济出版社

图书在版编目（CIP）数据

投融资增信类民间金融理论与实务/张立莉主编
. --北京：中国财政经济出版社，2021.1
民间金融系列研究型教材
ISBN 978-7-5223-0297-3

Ⅰ.①投… Ⅱ.①张… Ⅲ.①民间经济团体-金融机构-中国-教材 Ⅳ.①F832.35

中国版本图书馆 CIP 数据核字（2021）第 013733 号

责任编辑：孙 琛　　　　责任印制：党 辉
封面设计：楠竹文化　　　　责任校对：张 凡

投融资增信类民间金融理论与实务
TOURONGZI ZENGXINLEI MINJIAN JINRONG LILUN YU SHIWU
中国财政经济出版社 出版
URL：http：//www.cfeph.cn
E-mail：cfeph@cfeph.cn

社址：北京市海淀区阜成路甲 28 号　邮政编码：100142
营销中心电话：010-88191522
天猫网店：中国财政经济出版社旗舰店
网址：https：//zgczjjcbs.tmall.com
北京时捷印刷有限公司印刷　各地新华书店经销
成品尺寸：185mm×260mm　16 开　19.25 印张　321 000 字
2021 年 2 月第 1 版　2021 年 2 月北京第 1 次印刷
定价：78.00 元
ISBN 978-7-5223-0297-3
（图书出现印装问题，本社负责调换，电话：010-88190548）
本社质量投诉电话：010-88190744
打击盗版举报热线：010-88191661　QQ：2242791300

民间金融系列研究型教材编审委员会

Preface

序言

我曾在广州工作、生活了8年，直接参与并见证了广州金融业在党的十八大以来的快速发展历程。应该说，金融业在广州的城市战略定位举足轻重，在地区经济中发挥了重要作用。2019年，广州市金融业增加值占GDP的8.6%，对GDP的贡献率达到10.4%，成为当地经济发展的四大支柱产业之一。

广州是中国民间金融创新比较活跃的城市，以小贷公司、融资性担保公司、金融科技公司等为代表的地方金融发展很快，在服务小微企业等方面发挥了积极作用，是现代金融体系的重要补充。与此同时，我们也应当看到，由于民间金融机构监管不充分、自身业务能力局限等内外部问题，发展过程中也出现了一些风险，有的案例影响还比较大。在如何规范民间金融发展方面，广州市进行了很长时间的探索，并积累了一定的经验，具体要从“广州民间金融街”的建设说起。

2012年，在“民间金融街”还处于概念雏形的时候，温州小微企业危机给广州带来了触动。温州小企业面临融资难的困境在广州也普遍存在。当时我们就设想：能不能办一条街，让一些银行、小贷、担保、保险、证券（类）等金融机构或公司聚集于此，以解决企业融资难、融资贵的问题。这对于小微企业来讲，既可以货比三家，选择适合自己的融资方式，又可以完成一站式融资。对于进驻机构而言，聚集效应可以使彼此产生合作，同时也可以形成良性竞争，以改善固有的金融服务。

经过多方调查研究，“民间金融街”最终落在了长堤大马路。长堤大马路，位于珠江北岸，这条全长仅800米的老街，在历史上不仅是全国商贸最繁华之地，还书写过中国金融业发展史的辉煌一笔，被香港媒体称之为“中国金融第一街”。经过8年多的发展，广州民间金融街建设成效显著，这主要表现在以下3个方面：

第一，与旧城改造相结合，将一条“脏乱差”的旧街巷转型升级为保留传统文化、年收入过10亿元的“白富美”。数据显示，2012年长堤大马路规划范围内税收不到2 000万元，沿街商铺平均租金为50元/平方米，有不到10家的银行网点。仅仅8年多时间，截至2020年6月底，金融街入驻机构超300家。其中，小贷公司88家，商业保理33家，融资租赁10家，典当行5家。12家世界500强、26家中国500强、60余家国内外上市公司投资设立机构，实缴注册资本超500亿元，累计提供融资额超5 000亿元，缴纳税收近50亿元。广州民间金融街也先后获批数字普惠金融试验区、公益金融试验区，连续4年在广州市11个区的金融稳定综治考评中排名第一。

第二，贷款效率和透明度高，有效解决了中小企业融资难问题。一方面，有助于疏导民间资本，促进经济活力和公平竞争。民间金融街作为民间资本的集聚试验区，为资金盈余者和资金需求者提供了解决信息不对称问题的新机制和新平台，为民间资本找到了新的投资出路，同时可以有效解决中小微企业的融资难问题。另一方面，广州民间金融街的存在，有助于抑制非法集资和民间高利贷，对稳定地方金融市场环境起到重要作用，同时还创造了大量的就业机会，新增金融类就业岗位超8 000个。

第三，形成了完整的价格体系，构建起市场化的民间资本利率机制。小额贷款公司的资金90%源自民间资本，这意味着企业在用自己的钱放贷，对风险的考虑比政府要成熟，在此基础上搭建的民间融资“广州价格”体系，有助于形成市场化、阳光化、规范化的贷款利率机制。事实也证明了这一点，经过8年多的实践，广州民间金融街已逐渐发展为“立足广州、辐射珠三角、影响全国”的民间资本集散地、民间金融研发中心、民间金融创新中心和民间融资价格风向标。

广州民间金融街的探索和实践，为地方金融监管和规范民间发展提供了一个成功的模式。在此背景下，广州民间金融街提出了民间金融企业高管与从业人员金融能力提升计划，通过举办高端研修项目和专题培训班等形式开展持续性的继续教育，这就需要编辑出版一套适合民间金融企业管理需要的培训教材。

广州民间金融街“民间金融系列研究型教材”编写出版项目包括5本教材，分别是《信贷类民间金融理论与实务》《投融资增信类民间金融理论与实务》《金融科技理论与实践》《交易平台类民间金融理论与实务》《民间金融监管理论与实践》。其中，《信贷类民间金融理论与实务》主要选取针对小贷公司、典当行、融资租赁、农民专业合作社等民间金融组织开展研究；《投融资增信类民间金融理论与实务》主要选取针对私募股权、融资担保、商业保理、信用评级等民间金融业开展研究；《金融科技理论与实践》主要针对科技与金融融合产生的新业态，选取数字货币、支付科技、互联网借贷、网络众筹、互联网消费金融、供应链金融等科技类民间金融业开展研究；《交易平台类民间金融理论与实务》主要选取针对股权交易平台、互联网财富管理、资产证券化、衍生商品类交易中心等交易平台类民间金融业开展研究；《民间金融监管理论与实践》主要对民间金融监管理论、地方金融监管实践、监管机制设计等重要问题开展研究。这套教材突出了研究特色，加强了对实践发展的归纳总结，对于民间金融理论的创新与发展具有重要的意义。相信本系列研究型教材能够满足民间金融企业高管和从业人员培训学习的需要。

据我所知，国内并没有专门针对民间金融领域的系列化教材，同类研究多以专著形式呈现。从这个角度讲，本系列研究型教材的出版是开创性的，具有重要的学术和实用价值。本教材采用招标形式确定编写团队，广州民间金融街组织了面向全国高校、研究机构、企事业单位的招标工作，最后由中央财经大学金融学院团队中标。该团队由我国民间金融与普惠金融研究领域知名专家李建军教授负责，组织广东财经大学、暨南大学、广东技术师范大学、上海财经大学、华中师范大学、云南财经大学等高校的学者共同编写完成。本教材实现了理论、实务、案例、专题分析、延伸学习、思考与训练等方面的有机融合，通俗易懂，适合继续教育培训使用。

最后，希望广大民间金融领域的监管者、从业者、专家学者们，能够以此为契机，共同为我国民间金融的发展积累经验、提供范式，共同打造好民间金融品牌，为地方金融稳健发展作出贡献。

欧阳卫民

2020年7月19日

Foreword

前言

改革开放40多年来，我国民间金融遵循社会主义市场经济发展规律，获得了迅速发展，各类民间金融机构纷纷建立，在一定程度上满足了中小微经济主体和个人的融资需求，经过多年发展，民间金融渐成金融体系不可或缺的部分，有些地方民间金融规模甚至超过了农商银行提供的贷款规模。1992年以后，社会主义市场经济改革方向的确立为中小微企业拓宽了发展空间，民间金融适应了这些经济单位快速发展的融资需求。2005年，中国人民银行主导推进了小额贷款公司的试点，意在引导民间借贷资本规范运行。2008年以后，村镇银行被视为小额贷款公司的出路，民间金融逐步向正规金融模式转化。近些年来，金融科技的迅速发展，尤其是互联网技术的应用和普及，使民间金融创新和发展更加迅速。

2017年第五次全国金融工作会议之后，国家确立了中央和地方监管部门各自负责的范围，明确了在坚持中央事权、中央统一规则的前提下，充分授权地方政府，加强对属地金融活动的监管。根据中央部署，地方金融监督管理局负责对小额贷款公司、融资担保公司、区域性股权市场、典当行、融资租赁公司、商业保理公司、地方资产管理公司等金融机构实施监管，强化对投资公司、农民专业合作社、社会众筹机构、地方各类交易所等的监管。广州民间金融街“民间金融系列研究型教材”课题组据此将民间金融范围定义为以上“7+4”类金融机构及其经济行为的集合。在此基础上，根据金融机构的主营业务、业务特征等，将以上“7+4”类金融机构划分为四类：投资与增信类民间金融、信贷类民间金融、互联网科技类民间金融和交易平台类民间金融。

本书探讨的范围是投资与增信类民间金融，顾名思义，投资与增信类民间金融是指融资性担保公司、投资公司、商业保理公司以及地方资产管理公司。融资性担保公司、商业保理公司以及地方资产管理公司的主营业务明显具有增信特征，尤其是融资性担保公司，因其起源久远，增信功能直接明显，在民间金融领域占据着重要地位，对缓解中小微企业融资难困境具有重大意义。商业保理公司则在供应链金融、对外贸易等领域具有独特的优势，对促进产业链发展和对外贸易规模增长具有重大意义。地方资产管理公司则应宏观经济步入新常态之需而生，在化解企业债务困境、防范区域金融风险等方面扮演者不可获取的角色。

至于投资公司，则是数量最多的金融机构了，放眼城乡，几乎遍地皆是投资公司，投资公司风险管理水平参差不齐，屡屡爆发出违法违规现象，成为民间金融整顿的重点对象，但客观上投资公司的大量存在却缓解了一部分资金紧急需求。此外，受到国家和各级政府大力支持的创业投资公司、天使投资公司和股权投资公司不仅有助于缓解经济主体的融资需求，更有助于促进高新技术的发展，从而推动经济的转型升级。

本书分四篇九章，分别为基本原理篇（第一章、第二章）、业务实践篇（第三章、第四章、第五章、第六章）、风险管理篇（第七章、第八章）和宏微观管理篇（第九章）。在基本原理篇，本书阐述了投资与增信类民间金融的基本概念及市场构成。在业务实践篇，本书以金融机构为对象分别列出一章进行经营实践探讨，按照融资性担保公司、商业保理公司、投资公司和地方资产管理公司分别介绍了各自的经营实践。在风险管理篇，本书第七章阐述了民间金融机构风险管理的基础理论及风险溢出效应等内容，第八章则分别介绍了以上四种金融机构的风险管理实践。在宏微观管理篇，本书第九章探讨这四类金融机构与宏微观审慎管理的相互关系。

本书在编写过程中，吸收和引用了部分相关教材、专著、研究报告、学术论文、案例等内容，其中大部分文献资料标注了来源，少部分无法查明来源的，欢迎作者和读者指出。本教材的出版得到了中国财政经济出版社的大力支持，在此表示衷心感谢。中央财经大学金融学院博士生杨德祥，云南财经大学国际工商管理学院硕士研究生吴娅男、范燕梅、王彩凤、赵梦雅、张芝源、华钰婷、刘昕烨等分别承担了本书的具体编写工作，在此表示衷心的感谢！由于编者水平有限，教材中的不足之处，恳请同行专家和读者批评指正。

编 者

2020 年 12 月

Contents

目录

基本原理篇

业务实践篇

风险管理篇

宏微观管理篇

基本原理篇

第一章　投资与增信类民间金融概述

本章导读

增信是指信用等级较低的市场主体通过引入担保、背书等方式来提高自身信用等级的行为，投资则是利用自有资金或者融入资金进行资本增值活动，投资与增信类民间金融即从事民间投资与增信业务的市场主体的行为集合。在市场经济中，信用高低对企业或个人的发展至关重要，决定着后者的融资可得性状况，对企业或个人的进一步发展壮大产生直接的影响，因此，了解和掌握投资与增信类民间金融具有重要的现实意义。与了解其他金融形态一样，了解投资与增信类民间金融也应首先了解其基本概念和基本范畴，在此基础上进行深入研究。

本章学习目标

通过本章学习，读者应了解投资与增信的基本内涵，掌握民间投资与增信业务种类，了解投资与增信类民间金融机构主要构成等内容。

本章知识结构图

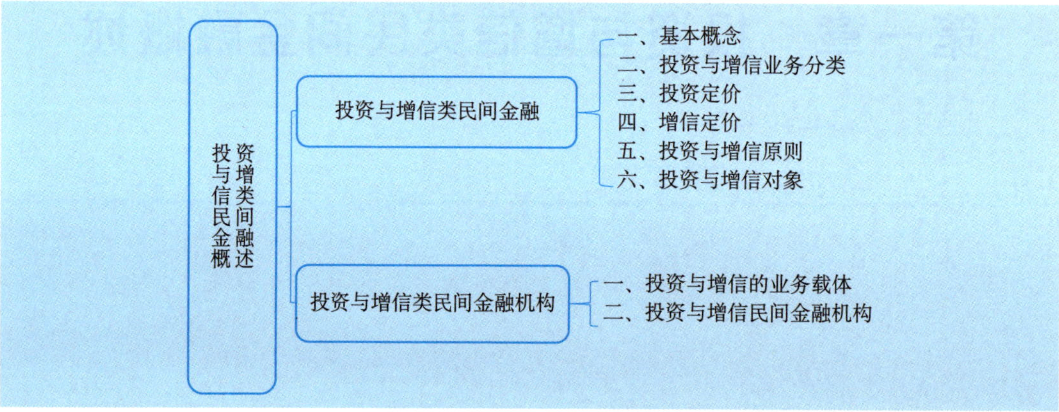

第一节　投资与增信类民间金融的内涵

一、基本概念

（一）认识投资

投资一般被定义为为了获取利润而将资本投入企业或者具有受益的标的中的行为。最常见的投资方式是通过购买股票和债券来实现的。一般而言，投资活动包括投资主体和投资对象两个方面。

通常来说，投资行为具有以下两种经济功能。

一是投资影响经济增长。投资与经济增长有着十分紧密的联系。在经济学界的观点看来，投资能够决定经济增长的情况，是经济增长的基本推动力及必要前提。通过对要素投入和资源配置来分析，能够清楚地分析出投资对经济的影响。

二是投资影响技术进步。一方面，投资是载体，所有的技术成果都要通过各种各样的投资活动来体现，投资能够将经济与技术相互联系；另一方面，技术也算作一种投资，任何一项技术成果的出现都需要投入相关的人力资本及其他资源。

（二）认识增信

“增信”（Credit Enhancement，CE），也被称作“信用增进”。从字面上理解，是一个或多个高信用的主体或者产品通过抵押、质押、保证等措施为信用度低的主体或其产品提升信用水平的经济行为。随着增信的不断发展，增信已经转变为风险转移的工具。风险转移是指将风险以及可能造成的损失部分或全部风险转移给他人，也可以说是对通过风险定价之后产生的风险资产进行转移和管理。

从名义上来说，“增信”一词第一次出现是在美国的20世纪70年代的金融担保（Financial Guarantee）中，但实际上增信这一活动在很早之前就已经出现，通过数百年的发展，增信体现出不同的形式、方向和价值基础。罗马法中就提到过民事担保（Civil Guarantee），其重点主要在于担保责任和法律责任，与当下的经济增信作用有着很大的区别。同样是在罗马法中，担保物权是指第三人或者债务人为了保证债务履行而设定的物权，主要包括质权和信托抵押权。到了17世纪初，英国成立了英王特许的有限公司。有限公司作为法人，开创了法人的融资业务转变为投资业务，也就是公司股权融资转变为公司投资业务，真正在有限公司中实现了投融资业务一体化，即公司融资有限责任化。有限公司的权益结构使权益增信形式出现。

20世纪20年代前后，另一种法人形式托拉斯（Trust）产生，其来自商事信托（Bussiness Trust），最早出现的为美国的马塞诸塞信托。随后在20世纪70年代，金融担保在美国出现，顺应了当时地方债、市政债发行的需求。金融担保的出现促使了现代增信概念的出现，这大大的区别于传统担保和传统保险的概念。

随着金融担保的出现，美国金融机构开始关注地产融资产品的信用风险，通过从事商业信托变为全新的法人——特殊目的载体（Special Purpose Vehicle，SPV），由后者发行资产证券化产品（Asset-Backed Security，ABS）和抵押贷款证券（Mortgage-Backed Security，MBS）。美国政府全国按揭贷款协会发行的房地产抵押贷款支持证券（Mortgage-Backed Security，MBS）开创了第一单资产支持证券，1983年联邦国民抵押贷款协会发行了MBS。到了1995年，JP摩根的财务总监Blythe Master首先创造了在金融市场广为流行的增信产品，即信用违约互换（Credit Default Swap，CDS），通过这样的方式JP摩根将安然资产负债表上的商业贷款部分信用转移给了独立第三方也就是欧洲复兴开发银行。CDS的使用节省了JP摩根的资本金，JP摩根的这一创新得到了监管方以及市场参与方的认可。此后无论是对风险进行转移还是对冲都开始快速发展，到2008年美国金融危机前夕时达到顶峰。正是由于信用产品的快速发展，1998年国际掉期及衍生产品协会（International Swap and Derivatives，ISDA）公布了信用衍生产品的定义，以此来减少产品上的法律争议。

2004 年中国银监会发布《金融衍生产品交易业务管理暂行办法》，此文在 2007 年至 2011 年进行了两次修订。2010 年中国推出了融资担保法规，明确规定必须持牌经营的融资担保机构才能够从事债券类的融资担保业务，此业务虽然具有中国特色，但与美国的 CDS 基本情况十分相近，风险也类似，只是在某些细节问题上有些许不同。同年中债增信公司也推出信用风险缓释（Credit Risk Mitigation，CRM）系统，这一系统由信用风险缓释协议以及信用风险缓释凭证组成。2016 年中国银行间交易商协会发布信用违约互换（CDS）和信用联结票据（Credit-Linked Notes，CLN）业务指引。

增信行为具有以下几方面的经济功能：

一是增信具有主体担保功能。从罗马法以来，民事担保就在欧洲各城邦之间确立起来。它是通过法律条文定义的方式，使担保行具有增信功能。具体来说也就是被担保人可以利用担保人的信用或是被担保人的法律责任或者信用风险交给担保人承担。

二是增信具有物权担保功能。在近代各个欧洲国家都有法律规定，由物权作为抵押为被担保人进行担保，并且按照物权价值承担被担保人的部分或全部法律责任，或者被担保人的信用风险以抵押的物权承担。

三是增信具有权益担保功能。自有限公司出现之后，有限公司的不同权益结构之间都包含着一定的增信功能，例如公司股权对公司债务就具有权益增信功能。

四是增信具有顺序担保功能。如债务融资公司完成了一次债务融资后，上一次完成了的债务融资就能为下一次的债务融资提供增信。权益资本也有顺序增信功能，受偿顺序靠后的权益资本能对顺序靠前的权益资本起到增信的作用。

二、增信与保险、担保的区别

保险是指将资金集中起来建立保险基金，当出现保险合同中的事件，如意外事故或自然灾害等对被保人造成损失时，使用基金承担给付保险金责任的商业行为。保险只能由保险公司经营，根据《中华人民共和国保险法》第九十二条规定的保险公司的业务范围：第一是财产保险业务，包括财产损失保险、责任保险、信用保险等保险业务；第二是人身保险业务，包括人寿保险、健康保险、意外伤害保险等保险业务。同一保险人不得同时兼营财产保险业务和人身保险业务，但经营财产保险业务的保险公司经保险监督管理机构核定，可以经营短期健康保险业务和意外伤害保险业务。

担保是指当事人根据法律规定或者双方约定，为促使债务人履行债务实现债权人的权利的法律制度。担保通常由当事人双方订立担保合同，遵循平等、自愿、公平、诚实信用的原则。担保的种类主要有信用担保、保证担保、抵押担保、质押担保和留置担保。这几项业务都包含主债权及利息、违约金、损害赔偿金。保证担保具有以下几个不同的特点：实现债权的费用；保证合同另有约定的，按照约定；当事人对保证担保的范围没有约定或者约定不明确的，保证人应当对全部债务承担保证责任。抵押担保具有如下几个不同特点：实现抵押权的费用；抵押合同另有约定的，按照约定。质押担保具有的不同点是：质物保管费用和实现质权的费用以及质押合同另有约定的，按照约定。而留置担保是留置物保管费用和实现留置权的费用。

增信本身并没有任何的产品种类，增信的实现必须寻找相应的产品载体，如信用担保、质押担保、保险公司出具的保险合同等。所以，增信业务的经营主体比较多，投资公司、融资性担保公司、非融资性担保公司、保险公司等都可以经营。

三、投资与增信业务分类

（一）投资的分类

投资可以分为以下四大类型。

1. 直接投资和间接投资

直接投资指投资者直接开厂设店从事经营，或者投资购买企业相当数量的股份，从而对该企业具有经营上的控制权的投资方式。直接投资的主要特征是投资者对另一经济体的企业拥有永久利益，永久利益意味着直接投资者和企业之间存在着长期的关系，并对企业经营管理施加相当大的影响。间接投资是指投资者以其资本购买公司债券、金融债券或公司股票等，通过购买各种有价证券的方式来获取一定收益的投资，间接投资并不直接影响企业的管理行为。

2. 股权投资和债券投资

股权投资是为参与、控制某一公司的经营活动或为了争取纯粹的收益而投资购买其股权的行为。可以发生在公开的交易市场上，也可以发生在公司的发起设立或募集设立场合，还可以发生在股份的非公开转让场合。债券投资，是指债券购买人（投资人，债权人）以购买债券的形式投放资本，到期向债券发行人（借款人、债务人）收取固定的利息以及收回本金的一种投资方式。

3. 一级市场投资和二级市场投资

一级市场（Primary Market）又称发行市场、初级市场，是处理新发行证券的金融市场，筹集资金的公司、政府或公共部门通过发行新的股票和债券来进行融资，而一级市场投资就是在发行市场直接购买刚发行的股票和债券。而二级市场（Secondary Market）又称次级市场，是买卖已经上市公司股票的资本市场，但新股发行不属于二级市场，二级市场是任何旧金融商品的交易市场，可为金融商品的最初投资者提供资金的流动性。所以二级市场投资就是从其他交易者手中购买股票和债券的投资。

4. 境内投资和境外投资

境内投资是指在投资者本国的范围内，通过各种方式所进行的投资。而境外投资多指投资主体通过投入货币、有价证券、实物、知识产权或技术、股权、债权等资产和权益或提供担保，获得境外所有权、经营管理权及其他相关权益的活动。

（二）增信的分类

1. 主体增信

主体增信是指低信用等级的被增信主体，通过高信用等级的法律主体或者增信机构来给被增信主体增信。可以理解为增信主体（机构）对增信对象（标的资产）进行增信。增信对象和增信主体都是独立的个体，因为“租售信用”而发生了外部关系，并且此关系直接产生了增信的效果，所以主体增信也被称为外部增信或者直接增信。常见的主体增信产品有信用违约互换（credit default swap，CDS），又叫信用违约掉期，CDS能够将基础资产或实体的信用风险从信用保护的买方转移给信用保护卖方。信用风险转移后，就达到了增信的效果，但是被增信主体需要定期向信用卖方支付一笔固定的预付费用。

2. 权益增信

权益增信是指法人不同权益之间产生的增信。以结构化融资产品为例，按一般的惯例做法，法人会将其次级权益吸收然后转移优先级权益的风险，或者通过次级权益对优先级的权益进行增信。次级权益相对于优先级的权益具有增信的功能，主要是通过主动吸收以及转移优先级权益的风险，然后再通过市场定价将优先级权益的风险进行转移。由于次级权益增信后提高了流动性，次级权益就会变为底层证券，因此成为增新产品。有时权益增信被称为“内部增信”，有时又被称为“间接增信”。之所以被称为内部增信，是因为权益增信发生在一个法人代表内部，即次级权益和优先权益同属于同一个法人主体。但是在两个权益之间的风险转移或者增信关系是依照相应的法律关系，在法人的权益结构规定中实现的，并不是两个权益自动达成的，因此从这个角度来考虑，权益增信又可以被称为“间接增信”。

如果权益增信没有产品化，增信权益没有转化为权益增信产品，或是没有从次级权益转变为夹层证券与底层证券，再或是没有从公司股权、公司股票转化为上市股票，那么就意味着这些增信权益的定价就失去了市场定价的支持。没有市场定价的次级权益只能是面值增信，虽然也可能存在以违约率为基础的风险定价，但是归根结底没有市场交易，次级权益的风险就没有办法市场化，权益增信的自身信用在市场上也得不到其他交易者的认可。

3. 产品增信

产品增信主要是基于物权担保功能。第一，无论是什么样的产品，或者金融产品，都应当属于动产。第二，物权担保功能来源于英美法系的担保物权，并不属于大陆法系的担保物权，两个法系之间存在很大的区别，主要在于担保责任是否止于物权价值。只有止于物权价值的担保物权才能产生物权增信的功能，如果是不止于物权价值的担保物权则是主体担保功能。第三，物权担保功能是可以作为动产增信功能的。第四，风险定价可以基于多种标的，如动产、物权以及金融产品等。

四、投资定价

资本资产定价模型（Capital Asset Pricing Model，CAPM）是由美国学者夏普（William Sharpe）、林特尔（John Lintner）、特里诺（Jack Treynor）和莫辛（Jan Mossin）等于 1964 年在资产组合理论和资本市场理论的基础上发展起来的，主要研究证券市场中资产的预期收益率与风险资产之间的关系，以及均衡价格的形成机制，是现代金融市场价格理论的支柱。自诞生以来，该模型被广泛应用于投资决策和公司理财等领域。CAPM 模型是基于风险资产期望收益均衡基础上的，将资产的预期收益与预期风险之间的理论关系通过一个简单明了的线性关系予以表达，比较清晰地给出了投资定价的基本公式。

（一）CAPM 模型的假设

1. 投资者对财富的需求是无限的，效用是财富的函数，财富又是投资收益率的函数，可以将效用看作收益率的函数。

2. 投资者能够预测投资收益率的概率分布为正态分布。

3. 投资风险用投资收益率的方差或标准差标识。

4. 影响投资决策的主要因素为风险和期望收益率。

5. 投资者都遵守：同一收益下，风险最小；同一风险下，受益最大。

6. 可以在无风险利率 R 的水平下无限制地贷出或借入资金。

7. 所有投资者对证券收益率概率分布的相同，所以市场效率边界只有一条。

8. 所有投资者的投资期限都是一期。

9. 所有证券投资能够无限细分，在任意的投资组合里可以含有非整数股份。

10. 买卖证券没有税收及交易成本。

11. 所有投资者都能免费获得及时且充分的市场信息。

12. 不存在通货膨胀，且折现率不变。

13. 投资者具有相同预期，这些预期包括：预期收益率、标准差以及证券之间的协方差。

（二）CAPM 模型公式

单支股票或股票组合的预期回报率（Expected Return）的公式：

$$\overline{r_a} = r_f + \beta_a \times (\overline{r_m} - \overline{r_f}) \quad (1-1)$$

其中，r_f（Risk free rate），是无风险回报率，纯粹的货币时间价值；β_a 是证券的 Beta 系数，$\overline{r_m}$是市场期望回报率（Expected Market Return），$(\overline{r_m} - \overline{r_f})$ 是股票市场溢价（Equity Market Premium）。

五、增信定价

增信定价是指通过风险利差、信用利差或者是通过违约率为基础对增信行为进行定价。如在权益增信中，次级权益对优先级权益进行增信时，风险发生了转移，流动性发生了改变，这些因素的改变使权益的价值发生改变，这样一来增信的行为就具有了价值，因此增信定价就变得尤为重要。再考虑主体增信，两个不同的机构之间信用不同，从而产生了信用利差，并涉及增信定价的问题。

了解增信定价的含义，就必须弄清楚风险定价问题和主动定价问题。首先是风险定价问题，在金融担保当中，由于是将信用进行租售，然后对风险进行定价并且收取费用以此提供增信功能，因此，可以说金融担保基本进入了增信的大门。由于物权担保以及民事担保中的主体担保功能主要针对的是风险和责任的转移，其对于风险定价并不关注，因而物权担保以及民事担保并不关注担保费用，有些甚至不收取担保费用也就不会关注甚至无法风险定价，所以并不能称为主体增信或物权增信。其次是主动定价问题，由于无法主动对其他权益进行风险定价，或自身价值与其他权益无关，就无法成为增信权益或者权益增信产品。资金投资类型的外部管理控制人的权益结构或具有权益增信功能的公司法人就属于无法主动定价的主体。

主动定价问题是定价管理的根本问题，风险定价包括产品发行价、交易价等，通过定价管理的方式，使市场机制参与其中，将风险分散给市场上每一个交易者。

增信实际上是一门将信用风险进行转移并且对其进行定价管理的学科，也是风险资产转移与第三人管理的学科。因此，增信是需要转移和定价管理的。增信是信用和风险的结合体，风险转移反映了增信的原则性及必要性；为了追求安全性，风险转移管理可能出现多次风险转移的；风险定价管理是增信者定价或市场定价，随后再交由定价方进行专业化的管理，增信主体的内部管理是不能满足管理要求的，一般都是交由外部市场化的专业人士管理。增信产品的外部管理的专业化程度比增信主体的内部管理要高很多。

（一）增信定价方法

信用风险定价方法主要包括三种：保险理论定价、复制技术定价以及随机模型定价。这三种定价方法中随机模型定价是最主流的定价方法。本书以介绍随机模型定价来介绍定价理论。随机模型定价是依照数学模型的两种方法：结构化方法（Structural Form Approach）和约化方法（Reduced Form Approach）来定价，如果按风险随机模型，又可以分为强度模型和混合模型。

1. 结构化方法

结构化方法，是由 Black& Scholes 在 1973 年于期权定价理论中提出的，同时也被称为“公司价值模型”（Firm Value Model）。这种定价方式是以资本结构变化来表明公司的信用变化，这种定价方式把隐蔽的违约通过公司资产价值为负的方式具体化。

Merton 在 1974 年通过结构化方法把信用风险进行了公式化。结构化方法就是将公司的负债看作公司的一份期权，在公司发展的过程中，公司的资本结构发生变化，通过资本结构的变量指标变动的过程来反映债券违约。这一理论是基于一个简化过后的假设：一个简单资本结构的公司，发行了一张零息证券，发行面值为 F、到期期限为 T。这种假设后可能出现两种情况：第一，在到期时破产，公司价值大于债券面值，股东具有对债权人支付的能力，公司不会破产；第二，依旧是在到期时破产，但是公司价值小于债券面值，那么股东不具有对债权人的支付能力并出现违约现象，债权人获得公司所有权，股权价值变为零。在 Merton 的结构化模型中有一些假设：首先，利率期限结构平坦；其次，公司资产率分布是对数正态分布；再次，债券存续期内公司不发放股利；最后，资本市场是完全效率的。由此我们可以很明确地知道存在三种情况，当卖权深度价外时，公司债就相当于无风险债；当卖权深度价内时，公司债的违约风险就在增加；当零息债券的到期时间趋近于 0，风险价差也趋近于 0。

基于如此简单的假设条件，Merton 的模型在实践操作中有许多限制。首先，公司资产价值是难以确定的，也不能保证其不会变化；其次，公司资产的市值很难准确地估计；再次，一家公司不可能只拥有单一的债务结构，所以单一债务就难以定价；最后，公司中的一些其他债务违约会对度量中的债务产生连带影响。甚至有人提出 Merton 模型根本就没有办法实行，因为公司资产不能直接在市场上交易，所以不能被最直观地被观察到，市场价值难以确定并进行衡量。随着历史的发展，Merton 模型的发展方向主要是对其过于理想的假设进行修正，如加入随机波动的利率模型、偿债顺序等。

Merton 是基于零息债券信用风险构建的模型，后来也进行了其他类型债券的扩展，如抵押债券、可赎回债券、可转换债券等。随着时间的推移，Merton 模型不断完善，也逐渐成为主流的定价方式之一。

2. 约化方法

约化方法属于强度模型，是 Jarrow 和 Tumbull 在 1995 年提出的，并且在 1997—1998 年由 Duffie，Singleton，Madan 和 Unal 发展而来。这种方法不同于结构化方法，不再强调对公司资产的价值进行假设，它的主要方式是通过服从“泊松”分布的随机事件，假定公司的违约现象是无法预测的，以泊松过程的特征参数也就是强度来反映违约事件的可能性。大多数学学派的学者都以此方法来对信用风险进行定价。

在简化法的违约模型假设下，Lando（1998）通过泊松过程，提出了三种评价风险债券的方式，使用这些概念，能够评价信用违约互换。考虑一个在到期日 t 时支付会变动数量 x 的债权，但若在到期前发生违约，那么支付额为零。由于违约风险或债权回收风险的模型是不完整的，所以为了完整性应当使其包含两个部分——违约风险和回收风险，然后形成一个价格。

有些学者认为，约化方法是通过单个外生的跳过程来反映违约事件的，违约发生的时刻就是跳过程发生第一次跳时的初期。约化方法的焦点不在于什么导致了违约，而是以泊松过程发生的第一次跳来描述违约事件的发生，用这种方式来描述违约事件并算出概率，再确定违约回收的方式，所以是一种外生的反映违约的方法。随着时间的不断推移，交易对手的风险逐步增加，违约率的跳跃理论也从“单跳”理论，逐渐进化成“双跳”甚至是“多跳”理论，违约率定价模型越来越复杂。

（二）违约概率与增信定价

违约概率是指借款者在规定到期时间不能按照合同要求还本付息或履行义务的可能性。违约率是贷款定价和信贷组合管理的基础，同时也对贷款预期损失控制有着十分重要的作用。违约概率对于自身内部风险控制十分重要，无论是从哪个角度来说，金融机构都必须按照监管要求对违约概率进行精确的计量。违约概率的估计一般包括两个层面：一个是单一借款人的违约概率；另一个是从属于某一信用级别的所有借款人的违约概率。

在增信的业务中，违约概率是信用利差和信用等级的基础，同时也是增信定价的前提要求。但是违约概率到底要如何确定呢？前文的定价原理中提到主要有三种方法：保险理论、复制技术以及随机模型。在实际的运用当中，复制技术和随机模型的方法太过于依赖纯粹的信用风险，如果考虑到实际的交易对手后，变量就会增加，但是哪些变量应当考虑其中又是一个很难确定的问题。而保险理论是通过历史数据来作为计算违约概率的计算根基，所以有的人认为历史不能代表未来，并且认为没有确定的数学模型。但其实随着大数据技术的发展，历史的数据已经可以达到对违约概率很好度量的作用。所以三种不同的方法也要有各自的对应的情况。对于现在和未来的增信对象，可以更多地使用复制技术与随机模型。而对于过去的增信对象，应当更多地使用保险理论来度量。

（三）增信定价类型

增信定价有两种分类方式：根据增信资产价值来源，可以分为身价增信与定价增信；根据增信资产所处的状况，可以分为单一资产定价和集合产品定价。

增信发展至今，除资产支持产品（ABS）之外，其他增信定价都是单一资产定价，包括金融增信/风险缓释合约（FC/CRMA），信用违约互换/民营企业债券融资支持工具（CDS/CRMW），尽管CDS/CRMW也有产品市场定价。单一资产定价包括：（1）对于有信用等级、有信用历史的企业，运用风险中性定价模型进行增信定价，比如CDS/CRMW。（2）对于未有信用等级、未有信用历史的企业（大量的创业阶段的中小微企业）可以模拟信用等级差所产生的信用利差进行增信定价，如FCG/CRMA。

集合产品定价是以单一风险资产为基础，在风险资产产品化过程中进行的间接定价，而不是对风险资产的直接定价。集合产品定价包括（权益增信）产品定价、（增信资产）批发定价和（增信产品）市场定价。

六、投资与增信原则

（一）投资原则

投资行为具有三个基本原则，分别是收益性、安全性和流通性。收益性，指投资债券的利息收入，投资股票的股利收入及资本增值等收益水平；安全性，指保证本金不受损失；流通性，指本金回收的速度快慢。投资三原则是股份制企业、投资者入股以及机构投资者等在进行资产运用和管理时必须认真思考和掌握的基本原则。

1. 收益性原则

收益性是投资最基本的要求。一般的证券投资的收益等于利息、股息等当前收入与资本增值之和。而债券的利息大部分情况是预先确定的，按照利息率的高低确定收益的高低。债券投资给企业带来的收益一般较低，而在高通货膨胀率的情况下，债券投资的净收益甚至可能为负数。普通股票的股息不能预先确定，股票价格的波动会受到各种因素的影响因而更加难以确定，所以普通股票的股息收入和资本增值都具有不确定性。

2. 安全性原则

安全性是要保证投资本金不受损失。为了充分解决安全性的问题，企业会进行证券组合，将投资资金分散于慎重选择的多种证券上来分散投资风险，提高投资的安全性。同时，充分地收集和了解所要投资的公司也能够增加安全性。

3. 流动性原则

所谓流动性一般是收回证券投资本金的速度快慢。投资类产品中，证券流动性仅次于现金，证券的买卖十分容易、方便，一般在几分钟内即可完成。但是，不同的证券在流动上具有很多不同。如一般股票的流动性比债券流动性强，而公债的流动性又强于地方债。流动性强说明能够以较快的速度转换成货币，而货币计算的价值不受任何损失；流动性弱的证券转化为货币需要的时间就较长，所需的转换成本也较高，甚至会遭受价格下跌的损失。

投资三原则是企业、投资者以及机构投资者在进行资产运作时，必须认真考虑和对待的基本原则，同样也是政府部门和证券交易机构必须注意掌握的原则。

（二）增信原则

增信原则，就是预防、分散、覆盖信用风险应遵循的基本原则。简单来说，增信原则就是处理风险的原则。有效化解增信对象的信用风险，防止对资本市场的意外冲击/震荡是增信最直接的目的。增信原则就是对待这个目的的态度或者遵循的基本原则。首先，增信对象信用风险是否需要分离，增信有没有必要，这涉及主动性承担原则。其次，在增信业务中，由增信主体应对风险、承担风险。在增信产品中，则由增信产品及/或其发行人/管理人应对风险、承担风险。最后，在增信管理及其产品设计上，不仅应有真正承担信用风险的增信产品，而且也应有因价值管理规避/对冲信用风险的增信产品，同时还需防止信用风险直接冲击资本市场。

常见的增信原则包括宏观原则和微观原则两大类。

1. 宏观原则

主动性承担原则：此原则是指主动有意识地把信用（违约）风险从增信对象中脱离出来并进行承担，是增信得以实现的基本要求。

选择性承担原则：选择性承担原则是指通过递延或者分散的方式来承担信用风险，是一种规避信用风险的承担原则。通常上市公司银行贷款、债券及其他债务融资工具，可以按照选择性承担原则。因为上市公司的透明度都较高，所以采取分散或递延的承担方式。现在大多数的增信产品都是遵循选择性承担原则，比如 CDS/CRM。

预防性承担原则：此原则是把信用风险通过预防的方式来承担，属于规避信用风险的承担原则，对于信用风险，可以把其作为信用事件进行有序分列，把违约风险列为信用事件的末端，在违约风险产生之前就可通过其他信用事件进行风险控制或对冲。

2. 微观原则

风险量化与分散承担原则：针对某个价格量化的增信项目，应采取分散承担原则。因为单一的增信项目一旦发生信用违约，必将使增信机构产生重大损失。

风险概率与集中覆盖原则：在面对随机概率性的信用风险上，增信产品是无法全面覆盖信用风险的。所以对于增信产品的卖方来说，信用风险的发生，虽然可以分散承担，但依旧会产生一定的投资损失，除非可以组成结构优化的增信资产池。通过增信资产值就有能力抵抗单一随机概率发生的信用风险。

资本效率与规模支撑原则：资本效率最大化是增信所需要的条件，只有达到资本效率最大化才可以达到支持增信对象规模发展的目标。如果剥离资本效率，只谈及规模支撑，那么增信的本身可能也将无法存在。

七、投资与增信对象

（一）投资对象

投资对象是指投资者准备投资的证券品种，它是根据投资收益目标来确定的。在选择时必须将所有因素综合起来考虑。另外任何一种证券都有自身的优点，同时也存在着局限和不足。因此，投资者在选择时应根据自己的经营方针和市场条件，作出自己的投资决策。一般来说，投资对象的选择包括两方面。

1. 在债券和股票之间选择

债券是一种反映债权债务关系的凭证，属于固定收益证券，其收益率在发行时就已确定，一般情况下不会变动，到期债券发行人有偿付本息的义务。股票是一种所有权凭证，属于非固定收益证券，它的收益随发行公司的盈利增减而增减。若发行公司破产倒闭，股金也就损失掉了，而不会退还给股东。因此，债券的风险比股票小，但股票的不可预见收益比债券大，投资者在选择时应根据两类证券的性质和特点，根据自己的需要以及政治经济环境对股市未来发展趋势的影响来选择自己的投资对象。

2. 对债券种类和股票种类的选择

在完成对债券和股票的选择后，投资者还应对具体选择哪种债券或股票作出抉择。

债券的种类繁多，有政府证券、政府机构证券、地方政府证券和公司债券等，它们还可被划分为固定利率债券、浮动利率债券以及可转换债券等，另外各种证券的发行人也各不相同。投资者应根据影响投资对象选择的内部因素和外部因素去选择自己所喜好和需要的债券。

股票有普通股和优先股之分，普通股的收益随发行公司盈利的变化而变化，优先股的收益则是固定的，但它具有优先派息的权利，风险较普通股要小。投资者应根据普通股与优先股各自的性质特点，以及股票发行公司的经营业绩并结合投资者自身的需要去选择自己的投资对象。

（二）增信对象

增信对象，是指具有信用风险的金融产品及其发行人/融资人。对金融产品进行的增信，主要存在于增信业务或融资增信中，也可以对金融产品的发行人/融资人进行增信。尽管大部分金融产品及其发行人/融资人都可以成为增信对象，但不是所有产品及其发行人/融资人都需要增信。增信与否，是基于产品各种分类的分析与判断，涉及对产品信用风险的认识。

从本质上讲，增信对象是金融产品及其发行人/融资人的信用风险。金融产品的承载者是其发行人/融资人，信用风险的承载者却是金融产品，因此增信对象在本质上是指信用风险。从载体上看，承载信用风险的是金融产品，增信对象又可以直接指向金融产品。因此金融产品是否需要增信，什么样的金融产品才可以成为增信对象，取决于金融产品不同的信用等级、不同的期限和不同的财务透明度。

第二节　投资与增信类民间金融主要构成

一、投资与增信的业务载体

（一）投资业务载体

其一，作为载体的融资机构。出于安全、获利、方便、变现等考虑，货币持有者若需投资，一般既无须用自己的货币直接开办工厂、公司，又不用直接向需要资本的实业界购买股票、债券等，而是向一些中间机构购买股票、债券等。这些中间机构用其所募集的货币再向实业界购买股票、债券等。

其二，作为载体的融资工具。由于投资是一种让渡财产（货币等）使用权并分割收益的经济行为，投资者不仅没有丧失对其财产的所有权，还拥有获取收益、参与决策管理的权利，因而资金的使用者便向投资者提供一种能够体现上述权利并具有法律效力的凭证——有价证券。这种有价证券是联结投资者、投资中间机构、实业界等的信息载体，是进行融资活动的工具。

融资机构、融资工具共同构成了“投资载体”的具体内容。根据这两个层次的内容，我们可以把投资载体类型进行如下区分。

从地区的角度划分，有国内投资载体和国际投资载体。在国内，投资载体又可分为全国性的载体和地区性的载体，如国债、全国范围内流通的股票、票据、契约等，在某些地区流通的股票、债券、票据、契约，以及由这些地区政府发行的债券等。国际投资载体有国际性金融机构、组织、跨国公司发行的股票、债券等，以及由其他国家政府发行的股票、债券，等等。

从收益的确定性角度划分，有确定性收益载体和不确定性收益载体。前者如政府的债券、事业公债、大公司、大银行、大企业发行的股票、债券、票据等、后者如一般的股票（包括普通股、优先股、后派股、保证股等）、债券、投资信托受益证券以及各种契约、选择权等有价证券。

从到期时间长短的角度划分，有长期载体和短期载体。前者主要是指到期时间为一年以上的债券、契约、票据、抵押证券等有价证券；后者则指到期时间在一年以内的各种有价证券、拆借凭证等。

从权利角度划分，有附权和无附权投资载体。此外，还有各种专门从事选择权投资的载体。上述分类仅从大的方面考虑，如果深入其各个类别的内部，还可作出若干分类。总之，在经济发达的社会中，投资媒介具有体系庞大、结构复杂、多元化、相互影响等特征。

（二）增信载体

1. 增信主体

增信主体，是指产生金融担保业务后持牌经营、行业管理的各种债保机构，包括各种名目的担保公司，专类（单产品）保险公司和综合（多产品）保险公司。这些持牌经营的债保机构通过金融担保合约或者其他名目的保险合约，吸收、承载并经营信用风险，这就是所谓的金融担保业务。在中国，自融资担保法规出台以来，原来的担保公司转为可以从事融资担保业务的融资担保公司，即增信主体。

在增信的初级阶段，增信主体主要表现为信用风险通过非标准担保合约转移至担保机构/保险机构。这个阶段的增信主体主要包括各类担保公司和保险公司，以其资本金及其 10 倍杠杆率以非标担保合约开展”“金融担保”或“融资担保”类业务。

2. 增信物权

在增信概念出现以前，信用风险转移也不时发生，有转移至担保人的，多为关联担保；也有转移至物权的，形成担保（增信）物权。这种担保物权主要针对低（无）信用等级的担保对象，延续至今。增信物权包括不动产和动产，中国担保物权主要是针对不动产。动产则经与信用风险结合，形成增信衍生产品。

3. 增信产品

在增信的高级阶段，担保公司/保险公司的资本金及其10倍杠杆率所形成的增信额度难以适应FIS市场规模化发展的需求，而且增信风检居高不下，于是信用风险开始通过标准增信合约进行转移流通，并因此产生了合约增信产品或金融衍生产品，以CDS为主的这种合约增信产品开始盛行。此外，信用风险也开始通过非标增信合约转移至各类金融产品，也产生了增信衍生产品，目前仅包括信用联结债券（CLN）和ABS夹层证券两种增信产品，相信未来一定会有创新增信产品面世。

二、投资与增信民间金融机构

（一）种类

根据第五次中央金融工作会议精神，地方金融监督管理局的监管范围是“7+4”，其中属于投资与增信类民间金融机构主要包括投资公司、融资性担保公司、商业保理公司、地方性资产管理公司四类金融机构。

（二）与其他金融机构的异同点

1. 与正规金融机构的异同点

相同点：投资与增信类民间金融机构与正规金融一样，都属于金融业务经营主体，都必须接受政府监管；都是经营风险的市场主体，都必须经过相关监管部门严格审核、批准后才能进入市场、开展业务等。

不同点主要分为：两者市场准入门槛不同，正规金融机构市场准入门槛较高，而其他四类金融机构市场准入门槛较低。二是监管部门不同，正规金融机构主要由“一行两会”负责监管，而其他四类金融机构主要由地方金融监督管理局负责监管。

2. 与其他民间金融机构的异同点

中国当下的民间金融机构主要是“7+4”，即典当行、融资租赁公司、商业保理公司、地方资产管理公司、区域性股权市场、融资担保机构、小额贷款公司七类机构，以及投资公司、开展信用互助的农民专业合作社、社会众筹机构、地方各类交易场所四类机构。其中，商业保理公司、融资担保机构、投资公司、地方资产管理公司属于投与资增信类民间金融机构，这四类增信机构与其他民间金融机构相比，共同点在于：(1) 监管部门相同，都接受地方金融监督管理局的监管；(2) 目的相同，都是以利润最大化为目的自负盈亏的市场主体。不同点主要在于：增信机构是以提供增信合约赚取收益，这种合约责任的履行具有或然性，而其他民间金融机构的业务合约不具有或然性。

本章小结

本章全面描述了投资与增信类民间金融，全面介绍了投资与增信类民间金融基本概念。首先是投资与增信类民间金融，通过基本概念，增信与保险、担保的区别，投资与增信业务分类，投资定价，增信定价，投资与增信原则和投资与增信对象等多方面来阐述；其次，介绍了投资与增信民间金融机构，这部分通过投资与增信的业务载体和投资与增信类民间金融机构两个部分来阐述。使读者充分理解投资和增信的内涵，充分了解投资与增信类民间金融机构的种类，为后续章节内容的展开作了必要的铺垫和准备。最后，本章还介绍了投资以及增信定价的相关理论和定价原理。

本章重要概念

投资　增信　直接投资　间接投资　主体增信　权益增信　产品增信　资本资产定价模型　增信定价　民间金融机构“7 + 4”

本章思考题

1. 简述增信的由来和发展历程。
2. 增信与保险有什么区别？
3. 请简述增信的种类并举例说明。
4. 投资与增信类民间金融机构与其他民间金融机构有哪些异同点？
5. 常见的投资定价方式有哪些？
6. 常见的增信定价方式有哪些？

7. 如何理解当前我国增信市场？

本章参考文献

[1] 晏艳阳，王培斌，王娟. 增信方式、企业异质性与债券发行定价 [J]. 宏观经济研究，2017 (04)：3 - 14 + 23.

[2] 李亚平，黄泽民. 信用评级、债券增信与中期票据融资成本 [J]. 上海金融，2017 (02)：45 - 51.

[3] 文娜，钱凯. 应用 CAPM 模型的超额收益的实证研究——以我国制造业类上市公司为例 [J]. 重庆理工大学学报（自然科学），2015，29 (04)：128 - 131.

[4] 文学舟. 普惠金融视角下我国融资担保和小额信贷面临的挑战及出路 [J]. 西南金融，2014 (09)：37 - 39.

[5] 郑良芳. 发展民营金融保险业促进民营经济发展 [J]. 南方金融，2002 (04)：12 - 15.

[6] 周伏平. 巨灾风险证券化研究——金融、保险一体化的典范 [J]. 财经研究，2002 (02)：36 - 41.

[7] 汪昌云，类承曜，谭松涛编著. 投资学 [M]. 北京：中国人民大学出版社，2009.

[8] 刘建民. 财务管理 [M]. 郑州：郑州大学出版社. 2008.

[9] 宋琳主编. 金融市场学 [M]. 北京：北京交通大学出版社，2011.

[10] 张建军主编；姜晓兵，蒲伟芬副主编. 国际金融市场学 [M]. 北京：电子工业出版社，2012.

[11] 吴晓求著. 证券投资学 [M]. 北京：中国人民大学出版社，2009.

[12] Stephen A. Ross. Corporate finance [M], McGraw-Hill Education. 2017.

[13] Zvi Bodie. Investments [M]. McGraw-Hill Education, 2013.

[14] Frederic S. Mishkin. The economics of money, banking & financial markets [M]. Pearson, 2018.

第二章　投资与增信类民间金融理论

本章导读

实践产生理论，理论指导实践，针对投资与增信类民间金融活动，诸多学者或专家纷纷从各个角度，利用各种分析方法和工具对民间投资与增信活动进行理论解释或实证分析。随着民间投资与增信活动的发展规模越来越大、创新速度越来越快，多种理论观点随之精彩纷呈。客观地说，这些理论来自民间投资与增信活动实践，无疑对民间投资与增信活动发挥了很大的指导作用，促进了民间投资与增信业务的进一步发展。

截至目前，投资与增信类民间金融理论主要包括发展理论、治理理论、债务合约理论、信息不对称理论、风险分担理论、风险传导理论等。这些理论分别从金融发展视角、信息经济学视角、风险控制视角等多个视角对投资与增信类民间金融活动进行了阐释。

本章学习目标

本章共分为两节，包括投资与增信类民间金融基础理论和经济效应。通过本章学习，应了解每种投资与增信类民间金融基础理论的观点异同，能够利用相关理论解释金融现象，能够理解投资与增信类活动对民间金融乃至整体金融市场和实体经济的影响。

本章知识结构图

- 投资与增信类民间金融理论
  - 投资与增信类民间金融基础理论
    - 一、金融发展理论
    - 二、金融治理理论
    - 三、债务合约理论
    - 四、信息不对称理论
    - 五、风险分担理论
    - 六、风险传导理论
  - 投资与增信类民间金融经济效应
    - 一、宏观经济效应理论分析
    - 二、微观经济效应理论分析

第一节　投资与增信类民间金融基础理论

投资与增信类民间金融基础理论有：发展理论、治理理论、债务合约理论、信息不对称理论、风险分担理论、风险传导理论等。这些理论从各个角度阐释了投资与增信类民间金融活动和金融机构的产生与发展，共同构成了投资与增信类民间金融的基础理论。

一、金融发展理论

金融发展理论所考察的主题是金融体系和经济增长的内在关系。在 20 世纪 60 年代，随着金融体系的迅速拓展和金融工具的不断创新，金融在经济发展中的地位也愈加突出，现代经济在某种意义上来说已经成为一种“金融经济”，金融在整个经济体系中扮演着核心的角色，金融资产成为居民和国家财富的重要组成部分。随着金融体系的不断演进，金融结构也在不断发生着变迁，1969 年，耶鲁大学出版社出版了戈德史密斯在金融结构和金融发展方面的开创性研究成果《金融结构与发展》（Financial Structure and Development），该著作开宗明义地指出金融理论的职责在于找出决定一国金融结构、金融工具存量和金融交易流量的主要经济因素，并阐明这些因素通过怎样的相互作用，从而形成和促进金融发展。世界各国在金融结构上有显著的差别，也就是说，各国在金融工具的设立、各种类型金融机构和金融工具的实际特征和相对规模、各种金融中介分支机构的密集度、金融工具数量和金融机构资金量与经济总量的相互相关等方面，都存在着区别。这些区别造成金融发展的不同特征。

因此，从金融发展理论的视角看，民间投资与增信活动的产生是金融制度需求和制度供给两方面作用力共同作用的结果。一方面，以银行为主体的间接金融模式造成了民间融资渠道狭窄，刺激了大量投资公司产生并从事资金融通活动。另一方面，我国特殊的社会形态的变迁造成了失信成本的非正式制度和正式制度约束机制的缺陷，就非正式制度约束而言，我国从半殖民地半封建社会直接跨入社会主义社会，与商品经济、市场经济相适应的契约关系、信用关系和信用意识的形成发展缺乏适宜的土壤，而未能充分发育。从正式制度约束体系来看，我国信用立法不健全，对失信行为缺乏明确的规范和约束体系，对契约关系和债权人的保护不够。另外，执法力度不够，执法水平不高，地方保护主义严重，受害者难以追究损害方责任，而破坏信用的一方在经济上、法律上得不到应有的追偿和处罚。因此，非正式制度和正式制度约束的缺位，使外生交易成本和内生交易成本都很高，从而导致失信的收益与成本极端不对称，失信行为的收益很高，失信者付出的成本很小，甚至为零，以上因素导致巨大的增信需求。

二、增信治理理论

从已有的理论研究来看，增信治理理论包括代理成本理论、交易成本理论和信号传递理论。下面阐述一下代理成本理论。

在利润最大化的目标导向下，债权人和债务人之间存在着天然的利益冲突，债务人存在着追求利润最大而较少考虑风险的倾向。因此，担保就成为了债权人利益的一项外部保障措施，选择担保将有利于减少代理成本。信用增进从资产替代、投资不足、债权价值稀释和求偿权四个方面来减少代理成本。

1. 资产替代

债务契约诱使股东即债务人选择高风险的项目进行投资，举债则产生了股东和债权人之间的利益冲突。Jensen 和 Meckling（1976）提出了“资产替代效应”，他们认为，在负债较大的筹资结构下，股东/经理人将具有强烈的动机去从事那些尽管成功几率甚微，但一旦成功将获利颇丰的投资。因为，如果某项投资产生了很高的收益，在利息之上的收益将归股东所有；然而投资失败时，由于有限责任，债权人将承担其后果，结果是，债务贬值而股权升值。但是，如果债务是有担保的，股东和债权人的利益将结合在一起，股东实施风险转移的动力将减弱，特别是当借款人拥有担保资产的权利时，公司将难以用风险较大的资产替代风险较小的资产（Benjabin，1978）。因此，借款人采取风险转移的可能性越大，被要求提供的担保资产的价值就越大。由于法律规定担保资产给贷款人提供的保护利益在担保资产出售、交换或其他处理后依然存在，借款人如果打算通过出售资产为高风险的项目融资，将使其面临较低的出价，从而替代成本提高，出售的动力减弱。①

2. 投资不足

在企业债务融资过程中，当企业拥有的投资项目的净现值为正，而该净现值小于或等于企业现有的或即将借入的负债额度时，尽管这种投资机会对债权人来说是有利的，但股东因为得不到利益，并不愿意实施该项目，结果是出现投资不足的问题（Myers，1977）。在这种情况下，Stulz 和 Johnson（1985）认为担保可使这一问题得到解决。如果公司将新项目资产的优先要求权赋予为这一新项目融资的某一特定贷款人，这一保护措施将限制其他贷款人在借款人违约情况下参与分享该项目资产，此时借款人可获得较低的贷款利率。这样，企业以新的贷款人获得该项目作为担保，使任何在完全靠股权融资时会实施的项目都能得到资金，从而降低了由股东和债权人之间的冲突引起的投资不足问题。②

3. 债权价值稀释

在企业市场价值和现有营业收益不变的情况下，如果借款人通过发行与现有债权具有同等或更高优先权的债务，将使现有债权人的债权价值被稀释，债权人的财产向股东发生转移（Black，1976）。Leeth 和 Scott（1989）强调担保有利于解决该问题。由于债务契约中的担保条款允许贷款人在借款人违约时剥夺其对担保品的赎回权，这可降低贷款人执行债务契约的成本。相应地，在提高贷款人执行契约可能性的同时又降低了借款人违约的可能性，监督成本也因此降低。另外，由于担保条款使贷款人在借款人违约时有权拥有担保资产，这就直接限制了部分债权价值被稀释。③

4. 求偿权

在债务没有担保的情况下，如果借款人违约，贷款人及剩余资产的其他要求人往

---

①②③ 周沅帆：《增信体系与债券市场发展——从经济转轨角度的研究》，东北大学，2010。

往要在分割借款人资产的谈判中耗费很多成本。Leetn 和 Scott（1989）指出，在债务担保情况下，担保条款由于事先已决定了担保资产的归属，不仅将降低事后的谈判成本，而且将剔除无担保情况下产生的贷款人的“免费搭车”问题。通过对借款人违约情况下资产分割问题的处理，担保条款使借款人以较高的初始谈判成本替代了较低的期望未来谈判成本。在这个意义上，担保可以被看作一种投资决策。[①]

三、债务合约理论

担保与贷款利率、规模及期限的组合形成了债务合约结构。银行通过这些合约要素对借款人进行筛选或配给。作为最重要的非利率因素，担保与其他要素相互影响、相互制约，从而共同构成了担保的债务合约结构理论。

（一）担保与贷款利率

风险和利率是贷款人在发放贷款时首要关心的两件事。贷款的担保程度直接影响着风险的大小，风险的大小又影响了利率的高低，而风险水平又决定着借款人提供担保的多少。因此，以风险为纽带，担保和利率相互作用、相互制约。Barro（1976）首次分析了担保对利率的影响，由于存在违约的可能和（担保）交易成本，名义利率、借款人的期望收益率以及贷款人的期望收益率之间将会有差异。在信贷市场竞争情况下，如果保持贷款人的期望收益不变，名义利率、借款人的期望收益率都将随着担保均值（以贷款额/担保额表示）的增加而增加。Chan 和 Canatas（1985）则强调担保和利率之间的交换关系。由于担保价值比项目收益更能被客观识别，利率将随着借款人提供担保水平的提高而降低，这相当于用担保换取低利率，借款人的期望收益将因此而增加。在他们所构建模型的均衡状态下，如不考虑担保的交易成本，借款人关于利率的边际担保价值总是低于银行在零利润情况下愿意以担保交换利率时所要求的利率水平。这时，最优契约将要求贷款被全额担保；而在考虑交易成本的情况下，则要求部分担保。Besanko 和 Thakor（1987a）更明确地指出，担保和利率之间具有相反关系。如果银行能够设计一个利率和担保要求具有相反方向的信贷合约，低风险的借款人会选择低利率、高担保合约，而高风险的借款人会选择高利率、低担保合约。这时

---

① 周沅帆：《增信体系与债券市场发展——从经济转轨角度的研究》，东北大学，2010。

借款人可根据风险的偏好程度被分离开来。对于担保与利率所具有的反向关系，Boot、Thakor 和 Udell（1991）认为，由于担保的使用增加了借款人违约（项目失败）时的损失，这促使借款人愿意花费更多的努力以最小化该损失；而较高的利率减少了借款人在项目成功时的盈余，这将导致借款人的努力水平下降[①]。

（二）担保与贷款规模

Barro（1976）研究了信贷合约的另一重要因素——信贷规模。他的研究结果表明，借款人获得贷款的规模区间由担保、担保的交易成本和利率共同决定，贷款规模与担保的均值（Barro 的模型假定担保是随机变量）呈正比，而与担保交易成本及贷款利率呈反比。Jackson 和 Kronman（1979）研究了担保与贷款规模的相互影响，由于贷款规模的提高降低了单位贷款的监督和管理费用，使用担保将增加贷款人的期望收益。因此，在保持其他因素不变的情况下，贷款规模越大越倾向于使用担保。贷款规模的增加又同时提升了借款人的负债水平，进而增加了其破产的可能，因此，贷款规模越大要求越多的担保。Leeth 和 Scott（1989）对美国 1 000 家小公司 1981 年和 1982 年贷款情况的实证研究表明，贷款规模与担保程度显著正相关。然而，上述主张担保与贷款规模正相关理论的局限性在于没有考虑到道德风险和借款人努力在契约中的作用，而且适用于对小公司的解释。Boot、Thakor 和 Udell（1991）在考察担保与贷款规模的关系时考虑了这两种因素的影响。他们研究结论表明，贷款规模越大（从而项目规模越大），借款人在项目成功情况下的净支付将会越大。如果其他情况不变，在贷款规模较大时借款人努力的边际收益较高，因而其道德风险会降低，贷款人对担保的要求会下降。[②]

（三）担保与贷款期限

Jackson 和 Kronman（1979）最早研究了贷款期限的不同对担保选择的影响。如果贷款人缩短贷款期限，将加大借款人用高风险项目替代低风险项目的难度，其通过资产替代进行财产转移的动机也将大大减弱。但由于长期贷款的期限较长，借款人的这一行为却难以防范，有效的办法是贷款人在合约中要求担保。因此，贷款的期限越长，使用担保的可能性越大。Leetn 和 Scott（1989）进一步充实了该观点，由于长期贷款

---

①② 周沅帆：《增信体系与债券市场发展——从经济转轨角度的研究》，东北大学，2010。

比短期贷款的违约风险更大，因而为了降低风险，贷款人更倾向于要求担保。他们对小公司的实证结果支持了两者之间正相关的假设。但 Boot、Thakor 和 Udell（1991）在研究贷款人的担保清算成本时却得出了相反的结论，由于破产清算只能进行一次，而贷款人在清算时获得担保品的成本又是固定的，因而贷款的期限越长，贷款人的这一成本将越小，担保在期限较长的贷款上将较少使用。他们对大公司的经验研究支持了他们的结论。而 Stul 和 Johnson（1985）甚至更明确地提出，贷款的担保价值是期限的减函数，企业应更经常地为短期债务进行担保。

担保与贷款期限（及贷款规模）理论之所以出现两类截然相反的结论，主要是由于两类理论的解释角度或者模型所强调的影响担保和贷款期限的因素不同所造成的。[①]

四、信息不对称理论

（一）信息不对称理论

在企业投资过程中，投资双方得到的信息资源是不对称的，被投资人往往拥有比投资人更多的投资信息，投资人很难完全知晓被投资人的详细信用情况与经营情况。即使对于被投资人，也有着很多无法预料到的风险因素。在此过程中投资人和被投资人双方的信息资源可能有三种情况：

一是双方中的任意一方都没有获得十分清楚的信息；

二是在双方的相关交易的信息分布是不对称的，即一方比另一方拥有更多的有关信息；

三是对于信息占用方面的地位，双方都是相对清楚的。

从现实看，被投资人显然比投资人掌握更多的信息。而信息不对称程度越高，信用风险越大，越需要对贷款进行信用增进。李文群（2005）指出：在企业债券市场，经营者处在信息的优势上，投资者处在信息的劣势上，投资者和经营者都有严重的信息不对称，从而产生了两个疑问：一是经营者不具有经营的能力，而投资者不具有分辨经营者的能力，因此产生了逆向选择；二是经营者存在道德风险，因为他们有可能会使用欺骗的行为。对投资人来说，他们需要更高的收益率来覆盖信息不对称的劣势，因此企业融资的成本会增加，从而企业选择引入信用增进措施来降低信息不对称程

① 周沅帆：《增信体系与债券市场发展——从经济转轨角度的研究》，东北大学，2010。

度。因此，信息不对称理论可以解释，由于信息缺乏和信息不透明引起的信息不对称现象产生的企业引入信用增进措施来提高融资可得性的现象，同时，也可以解释企业融资难问题。此外，信息不对称理论也阐明了完备有效的信用评级制度对于提高我国企业融资可得性，降低企业融资成本的重要性。除了要求融资主体按规披露信息之外，信用增进措施也是解决融资过程信息不透明问题的有效方式。

（二）逆向选择和信息不对称理论

逆向选择是投资人和被投资人委托代理关系确定前的信息不对称产生的结果。在完全竞争的信贷市场中，投融资合约可以是高利率信用融资合约，也可以是低利率抵押融资合约。Bester（1985）的研究表明，被投资人违约的可能性越小，失去抵押品的可能性就越小，提供抵押品的成本也越低。因此，低违约风险被投资人倾向于选择低利率抵押合同作为融资的最佳策略，而具有高违约风险的被投资人倾向于选择高利率的信用合同。Besanko 和 Thakor（1987）指出，违约风险较低的被投资人可以获得更多的银行信贷资金。因为当银行在信贷市场处于垄断地位时，银行会通过提高贷款利率，将高风险借款人挤出信贷市场，同时要求低风险借款人提供抵押贷款。

从实证研究的相关证据来看，抵押能够通过逆向选择模型来缓解银行信贷市场上的信息不对称程度。已有研究银企关系影响抵押行为的实证文献证明银行是否要求借款人提供担保受到银企关系的影响，包括银行与借款人合作的时间、合作的范围以及合作的次数。学者认为这是因为银行能够获得借款人违约风险的私人信息，银企关系越强，获得的信息越准确，从而能够缓解信息不对称。Berger 和 Udell（1995）研究发现，银行与借款人合作的时间越长，企业贷款的利率越低，提供抵押的可能性越小，他们的研究结论支持缓解信息不对称的逆向选择模型。Harhoff 和 Korting（1998）对德国中小企业信贷行为的研究结果表明银企关系越强，企业在贷款时提供抵押的概率越低。Chakraborty 和 Hu（2006）发现，银行要求借款人提供抵押的可能性还与贷款类型有关。他们发现，借款人与银行的合作时间更能降低信用额度贷款抵押的可能性，而合作范围更能降低非信用额度贷款抵押的可能性。①

（三）道德风险与信息不对称理论

道德风险是借款人和贷款人委托代理关系确定后的信息不对称产生的结果。Ber-

① 王培斌：《债券增信对公司投融资行为影响的理论与实证研究》，湖南大学，2018。

ger 和 Undell（1990）指出，事前借款人违约风险是可以观察到的，但由于借款人的有限责任和偿付并不完善，投资者对于借款人的监督成本非常高，因此违约风险高的借款人的道德风险普遍较高。Boot 等（1991）认为为了有效降低借款人的道德风险，高违约风险的借款人被要求提供担保。Thakor（1994）也认为，银行向借款人提供的贷款利率受到贷款时机的影响。如果借款人在第一个投资项目成功之前申请贷款，银行提供的贷款利率会高于市场平均利率，且要求借款人提供担保，而在第一个投资项目成功时，银行将向借款人提供低于市场平均利率的无抵押贷款。Thakor 的研究结果说明道德风险的存在会影响借款人的融资成本。

从相关的实证研究文献看，学者通过考察借款人特征（违约记录、信用评级和财务杠杆等）对抵押行为的影响来验证道德风险模型。Harhoff 和 Korting（1998）以德国中小企业为样本，通过研究发现有违约记录的借款人更有可能为贷款提供抵押。Brick 和 Palia（2007）也得出了相似的结果。Gonas 和 Mullineaux（2010）对借款人的道德风险进行了研究，发现到期日越长贷款抵押贷款的可能性越高，与此同时还发现，信用等级不好，要求提供抵押的可能性很大。Brick 和 Palia（2007）还发现，借款人的财务杠杆越高，要求提供抵押贷款的可能性就越高。

第二节　投资与增信类民间金融经济效应理论分析

信用增进措施的出现，从供需两个角度使金融风险分担机制逐渐由交易双方分担向金融市场的横向风险分担转化。如担保机制使风险通过风险转移将信用风险转移至担保方，资产证券化则通过风险转移和风险保护两个层次，将初始基础资产的信用风险转移至不同的投资者，并通过降低单位投资者承担的风险以实现风险分散。这一风险分散的过程实现了诸多中小企业和个人的融资需求。然而，不容忽视的是，风险转移机制并没有完全消除风险，只是分散了风险，在开放经济条件下，一旦爆发风险事件，相关风险通过传染和扩散渠道，会累积成更大的风险甚至最终爆发系统性风险事件。因此，在看到增信措施提高了中小企业和个人的融资可得性的同时，也非常有必要分析投资与增信类民间金融的其他经济效应，为构建相关风险防范机制提供理论依据。

投资类民间金融业务主要是直接融通资金相关业务，在利润最大化导向下，通过直接调剂资金在空间和时间上的供需余缺，从而起到支持实体经济发展的作用。如大量存在的投资公司事实上从事的是资金借贷业务，地方资产管理公司则主要通过收购不良金融资产的方式提供资金。

一、宏观经济效应理论分析

（一）内生性流动性扩张

增信措施的引入使信用风险分担机制得以落实，而这种风险分担机制强化了传统融资媒介的信用创造能力。以资产证券化为例，随着越来越多的流动性的参与，投资者将形成资产价格进一步上涨的预期，从而会提高风险偏好，增加对资产支持证券及风险分担的需求，并且也诱使众多投资机构增加资产证券化创新以迎合市场需求。与此同时，在资产证券化的风险分担机制中，风险的“一次”转移和“N 次”转移，代表着不同资产支持证券化的创新及流动性的涌入，因此金融市场将出现“资产证券化创新—流动性涌入—风险转移—资产价格上涨—资产支持证券需求增加—资产证券化进一步创新”的循环。证券发行方在风险分担的同时，引导大量流动性涌入创新链条，为资产价格创造价格上涨的途径，吸引投资者对资产证券化的需求，为风险的进一步转移与分散创造条件。由此可见，资产证券化在实施风险分担的同时，伴随着资产价格泡沫和流动性的扩张，但这种流动性扩张是在金融市场内部形成的，具体是以高流动性的资产支持证券为载体，并且以价格不断上涨为主要形式。由于这种扩张的流动性并未对实体经济发展形成有效支撑，只是在金融市场内部产生了资金空转。因此称之为内生性流动性扩张。

（二）系统性金融风险的潜在积累

所谓系统性金融风险，是指与整个市场相关联的，影响到整个金融体系或金融市场的风险。

增信措施使风险主要是信用风险分担划分为两个层次，一是风险转移，二是风险保护。即随着融资资产的信用风险在增信链条（如链式担保）上不断转移和分散，越来越多的微观主体，包括商业银行、投资银行、各种基金以及各类投资者，加入增信链条，以分担原始融资资产的信用风险。这种风险分担机制，从表面上看，随着投资者的加入，每个投资者承担的风险就会下降，因此风险就存在一种不断被分散的趋势。但从美国次贷危机的演进来看，这种风险分担机制并没有实现风险的有效转移与分散，反而引起系统性风险的出现。以资产证券化为例，资产证券化风险分担导致的系统性风险，其演化原因可分为两个方面：

一是资产证券化基础资产的同质性。资产证券化的目的是通过风险分担机制中的风险转移和保护方式，将基础资产的信用风险转移，由不同的投资者对风险进行分担，以降低单位投资者承担的风险，由此实现风险分散。我们从投资学的基本原理可知，只有收益率负相关的资产组合才能实现风险分散。但通过现实中资产证券化的运作来看，多数基础资产以抵押贷款或长期贷款为主，这导致资产的单一性和同质性，无疑不利于风险分散。从表面上看，每位风险承担者所承担的风险不断降低，但这些风险具有相同的性质及类型，如果基础资产出现信用或者流动性问题，所有的风险承担者将会遭受损失，这无疑属于一种潜在的系统性风险。

二是资产证券化的风险分担机制存在两个方面的缺陷，致使风险转移与分散不彻底，一方面，为了提高资产支持证券的信用等级，增强其流通性，资产证券化的发起人和风险转出者并没有完全转移出风险，虽然从表面上看发起人和转出者通过“真实出售”的机制将非流动性资产剥离出自身的资产负债表，但发起人和转出者往往会采取风险自留的方式，对这些证券进行信用增级，由此导致风险转移不彻底；另一方面，各类投资者投资资产支持证券，目的是实现基础资产风险的有效分担与分散，但在实际运作中，大多数投资者以提高杠杆率的方式进行融资，致使整个金融体系负债率的提高。虽然资产证券化的风险分担机制，能够实现基础资产信用风险的转移和分散，但风险承担者杠杆率与金融体系负债率的提升，导致金融体系内部风险的积累。从美国次贷危机前的经济周期波动来看，整个金融系统杠杆率和负债率均有不同程度的上升，这无疑是一种系统性风险的积累。

二、微观经济效应理论分析

融资难、融资贵是全世界中小企业发展过程中面临的普遍性的难题。对于融资难问题，从专业角度看，融资难是中小微企业经营与发展的特点所致：资产规模小、市场风险抵抗力弱、企业管理制度不健全、营销能力弱等固有的经营特征。表面上看，则是中小微企业信用等级低甚至无法评级，导致风险利差无法类比推导；实质上看，却是风险利差所基于的融资数据被金融机构“割地经营”所“阻断”，并以覆盖各个金融机构最高违约率来反映（木桶效应或随机违约率）。因此，中小企业或小微企业的融资资产，对于金融机构来说，较高的随机违约率必然视为风险巨大，难免形成“融资难”。对于融资贵问题，除了金融机构大量制造融资资产导致的金融杠杆过高，以及严重依赖货币政策工具的“贫血症”资金等宏观原因外，微观原因是基于上述木桶效应或随机违约率，融资利率或风险利率必须以单个金融机构较高的违约率为基础，因此形成一个较高的市场利率，由此导致融资贵在所难免。

由此，融资难融资贵症结在于，金融机构“割地经营”阻断了融资资产数据链的形式及其违约率所反映的市场化风险利率，即资产流动性缺乏导致资产风险无法缓释，最终累积、推高了资产风险，随机违约率则通过某些金融机构来“爆雷”所决定。另外，大量的其他资信状况优良或有政府隐性担保的融资主体因其具有“软预算约束”特征，消耗了金融市场上大量的资金，相应减少了用于中小微企业的资金供给。

因此，推动中小微企业的融资资产由融资机构向增信机构流动，实现资信状况明晰、信用等级上升，即资产风险由融资机构向增信机构转移/流动，则会极大地刺激融资机构对中小微企业进行融资的积极性，从根本上解决融资难融资贵问题。

本章小结

本章全面介绍了投资与增信类民间金融基本理论，主要包括投资与增信类民间金融基础理论和经济效应。重点介绍了目前主流相关理论和投资与增信类民间金融活动的宏微观效应。从不同的视角阐释了相关理论和经济效应，并分析了造成中小微企业融资难融资贵的深层次原因，解释了投资公司和资产管理公司存在的意义，阐述了增信措施对缓解中小微企业融资难融资贵问题的重大意义。本章认为，研究投资与增信类民间金融应在基础理论的指导下，结合实践状况作全面分析，只有这样，才能进一步加深对相关金融活动的理解，深化对相关金融风险防范的认识。

本章重要概念

金融发展理论　金融结构理论　金融深化　金融抑制　增信治理理论　债务合约理论　信息不对称　风险分担理论　风险传导理论　链式担保

本章思考题

1. 请简述投资与增信类民间金融基础理论框架。

2. 金融发展理论是如何解释当前我国投资公司大量存在的？

3. 债务合约理论是如何解释担保机制的？

4. 信息不对称现象几乎无处不在，它对企业投资与融资产生了哪些影响？应如何解决？

5. 如何正确认识链式担保？

6. 投资与增信类民间金融活动具有哪些经济效应？各有哪些利弊？

7. 如何看待当前我国中小微企业融资难融资贵问题？引入增信机制能彻底解决该问题吗？为什么？

本章参考文献

[1] 王培斌．债券增信对公司投融资行为影响的理论与实证研究［D］．湖南大学，2018.

[2] 刘海明，王哲伟，曹廷求．担保网络传染效应的实证研究［J］．管理世界，2016（04）：81－96＋188.

[3] 吴敏．我国企业债券信用增进研究［D］．湖南大学，2013.

[4] 林毅夫，孙希芳，姜烨．经济发展中的最优金融结构理论初探［J］．经济研究，2009，44（08）：4－17.

[5] 周密．“麦克米伦缺口”与中小企业信用担保期限——一个非对称双边市场特性的视角［J］．经济管理，2007（01）：84－87.

[6] 白钦先．金融结构、金融功能演进与金融发展理论的研究历程［J］．经济评论，2005（03）：39－45.

[7] 姚耀军．金融发展与城乡收入差距关系的经验分析［J］．财经研究，2005（02）：49－59.

[8] 汪兴隆．金融合约理论：综述与评论［J］．财经问题研究，2003（06）：79－84.

[9] 米建国，李建伟．我国金融发展与经济增长关系的理论思考与实证分析［J］．管理世界，2002（04）：23－30＋36.

[10] 韩廷春．金融发展与经济增长：基于中国的实证分析［J］．经济科学，2001（03）：31－40.

[11] 李文群．论我国企业债券融资信息不对称问题［J］．金融论坛，2005.

[12] Barro，Robert J. “The loan market，collateral，and rates of interest.” Journal

of money, Credit and banking 8. 4 (1976): 439 – 456.

[13] Chan, Yuk-Shee, and George Kanatas. "Asymmetric valuations and the role of collateral in loan agreements." Journal of money, credit and banking 17. 1 (1985): 84 – 95.

[14] Besanko, David, and Anjan V. Thakor. "Collateral and rationing: sorting equilibria in monopolistic and competitive credit markets." International economic review (1987): 671 – 689.

[15] Stigler, George J. "The economics of information." Journal of political economy 69. 3 (1961): 213 – 225.

[16] Akerlof, George A. "Behavioral macroeconomics and macroeconomic behavior." American Economic Review 92. 3 (2002): 411 – 433.

[17] Zeckhauser, Richard, and Michael Spence. "Insurance, information and individual action." American Economic Review 61. 5 (1971): 380 – 387.

[18] Stiglitz, Joseph E., and Andrew Weiss. "Credit rationing in markets with imperfect information." The American economic review 71. 3 (1981): 393 – 410.

[19] Chan, Yuk-Shee, and Anjan V. Thakor. "Collateral and competitive equilibria with moral hazard and private information." The Journal of finance 42. 2 (1987): 345 – 363.

[20] Borch, K. "Equilibrium in Reinsurance Market", Econometrica, (1962) (3).

业务实践篇

第三章 融资性担保公司经营实践

本章导读

企业在融资过程中往往需要借助外部力量来增强融资能力，从而对融资担保产生了需求，尤其是中小微企业普遍存在着融资难问题。从20世纪90年代起融资性担保公司逐渐成立，历经20多年的发展，时至今日，融资性担保行业无论从规模还是质量上均获得了较大发展。随着融资担保行业与商业银行的合作逐渐加深，一方面，融资性担保行业为市场主体拓宽了间接融资渠道，解决了一些企业因“银企间信息不对称”而无法从银行获取贷款的问题，在一定程度上缓解了中小微企业融资困境。另一方面，融资性担保公司却承担了极大的风险，“信息不对称”的问题依然存在，只是从“银企间”转移到了“担企间”，风险的转嫁和代偿的不确定性时刻威胁着融资性担保公司的生存。

本章学习目标

通过本章的学习，应全面了解融资性担保公司的内容和运作模式、融资性担保公司发展现状和存在的问题、金融科技在融资性担保公司业务开展中的应用与前景、国外融资性担保机构发展经验和对我国融资担保行业的启示以及融资性担保公司的典型案例分析等内容。认识到融资性担保公司的重要性和必要性，掌握融资性担保公司模式和内容的理论依据。

本章知识结构图

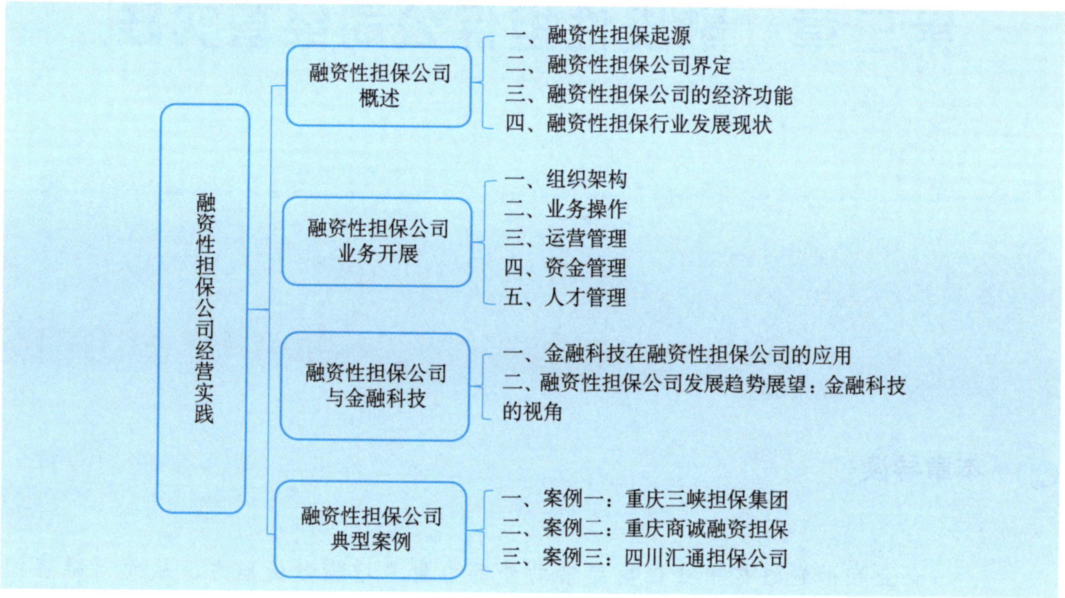

第一节　融资性担保公司概述与发展现状

一、融资性担保起源

随着近代资本主义商业银行进入我国，担保作为一种专业的中介业务也随之产生。担保业务具有浓厚的商业色彩，银行从事这项业务与银行自身金融业务和金融手段紧密结合。但是由于法律环境、信用环境和经济环境的制约，专业的信用担保机构却一直未能在我国出现。

随着我国改革开放的不断深入，党的十四大明确决定建立有中国特色的社会主义市场经济体制。随之我国经济领域的管理方式和政策发生了一系列重大变化。资源配置方式的改变客观上要求企业成为市场经济活动的主体，而中小企业在国民经济发展中的地位和作用更加明确。同时，投融资体制改革要求国有银行逐步实现商业化。然而，企业特别是中小企业信用不足、融资难、融资交易成本高、融资交易不规范等问题也逐渐显现，一直未得到很好的解决。这些在我国经济转轨过程中出现的问题引起了政府和社会各界的普遍关注，也成为我国专业的信用担保机构产生的重要契机。

1993 年，我国第一家专业信用担保公司——中国经济技术投资担保公司由国务院批准成立。1994 年，国内第一家地方政府出资的担保机构——深圳高新技术投资担保有限公司，原名深圳市高新技术产业投资服务有限公司成立。1999 年，国家作出加强技术创新，发展高科技，实现产业化，采取有效措施，营造有利于技术创新和发展高科技、实现产业化的政策环境等经济措施，随之大批中小企业迅猛发展。但在经营过程中由于信息不对称，信用程度不足，融资难成为阻碍企业发展壮大的瓶颈，于是原国家经贸委在 1999 年 6 月发布了《关于建立中小企业信用担保体系试点的指导意见》，标志着以扶持中小企业发展为宗旨的中小企业信用担保体系正式启动。该文件明确规定了各类中小企业信用担保机构的业务范围和业务模式，选定北京、深圳、山西等作为试点，试点地方担保机构陆续成立，但主要以政府出资的政策性担保机构为主。2000 年国务院办公厅发布了《关于鼓励和促进中小企业发展若干政策意见》，明确提出了担保业的机构准入、资金资助、信用评级、风险控制及政府指导与行业自律制度，随后相关司法解释又对《中华人民共和国担保法》进行了细化和解释，提供了更可靠的法律依据，2005 年《国务院关于鼓励支持和引导个体私营等非公有制经济发展的若干意见》等一系列政策出台，鼓励和引导民间资本进入法律法规未明确禁止准入的行业和领域，这时民间资本开始进入担保行业，担保公司的数量速猛增加。一时间，有的担保公司向监管部门报批成立、有的担保公司直接在工商管理局注册成立。担保业没有统一的监管部门，担保公司的业务没有人监管，各担保公司就自行其事。截至 2010 年 10 月，河南省的担保公司就达到了 1 000 多家，郑州市有 400 家。2007 年 7 月，中国银监会《关于金融机构与担保公司开展合作的风险提示》中明确指出：近年来部分担保企业经营情况令人担忧，担保信用不足，担保机构违规现象严重，存在风险隐患，应引起高度关注。因此，解决中小企业融资难，必须从完善信用担保机制入手，合理控制信贷风险，才能实现银行、中小企业、担保公司共赢的局面。为了解决担保行业管理无序的问题和达到控制信贷风险的目的，国家七部委联合制定了关于《融资性担保公司管理暂行办法》（以下简称新办法）于 2010 年 3 月 8 日出台，并于 2011 年 3 月 31 日执行。这是国家七部委第一次联合针对融资性担保业作出的管理办法，它属于部门规章，也是依照执行的法律依据。

在 20 多年的发展过程中，融资性担保机构虽然存在着诸多风险和一些不规范现象，但不可否认的是融资性担保机构为解决中小企业融资难、降低融资成本、促进国家经济发展、增加政府税收和加快社会信用体系建设等方面作出了巨大贡献。

二、融资性担保公司界定

（一）概念及界定依据

根据《融资性担保公司暂行管理办法》第二条的规定，融资性担保业务主要是指担保公司与银行等金融机构约定在融资性借款债务人于债务到期时无法履行还本付息的义务时，由融资性担保公司承担约定的保证责任，并且向债务人收取一定担保费用的担保业务。融资性担保业务包括信用证担保、票据承兑担保、项目融资担保、贸易融资担保、贷款担保及其他融资性担保。所以融资性担保公司是指在中华人民共和国境内依法成立的，以融资性担保为主营业务且以向被保企业收取一定比例的担保费用为主营业务收入的有限责任公司和股份有限公司。

（1）融资性担保公司是以融资性担保为主营业务；

（2）这种担保是制度化的担保，即它是在一定的政策、法律、规则的框架安排体系之中的，是规范化的业务；

（3）是由专门成立的担保公司来提供担保，而不是由任意的法人、自然人提供的担保。

（4）任何单位和个人未经监管部门批准不得经营融资性担保业务，不得在名称中使用融资性担保字样。

非融资性担保公司，是指依法设立在我国行政区域内，但并未取得《中华人民共和国融资性担保机构经营许可证》，实际在为法人及自然人提供业务的担保公司。非融资性担保公司可从事的担保业务范围为：工程支付、诉讼保全、财产保全、工程履约、投标担保、预付款、尾付款如约偿付、设备分期付款、原材料赊购、租赁合同、财政支付、仓储监管、联合、其他经济合同等担保，以及与担保业务有关的投融资咨询和财务顾问等中介服务。

2017 年 10 月 1 日起施行的《融资担保公司监督管理条例》指出“本条例所称融资担保，是指担保人为被担保人借款、发行债券等债务融资提供担保的行为。除经营借款担保、发行债券担保等融资担保业务外，经营稳健、财务状况良好的融资担保公司还可以经营投标担保、工程履约担保、诉讼保全担保等非融资担保业务以及与担保业务有关的咨询等服务业务”。这较《融资性担保公司暂行管理办法》更加明确，强调了为包括贷款、债券、信托等债务融资工具提供担保的行为均为融资担保行为，为融资担保公司业务划分及风险管理提供有效指导。

（二）融资性担保与非融资性担保的区别

《融资性担保公司暂行管理办法》公布实施以后，对融资担保的资质和业务范围有了明确的说明。融资性担保公司可以经营的融资性担保业务有：贷款担保、票据承兑担保、贸易融资担保、项目融资担保、信用证担保以及其他融资性担保业务。可以兼营：诉讼保全担保、投标担保、预付款担保、工程履约担保、尾付款如约偿付担保，以及与担保业务有关的融资咨询和财务顾问等中介服务。还可以以自有资金进行国债和金融债券以及大型企业债务融资工具等信用等级较高的固定收益类金融产品的投资。同时，也对限制业务作出说明：不得吸收存款，不得直接发放贷款、不得受托发放贷款、不得受托投资等。

在《融资性担保公司暂行管理办法》项下条款的限定下，非融资类担保公司的业务范围得到了缩紧，仅可以开展诉讼保全担保，投标担保、预付款担保、工程履约担保、尾付款如约偿付担保、以及与担保业务有关的融资咨询和财务顾问等中介服务。但允许将自有资金进行投资，也没有对非融资类担保公司的自有资金投资方向进行限制。

专栏 3－1 知识链接

融资性担保公司和信用担保公司的区别

（1）信用担保是指企业在向银行融通资金过程中，根据合同约定，由依法设立的担保机构以保证的方式为债务人提供担保，在债务人不能依约履行债务时，由担保机构承担合同约定的偿还责任，从而保障银行债权实现的一种金融支持方式；

（2）融资担保公司：以提供担保作为一种赢利的手段，承担项目的风险并收取担保服务费用；

（3）信用担保属于第三方担保，其基本功能是保障债权实现，促进资金融通和其他生产要素的流通；

（4）信用担保的本质是保障和提升价值实现的人格化的社会物质关系。

专栏 3-2 知识链接

担保圈

一、担保圈的定义及特点

担保圈的概念有具体所指，是一种把多家企业联系在一起的利益体，这种利益体连接的方式就是担保。① 担保圈会让处在相关利益链条中的各个企业有着更加紧密的关系，让风险变得更有利传播，一般情况下很容易导致“牵一发而动全身”，让圈内所有企业共同担上贷款风险。这种是在银行资产和贷款增加的基础上出现的。这个概念包括有互保和连环保。连环保是指债务人之间相互提供担保，让不同的债务人都可以从中获利。互保就是债务人和担保人的互保行为。担保圈的债权债务关系极其复杂，而且常常处在变动之中，并且有些债权的隐蔽性很大。所以说，商业银行应该会在担保圈内把信贷业务考虑在内。

二、担保圈的分类及特点

担保圈的形式多种多样，可以分别从担保链的形态、担保圈成员性质及规模、担保圈的风险状况来对担保圈进行分类总结。②

（一）按担保链条形态来分类

简单互保、连环担保、交叉担保、“金字塔式”担保、“家族式”担保、复合型担保等是根据担保链条形态的各异来分类的。

1. 简单互保

A 和 B 相互提供保证的担保行为，是一种很简单的关系。简单互保存在于各个企业类型当中，尤其存在于中小企业当中，是一种担保圈内最简单最易形成的一种形式。在之后的所有担保圈模型中都可以见到互保的存在。

2. 连环担保

连环担保户数大于等于三户，并且这些户都在同一条资金链上。A 保证 B，B 保证 C，C 保证 D，这种情况的出现属于企业的连环担保。

3. 交叉担保

交叉担保同连环担保在一定程度上有相似性，像是 A 保证 B，B 保证 C，C 保证 D，但是不一样的是 C 企业又为 A 企业或 B 企业提供保证。交叉担保有更复杂的

① 吴俊丽：《中小企业信用担保体系的发展方向与政府角色》，载于《贵州财经学院学报》，2012 年第 3 期。
② 邵承伟：《企业担保圈风险辨识与控制》，载于《中国金融家》，2013 年第 9 期。

链条利益，相对而言较为复杂。

4.“金字塔式”担保

金字塔式担保是母公司为子公司提供保证，而孙公司又要靠子公司提供担保的行为，这种形势在图表上非常类似于一个倒过来的金字塔。或称“集团式担保”。① 在实际过程中很多企业虽然不是母公司与子公司的关系，但是由于行业性质、行业地位、上下游企业等多种因素，也形成了金字塔式的担保结构。

（二）按担保圈成员性质及规模分类

成员性质方面可以分为同行业、多行业担保圈；两种杂揉担保圈和企业差异担保圈是按照担保成员上市、非上市公司担保圈以及规模分类的。

（三）按风险状况分类

立足于基本的风险等方面来划分三个类型：担保圈可以基于复杂和危险程度、企业信用以及经营状况划分为健康型、可控型、危险型。

1. 健康型

高质量客户和企业是中心成分，经营状况较好，保证人和借款人在融资方面较为理性，并且有一个好的企业保证能力。对方抵押物可以完全覆盖融资。

2. 可控型

部分企业担保力较之健康型较差，经营状况一般，可能有不合理融资情况的出现，还可能隐瞒对外担保的部分。互保的情况下对方信用等级可能较差。

3. 危险型

担保力严重不足，经营状况不良，有很大的可能性会出现风险。担保关系并不单纯，存在多种担保行为，并且非核心企业部分有违约记录出现。风险性已经全面显露。

三、融资性担保公司的经济功能

（一）保障债权实现

一方面，融资性担保公司的参与能够缓解借贷双方信息不对称的困境。GeorgeA. Akerlof（1970）在《“柠檬”市场：质量不确定性和市场机制》一文中通过建立旧车

① 王伟，宋西圣：《基于“差序格局”理论的互助联保组织变迁研究》，载于《金融发展研究》，2013 年第 8 期。

市场交易模型，分析了在信息不对称的有效机制之一就是引入担保机制。为了规避风险，银行在决定是否发放贷款时，往往注重的是企业的资产变现能力、现金流等指标，而融资性担保公司则更倾向于关注企业的市场前景、成长空间等指标，而且融资性担保公司通过对企业信息的专业化的整合搜集，降低银行对信息搜集与处理的成本。两者对于信息处理的差异性通过合作能互为补充，更为全面地反映贷款企业信息，从而进一步降低了风险。

另外，担保当然存在风险，对于系统性风险，即由于不可抗拒的原因所造成的损失，保证人也会考虑在担保的成本中予以回收，但对于非系统性风险，应该由保证人自己承担损失，如当被担保企业恶意逃避债务或者因经营不善而出现资不抵债的情形时，银行可以要求融资性担保公司承担相应的偿还责任，把坏账损失降到最低。

（二）提供信用增级

在经济社会中，人与人之间、法人与法人之间、法人之外的其他组织之间，地域之间、政府之间、国家之间的信用地位是不平等的。这种不平等是客观因素所致，这种不平等表现为这些主体之间存在的信用差。当经济主体为实现特定的经济目的而信用不足时，客观上就需要外部力量介入以提升自身信用水平。信用担保机构即专门帮助提升经济主体自身信用等级的外部力量。只要信用差存在，对信用增级的需求就存在。如债券担保等金融产品担保就是信用增级功能的直接体现。信用增级客观上提高了市场效率，降低了交易成本。不过由于担保机构要为其他市场主体增加信用，就要求担保机构本身必须具备较高的信用。

（三）提高经济杠杆

经济杠杆是专业担保的重要的功能。专业担保机构具有经营和管理风险职能，能够实现合理的担保放大倍数。因此专业担保具有经济杠杆的功能，可以提供集中、系统的担保，从而引导资金和其他经济资源的配置。当专业担保为政府所用时，就成为贯彻特定经济政策的工具。专业担保正是由于具有经济杠杆的功能，它主要是对社会资源、生产要素的动态过程，或者说是对资金融通和商品流通等提供保障。

（四）提供风险管理

担保机构既是盈利主体又是专业的风险管理机构。通过承担经营风险，取得相应风险收益。由于常年提供信用担保，担保公司积累了丰富的风险管理经验。从风险管理的角度看，担保是一种分散风险和转移风险的工具。与保险类似，债权人/受益人从自身风险管理的角度出发，将不计划自留的债务人/委托人的风险以担保的形式转移给担保机构，从而实现风险分散。担保机构通过风险识别、风险控制、风险分散、风险组合等方式经营和处置风险，从而发挥其风险管理功能。

四、融资性担保行业发展现状

（一）国内融资性担保行业发展现状

1. 融资性担保公司总量可观，近几年增速放缓

1993 年，国务院批准中国经济技术投资担保有限公司特例试办，标志着中国担保行业开始起步和探索。历经 25 年的发展，我国担保行业获得了蓬勃发展，随着融资担保行业与商业银行的合作逐渐加深，融资担保行业为市场主体从信贷间接融资渠道起到了一个拓宽的效用，在服务我国中小企业和地方经济发展方面发挥了积极且不可或缺的作用。目前，我国担保机构以融资性担保机构为主。2006—2017 年，全国融资性担保机构数量总体有增长趋势，由 2006 年的 3 366 家增加至 2017 年的 8 000 家以上。值得关注的是，近年来我国积极促进融资担保行业健康发展，提高企业资质，加强监管，清退违规企业，由此导致融资担保机构数量增速较 2012 年以前有明显放缓，如图 3－1 所示。

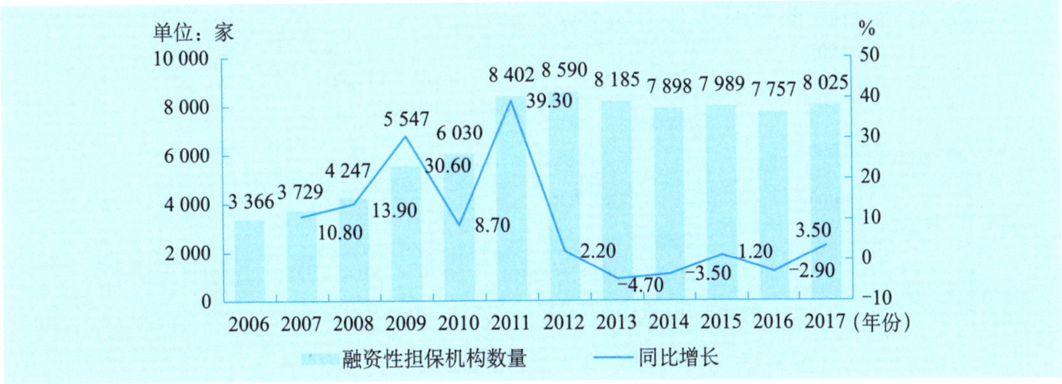

图 3－1 2006—2017 年融资性担保机构数量及增速

资料来源：前瞻产业研究院。

在融资性担保机构注册资本方面，近年来，随着我国中小企业对融资需求的增长，国家鼓励融资性担保行业的发展，以解决中小企业融资难问题；同时，国家对担保机构的注册资本提出了更高要求。2017 年出台的《融资担保公司监督管理条例》提出，融资担保公

司注册资本不低于2 000万元人民币，且为实缴货币资本；跨省、自治区、直辖市设立分支机构的融资担保公司注册资本不低于10亿元人民币。从行业整体水平来看，2017年我国融资性担保机构平均注册资本约为1.37亿元，同比增长了7.8%，如图3-2所示。

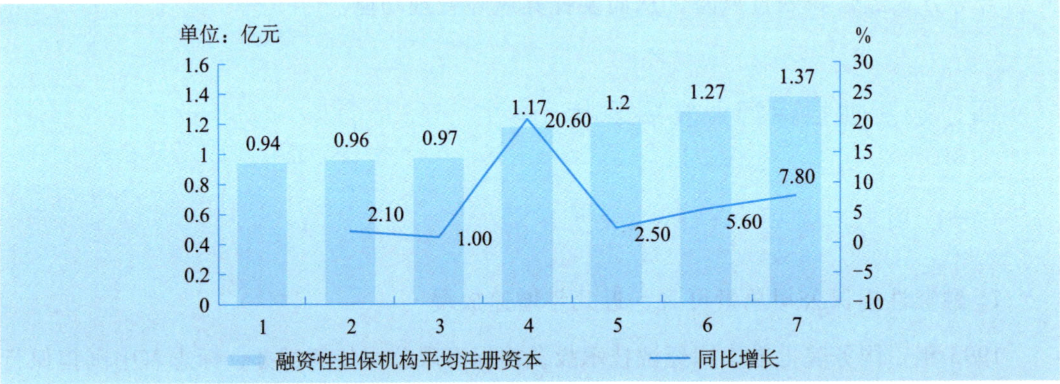

图3-2 2011—2017年融资性担保机构注册资本均值及增速

资料来源：前瞻产业研究院。

2. 资产规模和在保余额不断走高

在融资性担保机构资产规模方面，由于担保行业是一个资金密集型的行业，且其资产主要以货币的形式呈现。总体来看，我国融资性担保机构的资产总额不断攀升，据不完全统计，截至2017年年末，融资性担保机构资产总额为1.61万亿元，同比增长了8.4%，资产总额进一步增加，如图3-3所示。

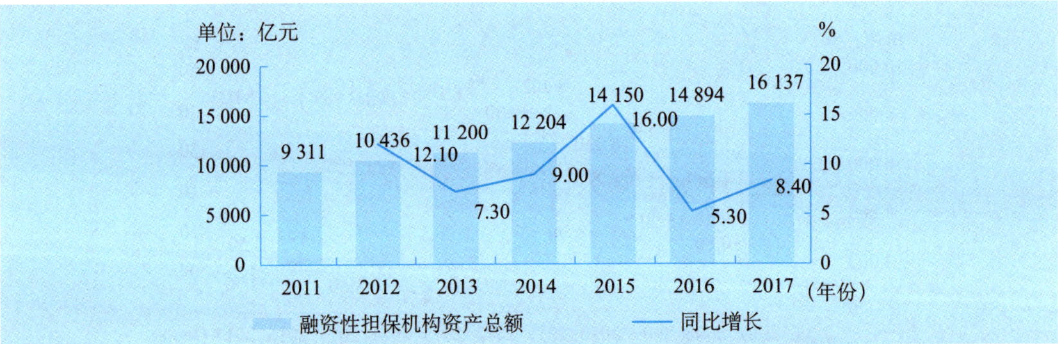

图3-3 2011—2017年融资性担保机构资产总额及增速

资料来源：前瞻产业研究院。

此外，担保行业的在保余额也在不断攀升。2011—2017年，我国担保行业在保余额逐年攀升，据不完全统计，截至2017年年末，我国担保行业在保余额约3.37万亿元，其中融资性在保余额约2.72万亿元，增速较2016年有所放缓，2018年全年担保在保余额依然保持缓慢增长趋势。

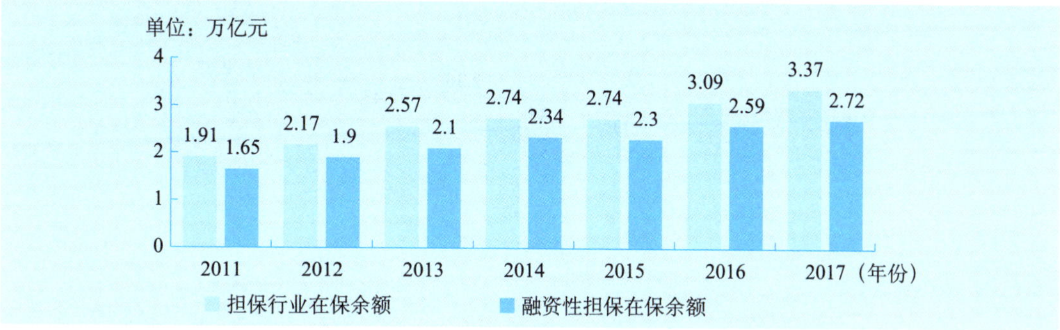

图 3－4 2011—2017 年担保行业（含融资性担保）在保余额

资料来源：前瞻产业研究院。

3. 违约风险加剧，现金保障能力较好

从行业的违约风险来看，2012 年后随着中国宏观经济增速放缓，大量中小企业经营困难、信用水平下降，致使担保行业业务违约风险上升，代偿事件发生数量不断增加，部分担保机构因失去代偿能力而倒闭。自 2011 年起，担保行业代偿率持续走高，2018 年担保行业代偿率提高至 3% 左右，表明行业的违约风险不断增加。

另外，担保行业的现金保障能力较好，一定程度上对冲了违约风险增加的不利影响。担保公司的现金保障能力反映了被担保人出现违约时其可使用现金进行代偿的能力，这受到其担保放大倍数的直接影响。担保放大倍数分子项是年末在保余额，分母项是净资产。如果净资产和担保放大倍数出现正向背离，即担保放大倍数走弱，而净资产走强，则意味着公司对于承担的风险有足够厚的安全垫；反之亦然。按照《融资担保公司监督管理条例》规定，担保责任余额原则上不得超过其净资产的 10 倍（对主要为小微企业和“三农”服务的融资担保公司可提高至 15 倍）。从实际情况来看，尽管近几年我国担保行业的担保放大倍数有所提高，但依然低于监管上限。2017 年，我国融资性担保行业担保放大倍数约为 2.63 倍，处于较低水平，表明我国担保行业公司现金保障能力整体较好，如图 3－6 所示。

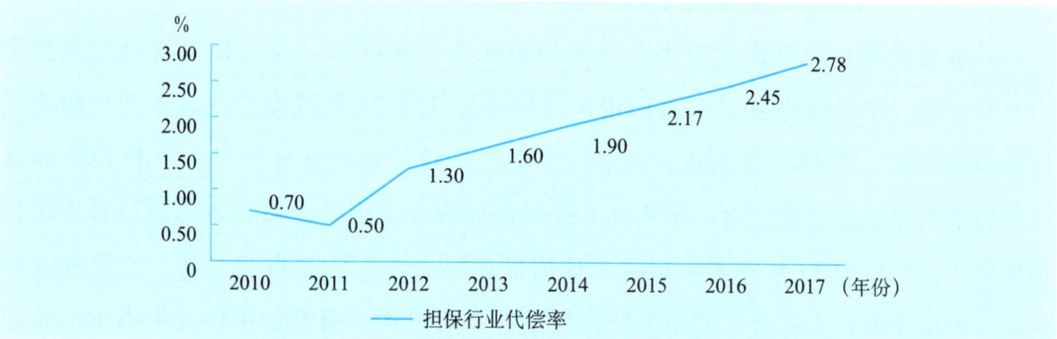

图 3－5 2010—2017 年中国担保行业代偿率

资料来源：前瞻产业研究院。

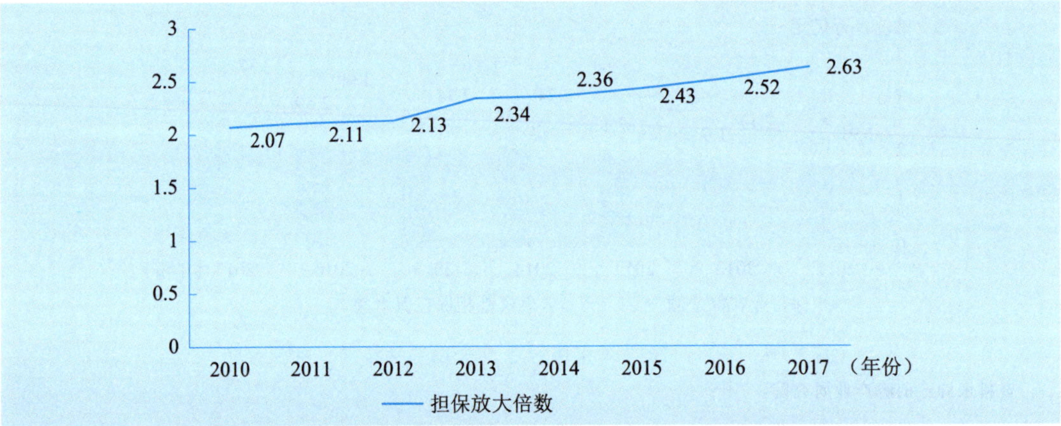

图 3－6　2010—2017 年融资性担保行业担保放大倍数

资料来源：前瞻产业研究院。

（二）国外融资性担保行业发展现状

1840 年，现代的专业融资担保产生于瑞士，其最早起源于同业工会之间的相互保证，后来逐步扩展到其他领域。以融资担保的手段专门扶持中小企业始于 20 世纪 30 年代。1929 年爆发的资本主义世界的经济危机沉重打击了西方国家，为尽快恢复国民经济，并促进其健康发展，各国制订了各种复兴计划，出台了包括中小企业的政策性融资担保制度在内的多种政策和法律措施。第二次世界大战后，随着中小企业融资担保业务在全球范围内的普及，相关的法律制度也逐渐完善。至 20 世纪末，中小企业融资担保制度已基本建立。由于各国经济社会发展状况的不同，在世界各个国家和地区，中小企业融资担保制度在运作理念、运行机制等方面都存在较大的差异。通过对一些有代表性国家的中小企业融资担保制度的比较研究，分析其异同，总结其经验，可以为我们提供有益的启示，其中日本、韩国、美国的担保制度较为完善。

1. 日本信用担保行业发展现状

日本是世界上最早建立中小企业信用担保体系的国家，经过日本政府的积极努力，日本第一家担保协会“东京信用保证协会”于 1973 年成立，在日本开始出现了信用担保制度。到 1952 年为止，日本一共成立了 52 个信用保证协会，并于 1955 年成立全国信用保证协会联合会，至此日本信用保证协会全国性体系基本形成。日本的信用保证协会是以 1953 年日本颁布的《信用保证协会法》为基础设立的，它服务基本对象为中小企业，实施公共信用保证的政策性金融机构，通过信用保证提高中小企业的融资能力为体系的基本宗旨，促进中小企业更好地发展。

日本的信用担保体系有五大特点：①

（1）政府财政资金对信用担保体系支持力度较大。日本信用保证协会的自有资金主要是通过政府财政出资。日本信用保证协会的自有资金可分为“基金”和“基金准备金”两部分。基金是通过外部来源，每年由财政、金融机构及中小企业团体等出资予以补充。基金准备金来源于内部收支盈余积累。另外，日本财政也可给予担保协会政策性融资支持，来增强担保协会的担保能力。日本设计了所谓“双保体制”的中小企业信用担保制度，使担保机构的经营进入良性的循环过程中，也就是说在信用保证制度之上又增加了信用保险制度的方式，从而完成了担保与再担保相结合的双重担保体制。

（2）市场化运作原则。日本将政策性的资金进行市场化动作，即通过财政资金来支持中小企业信用担保，履行应尽的职能，而不直接来参与担保业务的经营，将资金委托给中介机构——公库和信用保证协会，让其本着商业化的原则进行运作。同时根据日本的法律相关规定，信用保证协会属于特殊法人。虽然属于特殊法人，但采用的是公司法人治理结构。

（3）政府资金支持与实现国家政策目标相结合。日本政府对支持中小企业的信用担保机构，采用的是帮扶和引导的方针，使其发展符合国家的政策取向。日本信用保证协会为了满足中小企业多样化的担保需求，设置了名目繁多的担保品种，共有 3 000 多种。其中制度保证设置的担保是政府为了引导中小企业发展和推动相关政策目标的落实而设置，普通担保则不具有特定的政策要求和引导。因此，80% 以上的担保品种属于制度担保，制度担保的业务量也占主导地位。

（4）实施财政资金的规范运作与有效监督。日本对中小企业信用担保相关工作的的立法工作非常重视。因而分别制定了三部法律，分别为《中小企业信用保险法》《信用保证协会法》和《中小企业信用保险公库法》，这三部法律构成了日本中小企业信用担保立法的基本框架。中央财政下拨的用于信用保证协会的补助金也会在其一般会计预算中体现，担保基金的补充、政策性贷款的发放，要由相关审议会审议后，纳入立法程序。

（5）发展中央与地方共同支持的信用保证协会。从政府直接出资层面来看，担保基金由地方财政直接拨付，中央财政通过转移支付给予相关补助。从政策性融资层面

① 胡立晓：《中小企业融资性担保公司营运模式创新的案例分析》，浙江工业大学，2014。

来看，中央通过公库办理融资业务，地方跟着发放配套贷款，在融资规模上，地方大于中央。从事故损失分摊上看，中央有信用保险制度，地方有损失补偿制度。

2. 美国信用担保行业发展现状

政府性和商业性等不同性质的担保机构组成了美国中小企业信用担保体系，其中在解决中小企业融资难等问题方面发挥着主导作用的是政策性信用担保机构。本书主要介绍美国的政策性信用担保机构。美国的政策性担保机构有两类："普通政策性担保机构"和"专业政策性信用担保机构"。

普通政策性担保机构主要服务于国家经济政策涉及的担保业务，通过由政府指定或成立专门的机构来运作。在美国，普通政策性担保机构又可分为三种：

（1）由美国联邦小企业管理局直接操作的全国性小企业信用担保体系；

（2）由地方政府操作的区域性专业担保机构；

（3）由直接操作的全国性小企业信用担保体系——社区性担保机构。美国联邦小企业管理局直接隶属于总统，其在美国共设有96个地区性直属办公室。小企业管理局的首要任务是开展小企业信用担保业务，一般通过选择合作银行，以直接担保和授信担保两种方式进行业务运作。

专业政策性信用担保机构是指在某些特定领域特定类型担保业务的组织，如美国进化品银行等。美国政策性信用担保体系的特点主要有以下4种。

（1）政府全额出资的"小企业贷款担保计划"；

（2）担保机构建立了较为完善的风险防范机制和控制机制；

（3）信用担保相关的法制体系的建立和健全；

（4）完善的信用担保机构监管体制。

3. 韩国信用担保行业发展现状

在中小企业信用担保行业领域，韩国也是世界最发达的国家之一。与日本中小企业信用保证制度相似，韩国中小企业信用保证制度也是建立在政府公共财政资金和政府信用基础之上的，具有很强的政策性和公益性，主要有五大特点。

（1）建区分服务对象的全国性信用保证基金。韩国目前建有两个国家级的信用保证基金和一个为地方信用保证基金提供再担保服务的全国信用保证基金联合会，这些担保机构的功能根据服务对象有所区分。首先，韩国信用保证基金专注于服务在韩国成长性好、规模相对比较大的中小企业，并为其提供担保；其次，韩国技术信用保证基金（KTCGF）只为韩国高新技术企业提供担保；最后，韩国信用保证基金联合会

（KFCGF）通过了16家地方信用保证基金组成全国性再担保体系，共同向小企业和微型企业提供信用保证支持。

（2）担保机构以专业化为基础，围绕担保平台提供综合服务。担保机构积极开展信用担保业务，努力实现其规模经济效益；与此同时还围绕担保这个信息平台，提供各种综合服务以实现其经济效益。

（3）对中小企业提供的信用保证基本上是无反担保抵押的。韩国与日本的信用保证制度最大区别就在于是否要求企业必须提供反担保抵押。根据韩国信用保证制度的规定，基于韩国的信用保证制度正是为了解决中小企业抵押不足而建立的，因此信用保证机构向中小企业提供保证时，一般是不需要企业提供反担保抵押的。

（4）依靠信用保证体系广泛开展中小企业信用制度建设。日本的中小企业信用制度建设是2001年成立的信用风险数据库协会为标志的，在此之前并没有一个明确的中小企业信用制度。而韩国则不同，韩国第一家国家级信用保证基金——韩国信用保证基金在20世纪70年代建立之初，就在法案中明确规定职责"通过有效的信用信息管理建立合理的信用秩序，为国家经济发展作出贡献"。

（5）银行向信用保证基金提供捐助并承担部分风险责任。《韩国信用担保基金法》明文规定："金融机构的资助按财政经济部规定的比例提供，资助比例不超过金强机构每年贷款的0.3%。"

专栏3-3 知识链接

国家融资担保基金

国家融资担保基金是2018年4月由财政部联合商业银行、保险公司等金融机构发起成立的国家级融资担保机构，定位于准公共性金融机构，但不属于持牌金融机构，以缓解小微企业、"三农"和创业创新企业融资难、融资贵为目标，按照"政策性导向、市场化运作"的运行模式，带动各方资金扶持小微企业、"三农"和创业创新。

基金首期注册资本661亿元，财政部认缴出资300亿元，占比45.39%，华夏银行、浦发银行等在内的商业银行加上国家开发银行和进出口银行共同认缴出资360亿元，于2018年9月正式运营。

一、国家融资担保基金的运作方式

基金采取股权投资、再担保等形式支持各省（区、市）开展针对小微企业、

“三农”和创新创业的担保业务。具体来说，国家融资担保基金与省级再担保公司开展业务，支持辖区内的担保机构为符合条件的小微企业提供贷款担保。此外，还可通过对省级再担保公司进行股权投资，以增厚省级再担保公司资本，分散辖区内担保机构的信用风险及资金压力，壮大担保机构的风险抵御能力和业务拓展能力。

作为准公共性质的基金，国家融资担保基金不以盈利为目的，原则上不分红。贯彻“政府支持、市场运作、保本微利、管控风险”的经营原则，基金结束或者退出时才分配各自份额。

在具体运营方面，采用市场化运营方式。基金建立完善的公司治理机构，面向市场择优组建专业化管理团队，并实施市场化员工激励措施等。以再担保和股权投资为主要业务模式，最终形成“国家融资担保基金（中央层面）—省级再担保公司（省级层面）—担保公司融资担保（基层）”这一政府主导、上下联动的担保体系。

在业务合作方面，坚持准公共定位：

一是设置合作机构准入条件。要求合作机构不得偏离主业盲目扩大业务范围，不得为政府债券发行提供担保，不得为政府融资平台融资提供增信，不得向非融资担保机构进行股权投资。支小支农担保金额占比要逐步达到80%以上，其中单户授信500万元及以下担保业务占比要达到50%以上。优先与支小支农担保业务占比较高、担保费率较低、经营状况良好、业务管理规范的机构开展合作。

二是明确银担风险分担原则。在构建各级政府性融资担保机构与商业银行共同参与的风险分担机制基础上，进一步明确基金承担的风险责任比例为20%，银行承担的风险责任比例原则上不低于20%，以提高银担合作效率，便于参照执行。

三是设置差别化担保费率。为切实降低小微企业和“三农”综合融资成本，明确基金再担保业务收费标准不高于省级担保再担保机构，对小微企业和“三农”担保业务，按基金承担风险责任的0.5%收费，对其中单户担保金额500万元及以下的，按基金承担风险责任的0.3%收费。同时，引导合作担保机构和金融机构降低费率利率，提供融资便利。

四是细化业务考核要求。为强化对合作机构的业务引导和正向激励，防范业务风险，基金要求合作的省级担保再担保机构承担的风险责任比例不低于基金承担的比例，并设置“保底限高”的代偿率考核要求，对代偿率处于合理区间的，基金按比例承担代偿损失；对代偿率超过控制上限的，超过部分的代偿损失，基金不予承担。

二、设立国家融资担保基金的意义

一是有利于支持小微企业、“三农”的发展。设立基金能够助推中小微企业成长壮大、激发创新活力，对鼓励创业创新、促进经济转型升级具有重要意义。

二是有利于全社会就业的稳定和经济社会发展。

三是有利于更多的金融资源流向小微企业、“三农”等领域。小微企业和初创企业可抵押资产少、信用记录不足、信息不对称，影响了市场信贷投放。设立基金可以通过政府增信，有效缓解金融机构的担忧，解决中小企业贷款抵押物不够、自身信用不足的问题。

四是有利于弥补市场不足。多年来我国融资担保行业成本偏高，近年来机构数量继续减少，担保规模下降，呈现“小、散、弱”的特点。设立基金能够健全我国融资担保体系，支持融资担保行业发展，降低融资担保成本。同时，有利于强化社会诚信体系建设。

资料来源：财政部网站。

第二节 融资性担保公司业务开展

一、组织架构

组织结构是企业的基本框架机构，是企业运营的基础。融资性担保机构的管理者必须加强对企业组织的规范管理、科学设计、及时调整。在组织结构的具体设立上，应参考、依据组织基本模式，充分考虑影响担保机构组织结构设立的个性化因素。融资性担保机构的组织模式有很多，不同的融资性担保机构会根据自身规模和业务状况选择不同的模式，目前国内融资性担保机构主要有五种基本的组织模式。

（一）直线制

直线制是最简单的集权组织结构形式，其领导关系垂直系统建立，不设专门的职能机构，自上而下形同垂直。直线制结构简单，指挥系统清晰、统一，且内部协调容易，管理效率较高。但缺乏专业化的管理分工，经营管理事务依赖于少数管理者。因此，直线制的使用范围较为有限，只适用于那些规模较小或业务活动简单稳定的企业。小型融资性担保机构可以采取这一组织模式。

（二）直线职能制

直线职能制是一种以直线制结构为基础，在经理领导下设置相应的职能部门，实行经理统一指挥和职能部门参谋、指导相结合的组织结构形式。直线职能制是一种集权和分权相结合的组织结构形式，它在保留直线制统一指挥优点的基础上，引入了管理工作专业化的做法。因此，这种模式既能保证统一指挥，又可以发挥职能管理部分的参谋指导作用，弥补决策人员在专业管理知识和能力方面的不足，协助决策人员进行决策。所以，这种模式不失为一种有助于提高管理效率的组织形式，在现代企业中适用范围比较广泛。较小型或中型融资性担保机构可采取这一组织模式。

（三）事业部制

事业部制也称分权结构，是一种在直线职能制基础上演变而成的现代企业组织结构形式。事业部制机构遵循“集中决策，分散经营”的总体原则，实行集中决策指导下的分散经营，按产品、地区和顾客等标志将企业划分为若干相对独立核算、自负盈亏的经营单位，分别组成事业部，并可根据经营需要设置相应的职能部门。总公司主要负责研究和制定重大方针、政策，掌握投资、重要人员任免、价格幅度和经营监督等方面的大权，并通过利润指标对事业部实行控制。事业部制结构的优点是权力下放，有利于最高管理层摆脱日常行政事务，集中精力于外部环境的研究，制定长远的全局性的发展战略规划，使其成为强有力的决策中心；各事业部可集中力量从事某一方面的经营活动，实现高度专业化，整个企业可以容纳若干经营特点有很大差别的事业部，形成大型联合企业。主要缺点是容易造成组织机构重叠，管理人员膨胀现象；各事业部独立性强，考虑问题时容易忽略企业整体利益。因此，事业部制结构适合那些经营规模大、生产经营业务多样化、市场环境差异大、要求较强适应性的企业采用。规模较大、业务类型多的融资性担保机构可选择事业部制结构。

（四）矩阵制

矩阵制结构由横纵两个管理系列组成，一个是职能部门系列，另一个是为完成某一临时任务而组建的项目小组系列，纵横两个系列交叉，即构成矩阵。该模式最大特点在于具有双道命令系统，小组成员既要服从小组负责人的指挥，又要受原所在部门的领导，这样就突破了一个员工只受一个直接上级领导的传统管理原则。其优点是较好地解决组织结构相对稳定和管理任务多变之间的矛盾，使一些临时性的、跨部门性工作的执行变得不再困难，为企业综合管理和专业管理的结合提供了有效的组织结构形式。其缺点是组织关系比较复杂，一旦小组与部分发生矛盾，小组成员的工作就会左右为难。这一模式较适合业务处于发展阶段、业务类型和业务规模尚不够稳定的融资性担保机构。

（五）子公司和分公司

子公司是指受集团公司或母公司控制，但在法律上独立的法人企业。子公司不是母公司本身的一个组成部分或分支机构。分公司（营业部）是总公司的分支机构或附属机构，在业务、资金、人事等方面受总公司管辖，在法律上和经济上均无独立性，不是独立的法人企业，没有独立的章程和董事会，其全部资产是总公司资产的一部分。

从组织结构看，子公司和分公司集中在母（总）公司的周围，构成企业集团的紧密层组织。它们的功能是组织生产经营活动，成为利润中心；其所属单位则以提高质量、降低成本、发展品种为主要职能，成为成本中心。一个企业如果没有子公司和分公司，就不能成为企业集团，只能是一个松散的联合体或大企业。因此，子公司和分公司的形式适用于企业集团和集团公司等企业组织。

融资性担保机构设立子公司和分公司（营业部）一般出于建立业务体系的需要。主要从两个方面考虑，一是建立纵向业务体系，如建立资信评估（评级）、信息咨询、投资顾问等子公司；二是建立地区性业务网络，如与某一地区的机构合作，建立开展该地区担保业务的子公司或分公司。

二、业务操作

（一）融资性担保公司的业务规定

《融资性担保公司管理暂行办法》对融资性担保公司的业务作出了明确规定。其中第十八条规定，融资性担保公司经监管部门批准，可以经营如下部分或全部业务：贷款担保；票据承兑招保；贸易融资担保；项目融资担保；信用证担保；其他融资性担保业务。第十九条规定，融资性担保公司经监管部门批准，可以兼营如下业务的部分或全部：诉讼保全担保；投标担保、预付款担保、工程履约担保、尾付款如约偿付担保等履约担保业务；与担保业务有关的融资咨询、财务顾问等中介服务；以自有资金进行投资；监管部门规定的其他业务。第二十一条规定，融资性担保公司不得从事如下业务：吸收存款；发放贷款；受托发放贷款；受托投资以及监管部门规定不得从事的其他活动。

而在实际业务操作中，融资担保业务是指担保人与银行业金融机构等债权人之间的约定，被担保人（自然人、法人）在银行业金融机构等债权人处进行贷款、票据、贸易、项目、信用证等融资时，因被担保人不履行对债权人负有的融资性债务，应由担保人依法承担合同约定的担保责任的行为。我国融资公司常见的经营品种包括流动资金贷款担保、固定资产投资贷款担保、房地产开发贷款担保、票据贴现担保、开具承兑汇票担保、保付代理担保、设备租赁融资担保、出口退税质押贷款担保、房屋按揭、加按及转按揭贷款担保、汽车消费贷款担保、贷记信用卡透支额度担保个人创业贷款担保、个人投资经营贷款担保和个人消费贷款担保等。

（二）融资性担保业务流程

业务流程是工作的分工和程序，对于担保业务而言，业务流程还是落实担保业务风险管理工作的基础。担保业务流程设计是否合理，不仅关系到项目运作效率的高低，还直接关系到项目风险控制水平的好坏（见图 3－7）。

三、运营管理

（一）商业式担保模式

这种模式是以企业、社会、个人出资为主组建担保机构，并实行现代法人治理结构。其优点在于产权明晰，职责明确，市场化运作，经营效率高，以盈利为目的。同时具有兼营投资、资金流转等其他业务的主要特征。如联合创业集团有限公司、中青联合投资担保有限公司、大连长江信用担保有限公司、北京百利原投资担保有限公司、大连嘉盈投资担保有限公司、广东中盈盛达担保投资股份有限公司、银汇投资担保有限公司、金太阳国际投资担保有限公司、辽宁葆盛投资担保有限公司、世银联控股集团有限公司等。

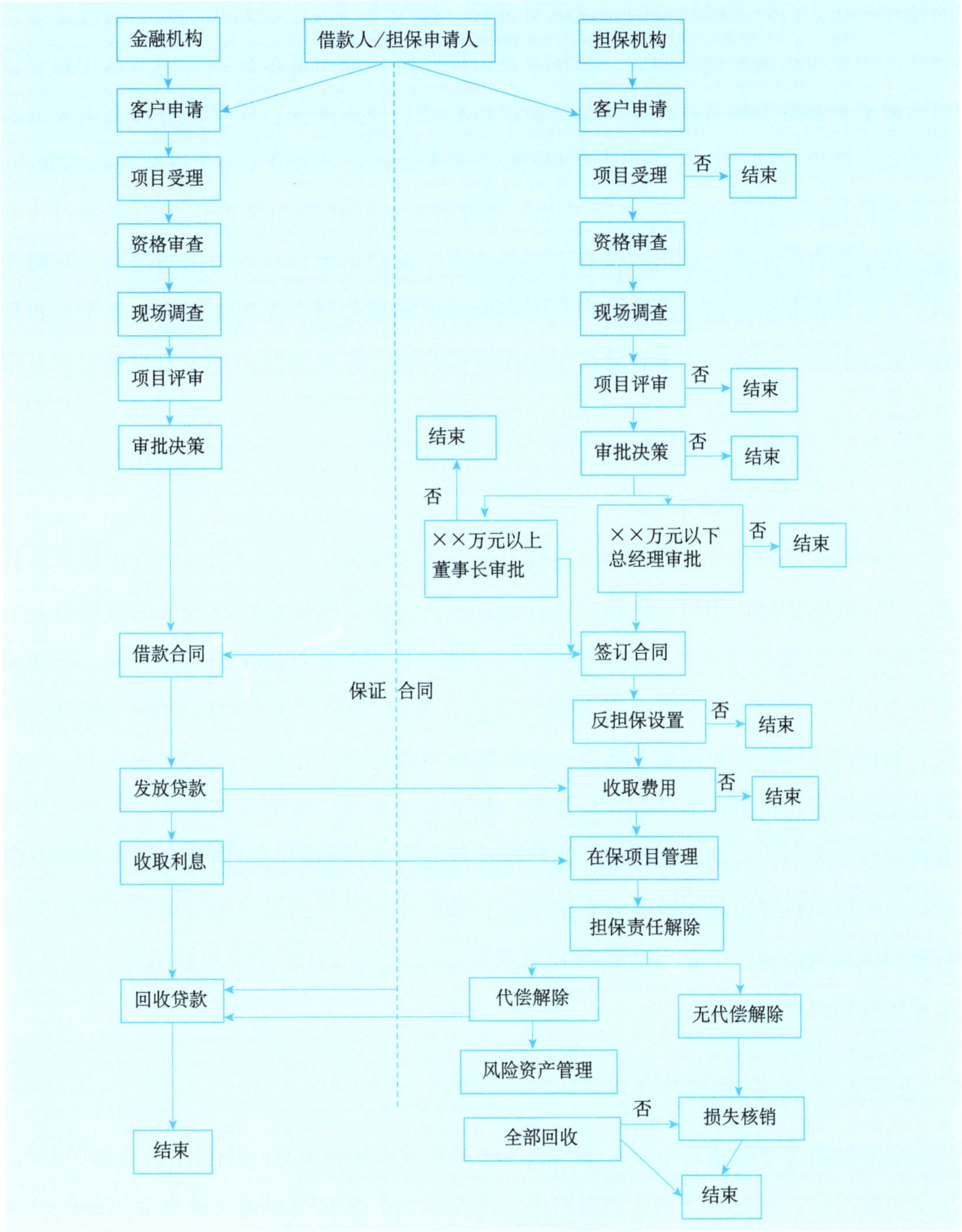

图 3－7　融资性担保业务流程

（二）政府组建、政府直接操作

这种模式是以政府财政预算拨款组建信用担保机构，其优点是资金来源有保证，以政府信用为后盾。但这种由政府部门直接操控的担保行为有时往往会偏离市场经济的优化特征，而代之以浓厚的行政寻租色彩，排斥市场内在机制和要素，有悖于政企分开的改革与运营原则。例如，浙江省舟山市政府全额出资组建的舟山市信用担保公司，董事长由市委秘书长兼任，总经理由市财政局局长兼任，担保业务完全由政府直接操作，结果在成立不到一年时间里就被套牢 1.2 亿元。不但丧失了继续经营的能力，还导致国有资本的流失。这种模式以各地方政府直接出资组建的信用担保公司为主流，如成都市中小企业信用担保有限责任公司、深圳市中小企业信用担保中心有限公司、大连市企业信用担保有限公司、齐齐哈尔市担保公司、无锡市联合中小企业担保有限责任公司、长春市中小企业信用担保有限公司、苏州国发中小企业担保投资有限公司等。

（三）混合组建、市场公开操作模式

这种模式是以政府参股或国有控股的企业法人作为出资人，同时吸收市场其他投资主体而共同组建信用担保机构，具有独立法人资格。其优点是既能发挥政府资金的“乘数效应”，又能充分利用市场机制的自发调节作用，更好地配置社会资源。既能避免政府的直接过度干预，抑制某些政府工作人员的寻租行为，又能实现担保机构责、权、利的高度统一，使国家与地方产业政策的贯彻建立在市场行为的基础之上。更加有效地发挥了担保机构的金额杠杆作用，使更多的中小、微型企业受益，并确保其具有可持续发展的内在动力和机能。这种模式较为典型的如中国经济技术投资担保有限公司、中国中科智担保集团股份有限公司、北京首创投资担保有限公司、北京中关村科技担保有限公司、广东银达担保投资集团有限公司、中国华大经济担保有限公司、山东银联担保有限公司。

（四）主要业务种类与经营指导原则

业务种类主要包括对中小、微型企业的短期贷款担保授信、中长期贷款担保授信、融资租赁担保、签发银行承兑汇票担保、商业承兑汇票贴现担保、开具信用证以及企业经济合同的担保业务等，少数商业担保公司也从事投资或资金“过桥”业务。虽然各地的担保机构在业务种类上有所不同，但都坚持了以下三个经营指导原则。第一，支持发展与防范风险相结合的原则。各地的担保机构都肩负着扶持本地中小、微型企业发展的使命，但资金安全仍然是担保机构的首要问题，在保证资金安全的前提下应做到尽可能地支持中小、微型企业。第二，坚持政府扶持与市场化操作相结合的原则。

各地担保机构基本上都采取商业化的运作方式，逐步形成了“财政性基金支持、扶持性政策支撑、市场化经营运作”的运营模式。第三，开展担保与提高信用相结合的原则。担保是以信用为媒介的商业活动，所以信用环境对担保业的可持续发展起着至关重要的作用。各地担保机构在开展担保业务的同时也就如何帮助提供企业的信用能力防范违约率做了许多有益的探索。

（五）业务的管控程序与内容

第一，体现在担保与反担保程序方面。全国各地各类担保机构设置的担保程序基本相同，即由债务人提出担保申请，担保机构予以资信评估与担保审核。在债权人与债务人签订贷款合同的同时，由担保机构与债权人签订保证从合同。担保机构与债务人签订反担保合同，债务人按约定支付担保费。贷款主合同不能履约时，由担保机构按约定代偿后，担保机构再实施追偿。第二，表现在担保资金的管理及保费比例方面。担保机构货币形态的担保资金原则上应存入协作银行。同时，担保机构按照反担保协议要求，应将申请受信企业交纳的风险保证金缴存于协作银行的专门账户。担保机构的担保收费标准一般控制在同期银行贷款利率的50%以内，一般可控制在1.5%—3.5%。而纯粹商业性担保机构的收费标准一般收取其上限值域，借以补偿或有风险损失。

专栏3-4 知识链接

担保项目评估的基本模式

担保项目总体评估模式：担保项目总体评估主要是针对担保项目风险程度进行综合评估。即考虑影响担保项目风险评估结果的因素，如担保方案、债务人资信水平、用款项目的偿债能力、担保项目风险控制措施的控制能力等，并逐项分析各个因素的风险水平，得出各因素定量和定性的风险评估值，再根据一定的模式，综合得出担保项目风险分析结果，即担保项目的总体评估结果。

担保方案风险评估模式：担保方案风险评估模式是分析影响担保方案风险水平的因素，如担保项目类型、担保资金额度、担保期限、担保方案的合理性及可操作性、与银行的风险分担条件、联合担保及再担保条件等，由此得出担保项目评价结果。

债务人资信评估模式：债务人资信评估模式是分析影响债务人资信评估的主要因素，包括经营环境、企业素质、产品及市场、信用记录、经济实力、经营效率、盈利能力、偿债能力以及企业成长性等，并由此得出担保项目评价结果。当前，经济发达国家信用担保业的担保项目评估及决策对债务人的资信评级极为重要，其评估结果也越来越重要，甚至对担保项目的决策起到决定性的作用。

用款项目偿债能力评估模式：在担保业务中，一般担保项目的担保贷款是用于某一特定项目的。此时，担保机构需要依据该特定项目的偿债能力进行分析评估。用款项目偿债能力评估模式是分析影响用款项目偿债能力的因素，包括项目建设的必要性和真实性、产品的市场前景、建设条件和生产条件、技术条件、投资估算及筹资计划的可行性、财务效益、项目风险等，进而分析评估项目。

风险控制措施的控制能力模式：风险控制措施控制能力模式主要是分析评价担保项目的风险控制措施，即反担保措施、账户控制措施、项目操作过程监管措施等，进而分析评价担保项目。一般来说，影响风险控制措施的控制能力的因素包括风险控制措施的种类、可实现的价值、监管的难度、措施实施的难易程度、债务人的违约成本等。

四、资金管理

担保机构业务的核心在于管理好担保资金，具体的资金管理模式，取决于不同的机构组织形式及注资方式。

（一）担保资金管理的基本模式

一般来说，担保机构资金管理基本模式主要有以下四种。

（1）社会化组建，市场化运作。即以企业、个人等社会资金出资为主的市场化手段组建担保机构，具有独立法人、产权明晰、权责分明、商业化运作、以盈利为目标等特征。

（2）政府组建，政策性运作。即以政府拨款组建担保机构，其特点是担保机构附属于政府相关职能部门，担保对象或担保项目由政府相关部门审查批准，突出政策主导作用而弱化市场机制作用。

（3）政府组建，市场化运作。即政府出资为主，市场筹资为辅组建担保机构，具有独立法人资格，突出国家产业政策导向，按市场规律运作，但不以盈利为主要目标而坚持保本微利的经营原则。

（4）混合组建，市场化运作。即以政府和其他商业性担保公司作为主要的共同出资人，同时吸收其他市场主体投资组建担保机构，具有商业担保与信用担保的双重特征，实行合作经营，先由政府依据政策标准和市场原则推荐担保对象，然后由商业担保公司按商业化要求进行担保。

上述四种模式各有利弊。第一种模式完全按市场机制运作，易于提高效率，但由于经营风险相对较大，容易影响投资者的积极性，难以形成规模效应。第二种模式虽有政府财力作基础，但实质上将信用担保的经济行为变成了政府行为，与市场经济条件下政府职能转变的要求有所冲突。第三、第四种模式既体现了政府财力的支撑作用与其组织协调功能，又能较好地发挥市场在配置社会资源中的基础性作用，既能使担保机构实现责权利的有机统一，较好地解决出资人与代理人问题，又能使国家产业政策的贯彻建立在市场行为的基础上，有效地发挥担保机构的功能作用。

（二）我国融资性担保公司资金运作的主要模式

根据融资性担保公司组织形式及资金来源的不同，我国现行的融资性担保体系大体上可分为商业性担保、政策性担保和互助信用担保三类，其资金运作和管理模式也相应地分为以下三种。

1. 政策性担保模式

政策性担保是政府间接支持中小企业发展的扶持机构，依靠其高度信用优势为中小企业提供信用担保，从而使更多的金融机构向中小企业发放贷款。这类担保机构主要以地方政府主管部门与财政、银行等部门共同组建，担保资金和业务管理均以地方政府财政拨款为主，不以盈利为主要目的，实行市场化公开运作，接受政府机构的监督。我国借助政策性担保体系，可以筛选符合国家产业政策的中小企业进行担保，将扶持意愿直接作用于服务对象，以达到调整产业结构、优化产业分布和资源配置的目的。

2. 商业性担保模式

商业性担保主要以民间投资为主体，由各类经济实体组建，一些地方政府也会出资。商业性担保机构以盈利为主要目的，实行商业化运作，兼营投资等其他商业业务。

商业性担保主要适用于有一定发展规模且有一定盈利能力的中小企业担保机构，其市场定位是具有商业价值的群体。商业担保机构往往依据利润最大化的目标制定经营策略和设计业务产品，并以中小企业不同的需求为经营方向，业务开展多元化，经营方式灵活多样，能有效地满足企业不同的融资需求。由于商业性担保以民间资本为主，实行市场化的经营模式，存在较低担保风险，担保费率一般要比政策性机构高，具有一定盈利能力的中小企业可以承受较高的担保费率，这样就可以使担保市场的资源得到合理配置。

3. 互助担保模式

互助担保主要是中小企业为化解自身融资难而自发组建的担保模式。互助担保机构以独立法人、自我出资、自我服务、自担风险为基本特征，且不以盈利为目的。从我国发展初期的情况看，该类担保机构主要是由地方工商联、企业协会及各类实体经济等自发组建，担保资金以会员企业出资为主要来源，部分地方政府也会给予一定资助。互助担保主要适用于同质聚集性中小企业，在特定区域发挥集群融资优势。为防范风险，在担保前，会员都要与担保公司签订反担保协议，以自己相应可变现的资产作抵押，企业在贷款时还要以土地或房屋等来抵押，并且规定会员之间互相担保。因此，互助担保可以为企业融资提供便捷、灵活的担保，解决集群内中小企业融资难问题。

五、人才管理

为加强对融资性担保公司的监督管理，规范融资性担保行为，促进融资性担保行业健康发展，依据《中华人民共和国公司法》《中华人民共和国担保法》《中华人民共和国合同法》等法律规定，中国银行业监督管理委员会、中华人民共和国国家发展和改革委员会、中华人民共和国工业和信息化部、中华人民共和国财政部、中华人民共和国商务部、中国人民银行、国家工商行政管理总局制定了《融资性担保公司管理暂行办法》，该暂行办法第二十四条规定融资性担保公司应当配备或聘请经济、金融、法律、技术等方面具有相关资格的专业人才。跨省、自治区、直辖市设立分支机构的融资性担保公司应当设立首席合规官和首席风险官。首席合规官、首席风险官应当由取得律师或注册会计师等相关资格，并具有融资性担保或金融从业经验的人员担任。

本章以东北的一家再担保公司的人才管理为例，对融资性担保公司的管理机制进行介绍。[①]

（一）东北再担保公司人才培养现状

自2008年成立以来，该担保公司在人才培养方面进行了一系列的摸索和尝试，其主要实践表现有以下几点。

1. 职工教育培训

制定员工培训管理办法，特别是针对业务培训，每年都会在年初根据公司发展情况和员工需求，制定年度业务培训计划，并落实到具体承办部门，实现员工教育培训工作的制度化、规范化、科学化管理。

（1）培训需求调查与分析。每年初，公司负责人力资源的部门就会根据公司的经营计划、风险报告等进行研究分析，找出需要进行教育培训的关键要素，同时制作征求意见工具，以公司部门（分公司）为单位进行员工培训需求意见收集，分类汇总，归纳出大家共同关注的需求热点，进行系统分析，并按照一定类别标准进行教育培训计划布置，落实到具体公司部门，同时鼓励各分公司自行开展所需的单项培训。

（2）经费保证。每年公司都根据相关规定和公司实际作出经费预算，一般分为日常培训经费和专项培训经费。日常培训经费主要用于与本岗位相关的培训和培训计划所列培训发生的培训费、资料费、差旅费、授课费、设施费等。专项费用主要用于新员工培训、管理层培训及某些特别安排的培训等。公司严格管控培训费用支出，使其发挥最大的利用率，确保培训经费及时足额支付。

（3）培训内容设计。东北再担保公司每年都重视业务方面的培训，主要从外出业务培训、外请业务培训及条线交流培训三个类别开展。

表3-1 业务培训分类表

培训类别	培训内容
外出业务培训	主要是参加区域内担保协会或其他大的培训机构组织的担保业务知识、金融知识等相关业务培训。同时，根据工作需要，组织外出培训。
外请业务培训	由公司有关部门负责，请专家、学者到公司做专题讲座。
条线交流培训	公司部门结合工作实际，采取灵活实用的方式，组织本条线部门同志就业务制度、业务知识、工作经验等全面交流讲解，使总分公司在业务发展上形成共识，促进业务开展。

资料来源：贾金辉根据东北再担保公司资料整理。

（4）培训施行。公司加强对培训的监督落实工作，人力资源部门按照计划安排提

---

① 贾金辉：《信用再担保机构人才培养体系研究》，吉林大学，2016。

前督促承办部门进行培训前相关准备，同时加强对培训效果的验证。例如，需明确一系列问题：培训方式是否得到员工的认可？员工对待培训内容的兴致如何？员工是否接受到培训对其的帮助作用？员工的工作效率及态度是否达到期望的变化？工作业绩是否有较大提升？

2. 挂职锻炼和岗位轮换

公司根据再担保行业知识密集型的特点，主动创造机会和条件，鼓励总部员工到分公司进行挂职锻炼，同时鼓励分公司员工到总部学习，实施岗位互换或轮换学习培训。还积极联络政府、银行及其他担保机构等，为员工提供锻炼的平台，加强对与公司合作机构的运行管理模式及情况等了解，使其更利于业务合作与发展，也使员工涉猎的知识范围更广，业务渠道更广，更是对员工的实践培养。

3. 员工职业发展

一个人所追求的目标越高，发展也就越有动力，对未来的职业发展越清晰，职业发展路径也就越明晰。企业需要将员工的发展目标尽可能与企业的发展方向趋于一致，实现员工个人职业发展和企业的发展形成合力，实现企业和个人的价值双赢。公司建立了员工职业发展途径，分为职能序列和业务序列两个条线，同时制定项目经理管理办法等制度，加强对业务序列通道建设，明确公司业务主线方向，抓住主要矛盾点，鼓励员工向主业发展。同时设定一定的标准，鼓励员工跨通道发展，结合公司发展需要，选择适合自己职业发展途径，实现企业发展与员工发展的“双赢”。

（二）该再担保公司人才管理存在的问题

1. 区域特点造成的影响

东北再担保公司作为我国再担保行业第一家成立的企业，而且是国内唯一一家区域性再担保公司，面临的区域环境差别很大，各地经济发展形势和发展的着眼点均有不同，区域差异很大，人才培养水平参差不齐。公司员工是从不同行业而来，对于行业的理解和业务的发展理解千差万别，因此如何整合这些资源，通过人才培养不断来更新人才的知识、技能，提高人才的创新动力，激发人才潜能，从而使资源尽其所用，进而形成公司发展的巨大推动力，更好地实现公司发展目标就变得尤为迫切。

2. 员工来源复杂

作为新兴行业，公司人才来源比较复杂，主要从担保机构、银行、政府及其他金融机构和上市企业中来，多偏重于金融、法律、财会等某个专业的人才引进，从业人员素质不均衡，严重缺少具有再担保专业知识和信贷管理知识的复合人才，会导致企业风险控制能力存在不足，这一点需要特别重视。

3. 教育培训工作需加强

东北再担保公司十分重视培训工作，在学习氛围和积极性上都有长足进步，但是存在一些问题。

（1）培训内容较单一，过重偏于业务方面，忽视了企业文化、管理方式方法等的培训。

（2）承办部门落实意愿不高，虽然口头上强调对培训的重视，但时常出现以工作忙为由头导致的培训延期或最终没有完成的情况。

（3）对外交流学习次数较少，影响了员工对整个行业相关管理及业务发展的了解，也不利于内部业务创新发展。

（4）调查和分析员工需求存在不足。因专业能力、业务水平等多重因素制约，人力资源部门和业务部门面对征集来的员工关于培训的需求调查事项和数据，不能对其进行系统、深入和更有针对性的分析研究，无法准确掌握员工的真正培训需求，结果可能与员工的期望值存在一定差距。

（5）培训效果难以有效衡量。虽然公司采取一些举措进行效果评估，但更多在于表象，没有真正地衡量出培训的效果。培训有很多定性和定量的方法，但公司更多的是采取考试的方式进行，考完后基本就不再做跟踪分析。考试的形式是一种有效的评估方式，但也具有一定的局限性，不是所有的内容都适合用考试这种形式。

第三节　融资性担保公司与金融科技

一、金融科技在融资性担保公司的应用

根据中国融资担保业协会公布的数据，2012 年年末，全行业的机构数高达 8 590 家，截至 2019 年 3 月，全国融资担保法人机构数量 5 937 家，6 年来下降了 45%。传统融资担保公司数量逐渐下降，与此同时，金融科技或互联网公司纷纷布局融资担保业务。目前，金融科技最广泛应用在融资性担保公司，包括如下几个方面。

（一）提供业务信息搜索平台

浙江中新力合担保有限公司于2004年5月成立，中新力合的业务包括为中小企业提供融资担保、财务管理和理财咨询等综合性投融资服务。2012年年底，中新力合完成4.17亿元资本注册，成为浙江省最大的中外合资科技金融服务机构。中新力合在发展过程中进行了三次融资担保创新，第三次推出了“云融资服务平台”，不仅拓展了自身业务范围和经营业绩，增强了自身的竞争力，而且为解决科技型中小企业融资发展问题开辟了一条新的道路，对全国科技担保行业的发展和创新有重要的借鉴作用。

云融资服务平台通过互联网在全球范围内对信息、资本和知识资源进行集成分类。融资需求主体（如中小企业）和资金提供主体（如政府、商业性担保机构）可以通过该平台来选择适合自己的云融资产品。科技型中小企业的研发人员可以通过“云创新”互联网大平台，向各主体收集创新思路和想法，与客户互动交流，知悉他们的需求，然后将这种需求转换成一个具有市场前景、高技术含量的产品。这一过程，不仅缩短了企业研究和开发的准备过程，也使生产技术和市场经济之间的信息不对称问题得以解决。银行和非银行金融机构可以在云融资平台中挖掘、分析和共享信息资源，快速筛选出具有发展潜力和市场前景的优质企业，降低整个市场环境中的信息不对称程度，使经济活动时刻保持在一个透明、开放的环境中。

（二）提升担保公司担保业务风险识别能力

2019年，《关于有效发挥政府性融资担保基金作用切实支持小微企业和“三农”发展的指导意见》发布，对融资担保行业存在的业务聚焦不够、担保能力不强、银担合作不畅、风险分担补偿机制有待健全等问题，予以规范。

西安投融资担保有限公司发展了“科技贷”担保产品，通过引入政府和担保公司共担风险且政府给予贴息、贴担保费的新型产品模式，针对拥有自主知识产权的、具备一定科技含量的中小微企业开展，提供最长期限2年，最高金额2 500万元的贷款担保。助力企业盘活知识产权等无形资产，实现“知识变资本”发展。该产品已累计为300多户科技型企业提供担保支持20多亿元，超过70%为免抵押纯信用担保。针对传统供应链产业上的小微企业，也有一款创新普惠金融产品——西安投融资担保有限公司与浙江互联网金融资产交易中心联合推出的“供e动电票易贷”系列担保产品，意为“让供应链动起来”。

西安投融资担保有限公司发挥自身资源优势，筛选认可的央企及央企控股单位作为核心企业，对其附随应收账款开具的电子商业承兑汇票进行风险审核和加保操作，并通过网金社平台发行应收账款资产权益转让产品，将资金有效注入央企产业链中的配套小微供应商，为其提供精准高效的担保服务，公司已累计为近百户小微供应链企业提供担保支持近1亿元。

在此项业务中，由网金中心自主研发的“票e动”管理系统发挥了巨大的金融科技价值。该系统通过赋能担保公司进行系统化风控管理和在线审批、在线签约，为中小企业提供便捷的供应链融资服务，解决小额应收账款融资难的问题。

（三）提升满足监管需求的能力

2018年，一场围绕融资担保的强监管拉开了帷幕，河南、福建、云南、北京等多省市金融办密集注销融资担保机构经营许可证。以北京地区为例，据北京市地方金融监督管理局官网数据显示，截至2018年5月，北京地区融资担保公司数量共71家，相比2017年年底减少了4家。2019年以来融资担保公司营业执照频频遭吊销的趋势仍在蔓延，5月，四川省地方金融监督管理局就对辖区内的41家融担公司吊销经营许可证，同时，责令另外25家融担公司停业整顿。在传统融资担保公司数量逐渐下降的同时，金融科技公司又“逆势而上”纷纷布局融资担保业务。国家企业信用信息公示系统显示，2019年7月24日，北京搜狗科技发展有限公司全资设立了一家名为“汕头市赢众百富融资担保有限公司”（以下简称“赢众百富”）的公司，注册资本为1亿元人民币，企业类型为有限责任公司。赢众百富经营范围为借款类担保业务、发行债券类担保业务和其他融资担保业务（凭融资担保业务经营许可证经营），登记机关为广东省汕头市工商行政管理局。这也是继5月份成立上海360融资担保有限公司（以下简称“三六零融资担保”）后，布局融资担保业务的又一家金融科技公司。三六零融资担保成立于2019年5月20日，注册资本3亿元，法定代表人为吴海生。股东包括360全资控股子公司北京奇才天下科技有限公司，持股比例为20%，以及北京中鑫保信科技有限公司，持股比例80%。经营范围包括借款类担保、发行债券担保、其他融资担保等。

越来越多的互联网机构开始涉足线上信贷业务，伴随而来的是愈加旺盛的增信需求，融资担保公司在这方面有天然的优势。融360大数据研究院分析师李万赋分析认为，在目前的业务实践中，真正有能力开展线上信贷担保且能得到放贷机构认可的融担公司非常少，因此，大量互联网机构从自身业务衍生需求出发，纷纷布局融资担保业务。

（四）提升业务信息化处理能力和效率

临沂市财金大数据有限公司成立于2017年9月，作为临沂财金集团“一体两翼”发展战略的重要组成部分，坚持技术创新、产品创新和模式创新，以金融科技助力普惠金融发展，建立了大数据时代下金融科技的商业模式。2019年7月，由信雅达与临沂市财金大数据有限公司共同研发的“中小企业融资担保平台”正式上线，有效实现担保业务信息化处理能力和效率的提升。“中小企业融资担保平台”是临沂市财金大数据有限公司携手信雅达为临沂市中小企业融资担保有限公司量身定做的业务系统项目，主要为担保公司业务提供金融科技服务，在客户进件预审、保前准入审批、保后管理监控、数据分析、信用评分、运营管理等方面提供全方位数字化、智能化服务，实现精准高效大数据分析、实时电子化台账统计、档案电子化传送等功能。平台的应用既能帮助担保公司降低业务风险、提高效率，又能顺利打通中小微企业及个人与银行的绿色通道，实现放款高效、便捷、安全。

长期以来，融资难、融资贵等问题一直困扰并制约着中小微企业的发展。中小微企业在临沂的经济结构中占有重要分量，加大对临沂本地中小微企业的金融服务支持是优化临沂金融生态的重要环节。“中小企业融资担保平台”的上线，为解决中小微企业融资难题，提升小微企业信贷获得率具有重要意义。在服务小微企业中，资金很重要，但服务质效的提升也非常关键。此次信雅达建设的中小企业融资担保平台业务系统采用Spring Cloud微服务架构及Docker技术，以信息化手段改造服务流程。从递交担保申请到授信放贷，曾经需要大约两周甚至更久的服务周期，通过中小企业融资担保平台，效率相比之前可提升75%，大大降低了运营管理成本，提升业务审批效率，提高贷款发放效率。同时依托数据分析、信用评分等智能化服务，解决信息不对称问题，使担保进件审批更加客观合理，扩大了小微企业信贷覆盖面，降低了小微企业的融资成本及小微企业信贷逾期率。目前，信雅达基于金融产品设计、信息系统建设、数据及风控建模、业务运营推广四项核心科技能力，打造GMF业务体系，并结合地方特色为客户提供针对性的本地化金融科技综合服务，深度关注小微企业的核心需求，运用金融科技切实帮助客户服务小微、触达小微，为中小微企业提供方便、快捷、智能的金融服务。

二、融资性担保公司发展趋势展望：金融科技视角

随着中小企业和民营经济不断发展壮大，融资难融资贵问题亦愈发尖锐，而信用担保不足是陷入这一困境的关键原因。鉴于此，融资性担保公司在政府与市场的双重作用下应运而生。当前，国家政府大力呼吁金融机构向中小企业和民营经济倾斜，融资性担保公司的重要性日益凸显。

根据银保监会披露的信息显示，2019 年前 8 个月新增融资性担保公司的数量不足 100 家。显然，我国融担行业已经从高歌猛进的繁盛期跌入了“寒冬”。究其原因，主要有两个方面：一是融资性担保公司是在金融体制尚不健全的情况下诞生的，因此，获客渠道窄、风控能力弱以及经营成本高等问题无法避免；二是融资性担保公司自身的缺陷导致融担行业乱象丛生，监管强度和行业整顿力度随之加大，担保业务的红利逐渐消失。金融科技赋能则是融资性担保公司实现突破性发展的唯一可行路径。

（一）拓宽获客渠道方面

担保业务的基本逻辑在于，与其他金融机构相比融资性担保公司的风险容忍度较高，为此很多银行业务流向了融担公司，高度依附银行成为其主要的获客渠道。然而近年来，随着银行竞争日趋激烈、银行业务不断下沉，其风险容忍度逐渐拉升，严重压缩了融担公司的业务空间。一方面，融担公司应用大数据和人工智能等前沿的金融科技，融担公司能够打破传统模式下单笔业务的刚性门槛，发展零售担保业务，以此形成自己的比较优势；另一方面，融担公司运用互联网技术为客户提供线上交易的平台，随之通过大数据技术收集、分析客户信息，精准定位潜在目标，开辟触达客户途径，最终拓宽获客渠道。

限制融资性担保公司获客能力的另一重要方面就是缺乏创新产品，所谓没有产品，就没有获客能力。利用大数据、人工智能、区块链、云计算等为代表的新兴前沿科技，改造或创新金融产品和服务是金融科技的重要职能之一。融担公司通过提供创新产品以满足个性化需求，通过优化服务以提升用户体验、提高客户忠诚度和黏度，最终打破传统获客渠道。

（二）强化风控能力方面

风险容忍度高是融资性担保公司能够承接银行业务的的必备条件。多数融担公

司，尤其是民营融资性担保公司，都是为了获取最大的收益，而对经营过程中产生的风险视而不见。它们按照经济上行和各自对技术性风险的控制能力进行资产配置，因此在经济下行和系统性风险来临时，无法在短期内获得有效的流动性补充，最终因资金链断裂而退出市场或宣告破产的事件屡见不鲜。然而，理性的金融机构绝对不应该通过提高风险容忍度来发展开拓业务，反而是应该通过提高风险识别能力、创新风险控制手段、加快风险处置速度来实现良性健康发展。

国内经济下行加剧了融担行业的复杂性和多变性，互联网金融和各类助贷模式刺激了长尾、小额业务需求，这就要求融担公司利用新的眼光和新的标准来审视客户，根据行业特性和企业规模来重新构建风控体系，以适应新的经济形势和竞争环境。金融科技能够为融资性担保公司注入高科技基因，以此提升其风险识别能力、风险控制能力、风险处置能力。金融科技一方面利用前沿科技成果，精准定位优质客户；另一方面通过算法建立模型，评估客户风险等级，以此打造基于互联网大数据的风控系统，创新融担行业反欺诈防控体系。此外，金融科技以风控体系的平台化、流程化和数据化为导向，重建公司业务架构、管理架构和人才架构，强化融担公司的风控能力。

（三）优化业务模式方面

融资性担保公司依附性强、独立性弱，要么紧跟银行，要么围绕关联方，享中介之名却无中介之实。这主要由以下两方面因素导致：首先，我国融资性担保公司数量众多但大都小而分散，尽管国有资本的大量介入使融担行业各项指标有所改善，但整体盈利能力和综合实力依然较弱，进一步导致融担公司普遍缺乏核心能力；其次，在政府的加持下政府性融担公司迅速发展，国家农担公司、国家融资担保基金等再担保机构大批涌现，压缩了民营融担公司的生存空间，导致主营业务从对公业务向零售业务转变。

业务模式的转变要求融资性担保公司的创新性举措，但是现实是，单个融担公司普遍规模小、实力弱，不具备所需的创新能力。如此一来，业务聚合机制成为解决这一问题的理想途径。聚合模式是科技赋能模式的升级创新，具体做法是，各融担公司依托金融科技搭建开放平台，将各方在获客渠道、数据收集与分析、风险控制、增信等环节中所具有的优势整合起来，形成多元化广覆盖的聚合生态圈。

（四）降低经营成本方面

降低经营成本是融资担保行业面临的重大任务，也是实现商业可持续的重要方面。融资担保行业的经营成本主要来自两个方面：一是未到期责任准备金和担保赔偿准备金，这是融担公司的主要成本，同时也是刚性成本；二是职工薪酬、销售成本、财务成本、各项税费等常规费用，这是融担公司降低成本所需要着手的方面。

融资性担保公司可以利用现代金融科技，尤其是大数据，汇集、分析、存储海量客户信息，并通过算法建立模型，完成对客户的贷前调查，以此省去这一项不小的业务成本。再者，融担公司可以采用分布式 IT 构架打造容量大、处理速度快且运维成本低的核心系统，即利用金融科技改造 IT 基础设施，从而降低运营成本。通过金融科技改造 IT 基础设施，也是降低成本的另一条重要途径。最后，融担公司还可以依托大数据技术，将交易主体的行内信息与税务、工商等外部信息整合起来，精准分析客户需求，推动批量精准服务，从而提高经营效率、降低经营成本。

（五）提高融资效率方面

中小企业和民营企业的融资需求具有金额小、周期短、频率高、时间紧的显著特点，而融资性担保的业务流程复杂、周期漫长的特点使其难以满足现实需求，这也是长期以来融资难、融资贵问题难以解决的重要原因。为此，融担公司可以积极开展与金融科技公司以及保险公司的合作，利用金融科技公司的前沿技术对接海关的支付平台，建立基于大数据风控的授信模型；利用保险公司的保险业务为进出口企业提供仅基于信用评级的线上借款交税服务，真正实现商业化可持续运作的关税担保业务。

要切实解决中小企业和民营企业融资难、融资贵问题，需要挖掘藏在其背后的深层原因。中小企业和民营企业自身的信用问题导致金融机构“惜贷”“拒贷”现象层出不穷，且金融机构和企业主体之间信息不对称现象造成极高的建立信任成本。借助金融科技，可以建立企业信息数据库帮助融担公司识别优质客户，建立融担公司产品数据库帮助企业主体寻找合适金融产品，从而为二者搭建起信息获取的桥梁，解决信息不对称的痛点。

刚性兑付、软预算约束等情况降低了融担公司和企业主体的风险溢价的准确性，因此不能准确反映资金供求关系和企业风险水平，从而导致“供给侧”错配现象的涌现。金融科技可以提供获客、贷前审查、整合放款、贷后监管等职能，即在事前、事中、事后进行全过程控制，从而提高融资效率。

第四节 融资性担保典型案例

一、案例一：重庆三峡担保集团案例

（一）案例背景

2019 年 6 月，三峡担保集团小企业担保部报审的“重庆泽森科技有限公司（以下简称“泽森科技公司”）200 万元流动资金贷款担保”项目顺利投放，贷款用于备货华为新系列手机。

泽森科技公司成立于 2014 年，注册资本金 1 089 万元，主要从事华为手机的批发销售，目前在重庆手机社会化分销渠道中，泽森科技公司无论从销售量、渠道规模以及团队规模上都位居前列，作为重庆片区唯一一家华为手机省级代理商，华为手机销售收入几乎占其总收入的 100%，从 2017 年 4 季度到 2019 年 1 季度，泽森科技公司连续 6 个季度获得“华为——中邮核心同路人”以及“A 类省包”“2018 年度方园奖”等奖项。

（二）业务操作

三峡担保集团分期对泽森科技公司进行担保，第一期“200 万元流动资金贷款担保”项目顺利投放。近日，工业和信息化部发放 5G 商用牌照，也就意味着我国将正式进入 5G 商用元年。华为将于 2019 年推出支持 5G 的麒麟芯片，并同步推出支持 5G 的智能手机。下一步，三峡担保集团将持续关注泽森科技公司的后续融资需求，为其备货华为 5G 手机提供更大支持。

（三）案例分析

近年来，随着华为手机销售市场的逐步打开，泽森科技公司的销售规模高速增长，每年增长幅度超过 50%。同时因备货等经营需要，企业对流动资金的需求更加旺盛，但作为一家年轻的轻资产民营企业，在与多家金融机构接洽后，都因缺乏实物抵押资产难以顺利获得贷款支持。

三峡担保集团小企业担保部作为集团主力支持中小微民营企业发展的排头兵，在长期为中小微企业提供融资担保服务的过程中，深知轻资产一直是其融资痛点，在对企业进行尽职调查后，主动为其拿掉准入门槛，采用纯信用的反担保方式，并进一步降低企业的融资成本，促成贷款快速落地投放，在华为新系列手机上线的关键时刻为企业做好了资金储备，用实际行动助企业一臂之力，解企业燃眉之急。

二、案例二：重庆商诚融资担保案例

（一）案例背景

重庆市蚂蚁商诚小额贷款有限公司（曾用名：重庆市阿里巴巴小额贷款有限公司）成立于2011年6月，法人代表为俞胜法。2014年12月原控股股东杭州阿里创业投资有限公司将其持有的股份全部转让至浙江蚂蚁小微金融服务集团有限公司（以下简称浙江蚂蚁小微）。截至2018年2月末，公司注册资本为人民币40亿元，蚂蚁商诚是浙江蚂蚁小微的全资控股子公司。

蚂蚁商诚借助阿里巴巴集团旗下的阿里巴巴、淘宝、天猫平台，为上面的商家提供融资服务。蚂蚁商诚通过支付宝将贷款发放给客户，客户同样通过支付宝归还贷款。对于分期偿付信用贷款客户，若前9个月提前偿还贷款，一般会收取未偿本金的2%作为手续费，因此前9个月的提前偿还率很低。

（二）业务操作

中金—蚂蚁小贷/微贷2015年第1—7期小额贷款资产支持专项计划在深交所进行转让交易，其原始权益人和资产服务机构均为蚂蚁商诚，计划管理人是中国国际金融股份有限公司（以下简称中金公司），商诚融资担保有限公司（以下简称商诚担保）为本次计划提供担保。

本次计划采用储架发行模式，其基础资产为小额贷款包，该计划运用循环购买机制以解决小额贷款资产的账龄短于专项计划存续期限，导致的期限不匹配问题。中金—蚂蚁资产支持证券第1—2期产品的发行期是“12+12”结构：前12个月为循环期，分配收益并以回收的资金进行反复购买合格小额贷款资产；后12个月是分配期，分配收益并偿付本金。中金—蚂蚁资产支持证券第3—7期产品的发行期是“12+3”结构，其循环期与分配期对现金流的处置与第1—2期产品类似。此次计划是以基础资产产生的现金流作为主要还款来源，运用优先级/次优级/次级分层机制，作为内部增级，以担保公司的差额补足机制提供综合增级保障的固定收益产品。

（三）案例分析

从蚂蚁商诚自身来看，也拥有许多优势，例如其背后拥有超强实力的大股东、公司拥有较为合理的组织架构、应用线上线下混合经营模式、具有较高的营利能力以及偿债能力等，这有利于实现公司长足发展。

蚂蚁金服具有超强实力的股东背景，2011 年 6 月蚂蚁商诚成立，俞胜法为法人代表，公司现有注册资本为人民币 40 亿元，控股股东为浙江蚂蚁小微金融服务集团股份有限公司，持股比例为 100%。蚂蚁商诚借助阿里巴巴集团旗下的阿里巴巴、淘宝、天猫平台，为上面的商家提供资金融通服务。

综上所述，蚂蚁商诚面临着较为乐观的外部形势，虽然经济环境下行、相关法律法规还不健全、各地监管情况尚不统一、小贷公司融资难、融资贵等现状的存在严重增加了公司经营风险，但行业整体具有融资需求旺盛，同时拥有政府的大力支持，外部形势较为乐观。公司的内部形式也较为乐观，凭借超强实力的股东背景、逐步完善的风控体系、线上线下经营模式让公司具有成本、效率及信息优势，且公司拥有良好的财务与经营状况，有利于让公司攻克劣势、发挥优势。

在降低逾期率与不良贷款率方面，公司应不断完善风控体系，加严审查标准；在拓宽融资渠道方面，在原有融资渠道难以继续扩大的背景下，资产证券化无疑是更好的选择。

三、案例三：四川汇通担保公司案例[①]

（一）案例背景

汇通担保公司是经四川省金融办备案登记、四川省工商行政管理局批准登记注册的一家民营融资担保公司，成立于 2004 年 7 月，注册资本 9 亿元，由 9 个法人股东和 31 个自然人股东出资组建。法人代表孙康，实际控制人杨志刚（汇通金控集团董事长），公司性质为有限责任公司。汇通担保公司是目前四川省内注册资本较大的民营

① 周艳秋：《四川“汇通担保非法集资事件”处置的案例研究》，电子科技大学，2018。

担保专业公司之一，也是四川省中小企业信用与担保协会理事会员单位，拥有员工200余人，多数员工曾在金融、证券、财务、投资、法律等领域工作，拥有较丰富的金融相关行业从业经历。汇通担保公司属于实力较为雄厚的担保公司，汇通担保公司通过非法集资手段募集资金，之后高管席卷资金集体失联，整个四川担保业的“诚信”招牌瞬间消失，为当时我国担保行业的进一步发展蒙上一层阴影。

（二）业务操作

汇通担保公司自2004年成立以来，发生过7次股权结构变化，变化后汇通的股权已较为分散。最后一次股权变更为2013年7月，分散为9个法人股东、31个自然人股东。

在汇通担保成立之前，谢应杰曾任公司最大股东黄龙旅游公司的副总经理，孙康曾任中国工商银行郫县支行信贷部主任，刘玉英曾任某企业财务总监职位。汇通青白江分公司负责人李金东对外高息借款、盗刻公章担保借款，以分公司名义进行非法集资，之后卷款外逃，涉案金额8 242万余元。汇通担保总公司因分公司案件以及自身存在违规经营情况出现经营风险，已基本丧失担保能力，2014年7月7日，总公司实际控制人杨志刚，谢应杰、刘玉英三人失去联系，债务资金高达60亿元，之后法人代表孙康等人被四川省金融办控制。汇通担保公司的担保业务的操作的具体过程如下。

1. 利用线上平台吸收资金

线上平台即互联网平台，互联网是天然信息传播平台，决定了“P2P”平台也具有一定的公众性，任何人均可成为P2P平台的注册会员，也可以在P2P平台上参与投融资。汇通担保公司正是利用了P2P平台特点，在网上设有多家融资平台公司，如“爱投资平台”“银客网”等。由汇通担保公司在这些网贷平台上向公众推荐借款企业项目，对外发布虚假借款信息，故意隐瞒与订立合同有关的重要事实，借助荣誉“光环”骗取投资者的信任，在短时间内募集大量资金，并提供100%连带责任担保及贷后管理。

2. 假借第三方理财机构吸收资金

从汇通担保公司的性质而言，该公司属于融资性担保公司，不具备吸收存款、集资收款、受托贷款、发放贷款等国家金融监管及财政信用业务的资质。汇通担保公司的融资平台公司就有十几家，汇通担保公司的资金往来是通过旗下一家名为“融缘”的资产公司进行运作。成都融缘资产管理中心的合伙人分别为涂云飞、四川省智达投资管理有限公司、四川华鑫润达贸易有限公司。四川智达投资管理有限公司的法人为杨玉刚，投资人为杨志刚、刘玉英。杨志刚曾任汇通担保公司董事长，持有公司12.5%的股份，为个人持股中股数最高，刘玉英持有公司3.44%的股权。成都融缘资产公司实为汇通担保公司的融资“载体”公司，类似还有恒盈、环福、富民行、宇鑫等十几家理财公司，均为汇通担保的融资“载体”公司。融资公司用10%—13%的利率招揽客户，聚集资金，投资者却并不清楚自己所投资金的最终去向，也并不清楚所谓的第三方理财机构实际为无任何债务承担能力的“皮包公司”，“汇通担保”跑路事件爆发后，这十几家理财机构也随之倒闭关门。

3. 利用“口口相传”的模式吸收资金

汇通担保公司还采用“口口相传”的模式进行投资信息的散播，以此获取更多社会投资。汇通担保公司主要利用这种形式将集资消息散布出去，再利用自身近几年积攒的信誉，获得了众多筹资人的信任，筹措的资金高达数亿元。在2010年，最高人民法院曾出台《关于审理非法集资刑事案件具体应用法律若干问题的解释》，列举了非法集资的各种路径，即推介会、手机短信、媒体、传单等，但未明确“口口宣传”这种普遍路径是否包含在“等”的外延范围，导致非法集资事件发生后出现了意见分歧，从中也体现了应对相关法律进行完善和修订的迫切需求。

4. 运作资金从中渔利

汇通担保非法集资对外宣传的投资回报远高于银行同期存款利息。非法集资策划者为达到迷惑大众的目的，虚构了各种理财产品，承诺以10%—13%的利率来兑付投资收益，并签订相关协议。银行同期一年期利率为1.75%，而汇通公司推出的理财产品最高利率可达13%，高于银行同期利率7倍之多。在宣传过程中，非法集资策划者为取得投资者的信任，高调宣传投资后的高收益，更有过往投资者现身说法（疑为公司雇佣的掮客）证明过往投资高收益的真实性，对投资后的风险避而不谈，以此获取众多投资者的资金。通常，首次尝试投资的参与者只会投入少量资金进行试探性投资，往往在投资初期为骗取投资者的信任，公司故意先履行小额合同或部分履行合同，造成有实力的假象。待参与群众在受到迷惑后，不仅把自己的钱投入项目中，还会借亲属的、朋友的钱，集中一切力量进行所谓的投资。在这种扩展性效应下，公司非法募集的资金就越来越多。

汇通担保公司募集的资金主要用于三方面投资：一是投资地矿类领域，因地矿类产业的回收周期较长，这部分投资多为长期投资；二是帮助企业还贷并获得银行续贷，收取 3%—5% 的手续费，一旦银行收紧银根不再续贷，这部分资金将无法抽离，使此方面投资的持续经营难以为继；三是为企业提供应急过桥资金，这部分投资期限短，价格在月息 2—3 分。

（三）案例分析

“汇通担保非法集资事件”带来的社会危害和影响恶劣，四川汇通担保问题出现的原因有很多，直接原因有以下几个方面。

1. 偏离融资担保主业，违规经营现象突出

2010 年，中国银监会等七部委联合出台了部门规章《融资性担保公司管理暂行办法》（以下简称《办法》），对融资性担保公司行政许可、监管指标、监管职责等具体监管事项进行明确。《办法》有三个显著特征：一是明确了担保公司业务范围，在原有基础上大幅压减；二是明确规定融资性担保公司资本金专户专管，不能挪用于股权投资、民间借贷等；三是严格市场准入条件，明确行政许可的刚性要求。办法出台后，融资性担保行业高风险、低收益的特征更加明显，大多数担保公司为应对利润下滑、保证资本回报，选择了直接参与民间借贷或筹集资金投资房地产、矿产等受到政策限制的项目，其中大量存在超范围经营、非法集资、抽逃资本金等违法违规行为。在经济高速发展的环境下，违规经营的风险未能显现，融资性担保行业呈现出了蓬勃发展的态势。但一旦出现经济下行压力，上述经营方式则难以维继。2008 年以来，四川省 GDP 增速一直保持在 13% 左右，但 2014 年上半年降到了 8.5%。2013 年，四川省开展小煤矿专项整治行动，要求各市州政府分批次限时清理整顿，集中关停了 400 余个中小煤矿，大部分担保公司与中小煤矿有业务往来，或担保银行融资项目，或有直接股权投资，关停中小煤矿对担保公司来说可谓是灭顶之灾。与担保公司合作较为密切的房地产方面，也受到国家宏观调控政策影响较大。2011 年实施调控后，成都市区土地成交量一度增速缓慢，2013 年以来土地市场出现了小幅回暖，但放量不足，土地库存日益加重，影响了房企现金的回流，同时也对担保公司的资金周转造成较大影响。在经济下行压力逐渐增大的环境下，一大批融资担保合作项目出现危机，导致担保行业潜在的风险隐患逐渐暴露出来。

2. 经营管理粗糙低效，内部控制严重失范

内部控制是企业董事会、监事会、高级管理层和全体员工参与的，通过制定和实施系统化的制度、流程和方法，实现控制目标的动态过程和机制。完善、健全的内部

控制体系是审慎经营的基础，是稳定发展的前提，也是防范、控制风险的重要屏障。从四川融资担保行业发生的风险事件来看，部分担保公司内控体系还存在较大缺陷，不能适应市场的剧烈变化与自身业务发展。一是公司治理结构不完善。现代公司治理要求“三会一层”有效履行各自职责义务，公司整体运转高效顺畅，同时各层级之间能够实现互相制约、制衡。据调查，四川担保公司股权集中且由大股东控制的现象明显，9%以上的担保公司最大股东持股比例超过50%，59.2%的公司法人治理层次不清晰，“三会一层”各自权责严重不对等，出资方往往对经营管理层的正常经营计划插手干预，很多管理层被架空，难以正常履职，造成公司治理结构失衡。二是内控制度存在缺陷。部分担保机构一味扩张业务、抢占市场，却忽视了风险管控制度的构建，甚至对项目保证金管理、担保比例和结构、合作企业评级标准、代偿追偿等基本的经营规则都缺乏规范性制度，日常经营主要依赖管理人员的经验和自觉，随着业务规模不断扩大，过去单凭人力管理的方式难以做到全覆盖，又缺乏有效的制度对各项业务风险进行管控，难以确保公司运行合规有序。三是内审力量薄弱。内部审计是公司治理结构的重要组成部分，内部控制是在监督、评价、反馈、修正中不断完善的，有效的内部审计可以促进企业建立健全内控体系、防范和化解风险，对有序管理、规范经营有着重大意义。四川省融资性担保机构的内部审计十分薄弱，90%以上的机构未设立独立内审部门，已设立内审部门也往往缺乏权威性和有效审计手段，难以发挥对内控体系的评价修正作用。

3. 银行担保合作不畅，风险收益分摊不均

与银行合作是担保公司的主要业务来源之一，实践操作中银行一般会对担保公司进行资质审查，确定一个合作机构名单，并只会与入围名单的担保公司发生业务关系。合作过程中银行占有明显优势地位，担保公司的生存空间往往受到银行挤占。一方面，由于担保机构自身资本实力较弱，风险管控水平不高，银行对其业务风险情况缺乏准确有效的信息获取方式，对担保公司缺乏足够信任，只能设置更高的合作门槛，对担保公司的担保能力有较大制约。同时，银行能够接入人民银行征信系统，可以查询客户在他行取得授信情况、履约情况、对外担保情况，从而全面评判授信风险。而担保公司一般不能通过征信系统获取客户信息，授信评级能力等方面更为薄弱，银担之间信息不对称问题较突出。另一方面，银行与担保公司收益风险分配严重失衡。发生贷款逾期后，担保公司往往承担连带担保责任，担保公司要按照保证合同约定承担全额代偿责任，银行自身几乎不承担贷款损失，风险全部转嫁到了担保公司，但银行获得

的收益远远高于担保公司。2014 年，四川省担保行业代偿率达到 3.33%，收取的担保费率仅在 2.5% 左右，承担的担保责任过重，保费收入还不足以支付代偿费用。汇通担保事件发生后，银行可以单方面改变与担保公司合作的规则，如提高业务保证金比例，部分银行直接叫停融资担保授信项目，同时还实施抽贷、压贷等行为，直接影响担保公司新增业务和存量业务，进一步加剧了危机的蔓延。

4. 行政监管履职不力，制度规范流于形式

在汇通事件持续发酵的过程中，行政监管部门采取了一系列干预措施以维护金融市场稳定，但明显力不从心，危机仍继续扩大蔓延，对整个融资担保行业造成破坏性影响。行业风险隐患在长时间未得到妥善处置化解的情况下不断积累，反映出行政监管不力的问题。《四川省融资性担保公司管理暂行办法》（以下简称《办法》）作为全省融资性担保公司监管的根本制度，建立了一套较为完备的运行规则，基本能够覆盖日常经营和风险防控的各个维度，同时也赋予了各地监管部门开展检查、纠偏、问责的职权，但受限于监管部门自身定位的偏差、监管力量配备不足、监管技术落后等因素，行政监管部门基本属于“只批不管”的状态。在现行监管体制下，金融办作为地方经济融资的组织者，又是地方金融的监管者，两个目标之间存在明显冲突，在履职过程中往往容易出现重发展、轻监管的情况，只注重发挥担保行业帮助实体经济融资的作用，而忽略了对行业风险的管控。在现有监管方式上，地方政府金融办履行融资性担保公司监管职责的时间只有短短两三年，虽然借鉴传统金融监管部门的经验设定了一套监管框架，明确了一系列监管手段，但因各种原因掣肘，日常监管力度始终不够。如《办法》第三十五条、第三十七条规定：“资本金仅限用作融资性担保业务合理的费用支出、代偿支付、委托金融机构做零风险理财和监管机构允许的其他用途，不得挪作他用”“监管部门应当建立健全融资性担保公司信息资料收集、整理、统计分析制度和监管评级制度，对融资性担保公司经营及风险状况进行持续监管”。但在处理汇通事件过程中发现，几乎所有担保公司都存在挪用资本金的违规行为，用于投资、放贷等用途。部分公司是直接转走挪用，更多是用资本金存单办理质押贷款，套取资金。例如，经调查，发现某担保公司向市金融办报备的资本金金额与实际账面金额严重不符，差额达到数亿元，而该金融办在年度常规检查中甚至没有发现这个问题。公司已成了空壳，但仍对外标榜公司资本雄厚，导致投资人蒙受惨重损失。又如《办法》第四十四条规定：“省政府金融办要会同相关部门建立融资性担保行业突发、重大事件的发现、报告和处置制度，建立融资性担保公司的风险预警和处置制度，指导

各市（州）制定本地融资性担保公司的风险处置预案，及时、有效地处置风险。融资性担保公司有关风险预警和处置的办法另行制定。”但直到成文之时，四川仍没有一个成文的融资性担保公司重大突发事件风险处置制度，缺乏正常的危机处置机制，致使汇通担保事件发生之时监管部门反应不及时、处置措施不得当，造成恶劣的社会影响。

综合以上几点因素来看，行政监管不力是汇通事件发生的最重要原因。正是因为监管缺失而导致部分担保公司长时间违规经营未得到及时纠正，内部管理混乱无序而没有进行外力干预，同时银担合作中表现出的风险收益严重不匹配也因归责于监管不作为，监管部门未引导银行与担保公司共同建立合理的风险分担机制。从实践来看，监管体制不畅、监管方式存在缺陷是导致融资性担保公司监管不力的两个主要因素。

本章小结

本章全面介绍了融资性担保公司的起源、概念、发展经过、发展现状，以及业务开展、金融科技与融资性担保公司的结合，最后介绍了三个融资性担保公司的典型业务案例。重点探讨了融资性担保公司的业务开展情况及金融科技与融资性担保公司的融合状况。

本章重要概念

融资性担保　非融资性担保　政策性担保　商业性担保　互助担保　场景化线上融资担保　线上供应链融资　金融科技与融资性担保

本章思考题

1. 融资性担保公司的业务特点有哪些？
2. 国外的融资性担保公司模式有何特点？为我国提供了哪些的借鉴意义？
3. 在当前形势下，我国融资性担保公司应该如何提升业务能力？
4. 我国融资性担保公司在业务经营过程中，可能会遇到什么障碍或困难？
5. 政府性融资担保公司和一般担保公司有什么区别？
6. 如何开拓融资担保公司的业务市场？
7. 金融科技布局融资性担保公司的担保业务要规避哪些问题？
8. 依托金融科技，融资性担保公司如何解决中小企业融资难的问题？

9. 间接融资担保有哪些特征？存在哪些风险？

本章参考文献

[1] 王鹏. 担保理论研究 [M]. 北京：中国金融出版社，2005.

[2] 黄世忠，连汰彬，王建峰. 财务报表分析理论框架方法与案例 [M]. 北京：中国财政经济出版社，2007.

[3] 牛成立，文海兴. 融资性担保与机构评价 [M]. 北京：中国金融出版社，2015.

[4] 程翔，房燕. 担保理论与实务 [M]. 北京：北京邮电大学出版社，2014.

[5] 张艳军. 浅析融资性担保机构的发展和现状 [J]. 中小企业管理与科技（上旬刊），2016 (06)：33－34.

[6] 王栋. 融资性担保行业的困境和前途 [J]. 济南职业学院学报，2017 (01)：105－107.

[7] 罗贤东，余秀华. 融资性担保公司发展路径研究 [J]. 企业经济，2017，36 (06)：187－192.

[8] 卓琼. 关于改善融资性担保公司的运营环境探讨 [J]. 商讯，2018 (03)：73.

[9] 张芳. 非融资性担保公司发展中存在的问题及对策 [J]. 商场现代化，2016 (23)：222－223.

[10] 马万生. 对融资性担保公司业务风险控制的研究 [J]. 经贸实践，2018 (12)：181－182.

[11] 乔巧玲. 广东省融资担保行业的风险分析及应对措施 [J]. 科技经济市场，2016 (04)：196－197.

[12] 蒋晶晶. 博弈论视角下融资性担保市场均衡问题研究 [J]. 金融经济，2016 (06)：109－111.

[13] 郑芙蓉，亓鲁. 融资性担保公司洗钱风险与监管——以庆阳市为例 [J]. 甘肃金融，2019，492 (03)：71－73.

[14] 陈钢. 民营融资性担保业的困境和发展对策探析 [J]. 征信，2014，32 (01)：65－67.

[15] 张少博. 舟山市融资性担保机构现状及发展构想研究 [J]. 管理观察，

2019（06）：164－165.

[16] 胡燕，周莉娜，邱荣智．寻求融资性担保机构在中小企业的可持续发展之路［J］．产业与科技论坛，2019，18（03）：217－218.

[17] 吕汝弘．融资性担保公司风险管理研究［D］．苏州大学，2018：32－40.

[18] 张大龙．中小企业信用担保现状及对策探讨［N］．上海金融报，2016－08－19（A13）.

[19] 汤茂洋．融资担保公司发展现状、问题与建议［J］．时代金融，2017（36）：318－319.

[20] 翟睿．我国担保行业发展现状与前景分析［J］．时代金融，2017（36）：184－186.

[21] 促进融资担保行业更好为小微企业和“三农”服务［J］．甘肃农业，2017（18）：26－29.

[22] 赖兴君．中小企业融资担保思考［J］．合作经济与科技，2017（03）：67－68.

[23] 那颂．融资担保业的改革转型［J］．银行家，2017（01）：69－72.

[24] 王福壮．融资担保公司推动中小企业发展的策略探析［J］．中国外资，2014（01）：133.

[25] 王斌，王健，谭清美．科技型小微企业融资担保可行渠道：企业入股型担保公司［J］．科技进步与对策，2013，30（18）：128－131.

[26] 刘福寿．着力推动融资性担保行业良性发展［J］．中国农村金融，2012（24）：9－11.

[27] 于海鹏，刘锡标．以民间金融的发展促进云南省民间投资的健康提升［J］．云南财经大学学报（社会科学版），2012，27（02）：59－62.

[28] 王远江．融资担保中银行与担保公司合作层次的思考［J］．中国市场，2011（35）：54－58.

[29] 郭晶晶，付睿嘉．我国融资担保公司的监管体系亟待完善［J］．中国证券期货，2011（02）：128－129.

[30] 王榕，花聚红．关注中小企业融资担保机构潜在风险［J］．河北金融，2005（07）：51.

[31] 钱玲．论中小企业融资担保公司的风险防范［J］．上海会计，2004（04）：

30－32.

［32］刘玉忠．加强科技与金融结合的思考［J］．河南金融管理干部学院学报，2003（04）：26－28.

［33］孙炜、张宏宇、杨宏远．融资性担保公司潜在风险剖析——以四川省融资性担保公司信用评级试点为例［J］．西南金融，2014，4（75）.

［34］蒋漩子，郭毅．浅谈非法集资的现状与防范处置对策［J］．上海公安高等专科学校学报，2009（03）：64－66.

［35］邵承伟．企业担保圈风险辨识与控制［J］．中国金融家，2013（9）：128－129.

［36］王伟，宋西圣．基于“差序格局”理论的互助联保组织变迁研究［J］．金融发展研究，2013（08）：55－60.

［37］王伟．担保行业目前所面临的困境及其对策研究［J］．金融经济，2015：121－126.

［38］吴俊丽．中小企业信用担保体系的发展方向与政府角色［J］．贵州财经学院学报，2012（03）：68－71.

［39］文海兴、张正．规范非融资性担保机构势在必行［J］．当代金融家，2011（11）.

［40］雷光明．GS银行利用金融科技发展普惠金融策略研究［D］．江西省：江西财经大学，2019：15－18.

第四章 商业保理公司经营实践

本章导读

商业保理的核心功能有两个，一是为买方信用担保，二是为卖方应收账款受让融资。在竞争日益激烈的市场中，企业之间赊销行为越来越多，坏账损失风险也随之快速积累，应收账款规模已然越来越大。企业要想稳健地发展，必须提高资产周转效率，加强信用管理和赊销业务管理，有效控制应收账款风险。

与银行保理相比，商业保理的比较优势不在于提供融资，而在于管理应收账款风险的能力。因此，商业保理与银行保理各有优劣，各有所长，客观上存在着合作共赢的可能。

随着金融科技的快速发展，商业保理公司的业务模式受到了极大的冲击，为抢占市场先机和有效防控风险，越来越多的商业保理公司开始引入或者寻找金融科技手段，可以预见的是，金融科技赋予商业保理公司越来越多的业务模式选择项。

本章学习目标

通过本章的学习，应了解商业保理公司的起源和发展历程。掌握商业保理公司业务模式和市场拓展方法。掌握商业保理公司资金管理的重点和方法。了解保理产品管理的含义。了解金融科技对商业保理行业和保理公司的巨大影响。

本章知识结构图

- 商业保理公司经营实践
  - 商业保理公司概述
    - 一、商业保理起源
    - 二、商业保理相关概念
    - 三、商业保理与银行保理
    - 四、商业保理发展状况
  - 商业保理公司业务开展
    - 一、业务架构
    - 二、组织机构设置
    - 三、业务流程
    - 四、业务模式
    - 五、运营管理
    - 六、资金管理
  - 商业保理公司与金融科技
    - 一、金融科技在商业保理公司的应用
    - 二、商业保理公司发展趋势展望：金融科技的视角
  - 商业保理典型案例
    - 案例一：碧桂园供应链保理ABS
    - 案例二：中铁建商业保理供应链资产支持票据
    - 案例三：保理商行使追索权是否以通知应收账款债务人为前提

第一节　商业保理公司概述与发展现状

一、商业保理起源

在现代贸易中，随着市场经济的不断发展，竞争日趋激烈，买方的地位不断提高，卖方为了实现商品销售、控制交易成本、加速资金周转，不得不接受对它来说比较苛刻的条件——赊销。在赊销贸易下，卖方自然希望早日实现销售收入，加快资金周转，同时也希望得到有实力和信用的第三方担保，以转移不能收款的风险。当贸易发展到一定阶段时，就产生了一种利用自身的资金、信用、技术等资源在经济活动中通过向交易双方提供应收账款融资、管理服务来分享商品贸易的增值成果的个人或组织。

保理起源于商务代理活动，最早可追溯至古罗马时期，美国和欧洲是现代保理的两大发源地。17 世纪末、18 世纪初的英国，纺织工业迅猛发展，向海外销售纺织品成

为资本主义初期实现经济扩张的必由之路。而此时，恰逢美国人口快速增长、经济加速发展的兴业时期，对欧洲商品需求强烈。然而，由于当时的运输条件和通信技术尚不发达，以英国为代表的欧洲出口商对美国的市场情况和客户资信了解有限。为保障贸易的顺利进行，欧洲地区的出口商开始合作进口国当地的商业代理，交由后者负责销售货物并保证货款的及时结清。

由此，欧美贸易催生并繁荣了美国当地商业代理和保理商的代售活动，并且为欧洲的出口商提供在美国的商品寄售和货物存储、寻找买家并向其发运货物，在向买方进行赊账或放账销售的基础上在一定期限后向买方进行付款催收等服务，收取佣金作为报酬。19 世纪下半叶，逐渐兴盛的国际贸易推动保理业务出现快速发展，并在美国首次出现了现代意义的保理。

与欧美相比，近 20 年后保理才在亚洲开始发展。其中，日本保理起步较早，1994 年起日本从意大利手中夺得出口保理全球第一的宝座，并保持了 7 年。中国台湾从 2001 年起成为全球第一大出口保理市场，保持了 7 年之久。在此期间，中国香港的保理业务也取得了令人瞩目的业绩。台湾地区比大陆早 10 余年着手探索和试办保理业务，通过与台湾地区等保理业务发达地区的比较研究，大陆地区保理业务起步较晚，这与大陆商业信用不良、没有建立商业信用体制、金融业发展落后、银行贷款呆账严重等经济背景相关，同时也与大陆所经历的外贸体制变迁大环境息息相关。但是，保理业务在国内发展非常迅速。1987 年 10 月，中国银行与德国贴现和贷款公司签署了国际保理总协议，这标志着国际保理业务在我国正式登陆。中国银行于 1992 年在国内率先推出国际保理业务。同时，中国银行北京分行与国际保理商联合会会员——美国鹰狮保理公司签署了保理协议，正式以“出口保理商”的身份进行业务活动，这也使我国的国际保理业务逐步驶入了规范化、国际化的良性轨道。此后，中国银行广州、上海等地的分行都相继开办了保理业务。1993 年，中国银行加入 FCI，成为 FCI 的正式成员，与美国、德国、英国、法国等 17 个国家和地区的 32 家保理公司签署了国际保理协议，并开展了广泛的国际保理业务合作。1995 年 5 月，中国银行也启用了 EDI-FACT 系统与上述国家和地区的保理公司进行业务往来，在信息传递上更加及时、准确。

2006 年 11 月 1 日，中国保理商协会在北京成立，其成员有中行、工行、建行、农行、交行、光大、中信、浦发、招商、民生、上海银行、汇丰上海等内地多家 FCI 成员。近年来，随着实体经济、国际国内贸易的发展，保理业务在我国内地高速发展，从2008年起赶超台湾地区，成为全球最大的出口保理市场。

二、商业保理相关概念

（一）保理（Factoring）

指卖方（债权人）将其与买方（债务人）订立的货物销售或服务合同所产生的应收账款转让给商业保理公司，并在已经有效通知买方（债务人）的前提下，由商业保理公司为其提供包括贸易融资、承担买方信用风险、应收账款管理与催收等在内的综合性金融服务。

（二）买方信用风险（Credit Risk）

指买方因破产、倒闭、无支付能力或恶意拖欠而未能在应收账款到期日足额付款的风险。承担买方信用风险，指在无商业纠纷的前提下，买方如因上述原因无法在约定期限内足额付款，将由商业保理公司先行支付给卖方，再按相关程序向买方催收或法律追索。

（三）保理预付款（Advance Payment）

又称保理融资，指商业保理公司根据保理协议约定的比例，依据卖方申请，对受让的应收账款在到期日前向卖方预先支付的款项。

（四）单保理与双保理

以参与业务的保理商的数量，可分为单保理（Single Factoring）和双保理（Two Factoring）。

（1）“单保理”指商业保理公司独家为卖方提供账款催收、贸易融资或承担买方信用风险等保理服务。

（2）“双保理”指至少有一家保理商与商业保理公司合作，为卖方提供账款催收、贸易融资或承担买方信用风险等服务。双保理依提供的服务不同分为双保理之买方保理和双保理之卖方保理。

双保理之卖方保理（以下简称“卖方保理”），指与卖方签订《保理协议》、提供协议约定的保理服务；双保理之买方保理（以下简称“买方保理”），指依据与卖方保理商签订的《双保理协议），提供应收账款催收和信用风险担保等服务。

（五）商业纠纷（Dispute）

指买卖双方因所交易的货物或服务，在数量或质量上有瑕疵，延迟或提前交货，货物、服务、单价等不符合合同或其他约定；买方以任何理由拒绝提货；买方以卖方违反买卖双方约定为由提出诉讼、仲裁或检验报告经裁定，系因卖方故意或过失致买方拒绝付款等。

（六）保证付款（Payment Under Guarantee）

指商业保理公司在承担买方信用风险的情况下，对于已转让且经核准的应收账款，在买方因发生信用风险未能向卖方足额付款时，商业保理公司于信用风险承保额度范围内按照保理协议向卖方承担付款责任。

（七）卖方额度

指商业保理公司审核授予卖方的保理预付款总额度上限。

（八）买方额度

指商业保理公司未与买方签订任何协议，主动授予买方的额度分为以下两种：

（1）承保额度：即承担买方信用风险的上限；

（2）非承保额度：即不承担买方信用风险的额度。

（九）保理商额度

指商业保理公司对已签订双保理协议（Inter-factor Agreement）的保理商审核授予的信用风险额度上限。

三、商业保理与银行保理

（一）二者之间的关系

目前关于商业保理与银行保理之间关系的论点很多，或竞争，或合作，或天敌，或友人。

商业保理的工作主要是客户开发和应收账款的收付结算、管理催收、对账以及买方信用担保等；银行保理的工作主要是融资。商业保理公司的特点在于其业务更精准，但囿于资金规模，融资业务很难做大做强；银行的特点在于虽然资金充足且资金成本低廉，偏爱融资，但成立一个专业、高效的保理业务应收账款管理团队很难。在这种背景下，银行保理专职融资，商业保理专职应收账款管理才是保理业务发展及效益最大化的不二法门。

商业保理公司没有充裕的资金做融资业务，却可以打造一个专业高效的应收账款管理团队，实现账款管理的专业化，以寻求与银行合作的机会。银行与商业保理公司合作，一般不会直接给予保理公司总体授信额度，再由保理公司针对不同客户进行单独授信。银行会针对特定的客户进行独立授信，如果客户的资质没有满足银行的内部授信要求，银行会纳入商业保理公司的授信来综合考量。如果商业保理公司满足下述资质，例如业务团队更加专业、经验丰富，产品设计可操作性强，风险管理措施得当，能够同买方定期对账，股东背景强大，同业评价较高，有保理业务合作的银行很多，会为客户购买信用保险或提供融资性担保等，那么原本本不符合银行授信要求的客户经过商业保理的增信，就会达到银行的授信标准。

（二）二者之间的区别

银行保理与商业保理在本质上有很大的不同，银行保理的角度偏重于融资评估，商业保理偏重于专业管理及增信。

表 4－1　银行保理与商业保理的区别

	银行保理	商业保理
法律法规	《商业银行保理业务暂行管理办法》	《商业保理企业管理办法（试行）》
业务优先级	银行扩展业务，非主营业务	公司主营的核心业务
客户类型	大中型企业（传统征信和抵押担保为主）	中小型企业《通常缺少传统征信手段所需的担保物》
风控模式	对产业上下游缺少认识，依靠传统征信手段进行风险控制	一般具有行业供应链经验或大数据平台，对行业上下游有深入了解，掌握大量有效的真实信息

四、商业保理发展状况

（一）商业保理市场规模巨大

据中国银行业协会保理专业委员会发布的《中国保理产业发展报告（2018）显

示，2018 年全球保理业务量达到 2.76 万亿欧元，对 GDP 的渗透率较 2017 年上升 0.2 个百分点。中国保理业务量为 4 116 亿欧元，同比增长 1%，占亚洲地区总量的 62%，连续多年成为世界保理业务量最大的国家。

（二）保理商数量和保理业务量增长迅速

自 2012 年商业保理公司试点以来，我国商业保理行业发展迅猛。在服务实体经济、破解中小企业融资难融资贵和降低企业杠杆率方面发挥了重要作用，保理行业的市场认知度和受重视程度也得到明显提高。2018 年全年，新增商业保理企业数量共计 3 682 家，较 2017 年增长近 40%；商业保理业务量达到 1.2 万亿元，较 2017 年增长 20%；融资余额约为 3 000 亿元。

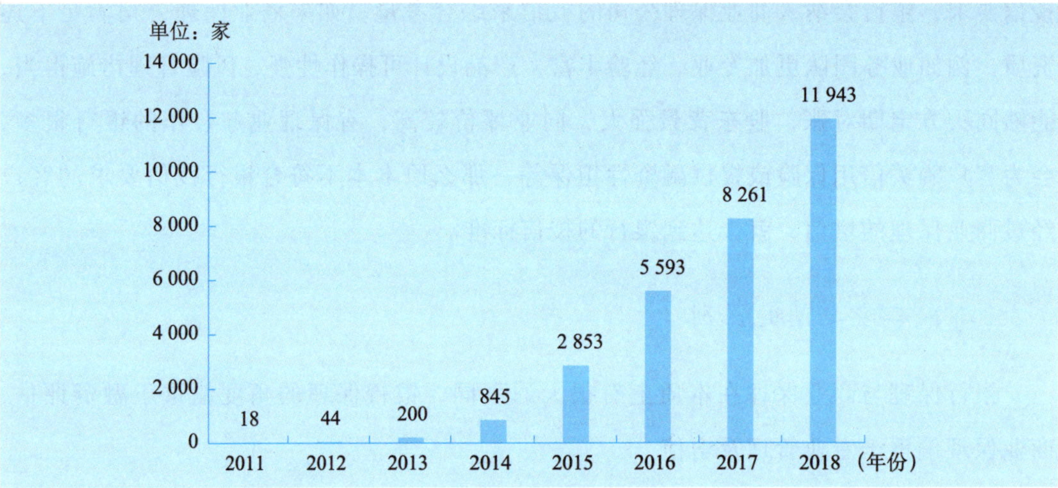

图 4-1　2011—2018 年我国商业保理企业数量

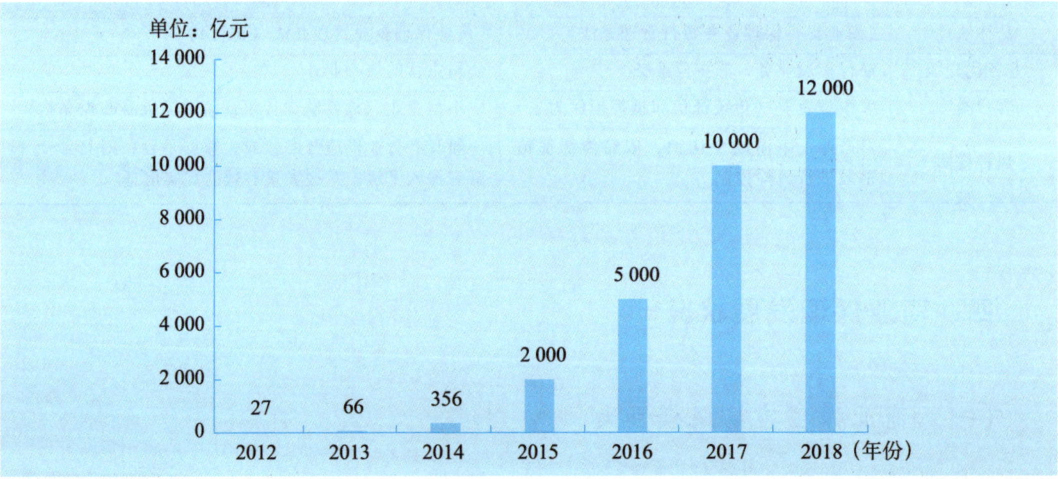

图 4-2　2012—2018 年我国商业保理业务量

（三）保理行业惯例及相关法律法规普及

相关机构逐步建立起保理行业管理制度，国际保理业普遍接受的《国际保理业务通用规则》《国际保理仲裁规则》和《国际保理服务公约》正逐渐成为国内保理业务的参照标准。2009 年 3 月，中国银行业协会保理业务专业委员会成立，相继制定了“行业自律公约”“保理业务规范”和“信息共享机制”。2013 年 3 月，中国服务贸易协会商业保理专业委员会成立，为促进和规范我国商业保理行业的发展，提高行业管理水平和服务水准奠定了组织基础。

2018 年，我国保理行业在法律环境改善方面取得重大进展。全国人大代表宪法和法律委员会经研究认为，保理业务作为企业融资的一种手段，在权利义务设置、对外效力等方面具有典型性。据此，十三届全国人大常委会第十七次委员长会议同意将“保理合同章”列入《民法典合同编（草案）》进行审议。

此外，在推动保理行业标准建设方面也有所突破。一直以来，我国商业保理国家标准、行业标准处于空白状态。在中国服务贸易协会的支持下，商业保理专委会主导的《商业保理术语：基础术语》成为商业保理行业的第一份团体标准，已于 2018 年 4 月在全国团体标准信息平台上进行了公示。

随着全国各地注册政策开放，我国商业保理企业注册地域已经逐渐形成遍地开花的良好局面。截至 2018 年年底，全国 31 个省（直辖市、自治区）均已设立了商业保理企业及分公司。我国商业保理行业监管趋严、合规经营是大势所趋。随着商业保理行业监管格局逐步明确、相关政策不断出台，商业保理公司将加速回归本源，在不同细分领域为服务中小企业和实体经济作出更多贡献。

（四）保理业务模式呈现多样化

随着商业保理公司如雨后春笋般地发展，保理业务模式也是百花齐放，既包括以渤海国际保理有限公司、高银保理（中国）发展有限公司、中信商业保理有限公司为主开展的传统业务模式的公司，又包括快钱（天津）金融服务有限公司等以创新的信息技术从事国际国内保付代理、提供基于人民币和外币的个人和企业支付清结算和账户服务的新型互联网业务的公司。业务范围不仅涉及基础的商贸流通领域，还涉及医疗、环保、教育、物流、航空公用、建筑、房地产等行业。保理业务模式也是不断创新。如鑫银保理公司在航空行业保理领域和银行开展的“再保理”合作取得一定突破，在医疗保理领域与银行开展的“双保理商保理”合作取得进展；渤海国际保理有限公司在应收账款收益权集合资金信托计划上取得突做，成为首家利用集合资金信托方式融资的商业保理公司；厚朴商业保理有限公司的传统保理业务、供应链平台“+金融”产品、互联网保理业务齐头并进的“三轮驱动”战略也打开了商业保理发展的新篇章。

（五）商业保理公司经营规模小、作业规则不完善

我国的保理市场从发展最初开始，商业银行一直占据主导地位，商业保理公司的业务规模远远无法与商业银行匹敌。在 2012 年 11 月商务部《关于商业保理试点有关工作的通知》发布之前，商业保理的行业属性界定不清，行业监管缺失。同时商业保理公司在业务操作中由于无章可循，内部又缺乏有效的风险控制措施，业务随意性较大。尽管该通知为商业保理的发展提供了政策上的保障，但是相比于银行，目前商业保理公司在人才、资金和行业督导等方面存在不少问题，导致我国商业保理公司的发展滞后。

中国服务贸易协会商业保理专业委员会、广东省商业保理协会、深圳市商业保理协会与亚洲保理、汇法网联合发布的 2016 年度《保理司法判例分析研究报告》显示，全国保理业务风险的多发地是浙江、上海、江苏和广东。但这并不仅仅意味着这些省市的纠纷多，还表明了这些地区保理业务非常活跃。保理业务的风险集中在制造业和批发零售业，这两个也是保理业务多见的行业。风险里占比最大的是欺诈风险，占比 41.6%；第二大风险类别是信用风险，占比约 20%；其他风险里，出现了虚假贸易特殊风险项，其中伪造应收账款转让通知及间接支付这两个买卖双方串通的风向标风险项分别占到保理案件的 3.8% 和 3.0%。

（六）专业人才严重缺乏

保理业务综合了结算、融资、信用担保和应收账款管理等多重功能，涉及多个业务领域，因此要求从业人员不仅必须具备丰富的金融、贸易和法律知识，还要熟悉与基础货物、服务贸易相关的商业知识以及国际贸易规则、惯例和习惯等。目前我国商业银行从事保理业务的人员还缺乏系统的国际保理业务培训，商业保理公司的业务人员更是良莠不齐，金融、法律、贸易、财务等领域的中高端人才严重缺乏。

第二节　商业保理公司业务开展

一、组织机构

不同的商业保理公司根据自己的实际情况和资源背景会设置不同的组织机构，配备不同职位的人员，组织机构和职位名称叫法不一，但功能相似。结合银行业开展保理业务的实际情况，从商业保理业务的实践出发，我们认为以下职位设置是开展商业保理业务所必需的配置。

（一）市场业务人员

市场业务人员的职责主要体现在以下方面：

第一，负责拓展业务，考察潜在客户的整体情况，选择适用于保理业务客户；

第二，协助客户整理出确切的业务需求并选择适合的保理业务品种，并请产品设计人员审批；

第三，在产品设计人员审批操作方案后，市场业务人员提交搜集到的买双方的主体情况、交易情况、财务状况等材料给公司相关部门审批；

第四，协助运营经理完成销售分户账的建立工作；

第五，负责考察买卖双方的基础交易关系，必要时跟踪发货；

第六，行使对卖方的日常的监督管理职能，并进行拜访，关注企业经营管理方面的变化，对整体风险情况作出评价；

第七，监控买方的付款情况，并监督买方直接将款项付至保理专户；

第八，负责催收工作，及时发现并解决问题，收集相关的内部及外部信息判断买方整体风险情况并处理争议。

（二）产品设计人员

产品设计人员的职责主要体现在以下方面：

第一，协助市场业务人员拓展保理业务，审核市场业务人员提交的客户需求分析与保理业务品种选择意见，协助进行产品设计，确定产品操作方案，保障保理产品的正确使用；

第二，指导并协助市场业务人员进行保理业务协议的谈判，落实立项或尽职调查的内容和相关的辅助担保措施，确保保理业务协议的正确签署；

第三，协助运营作业人员、市场业务人员进行销售分户账的建立工作；

第四，指导并落实保理协议的制作和签发，使每一个买方客户了解保理业务的安排，确保保理业务的正常开展；

第五，审查并监督市场业务人员在保理业务开展的过程中对买卖双方的管理工作，风险控制的措施及对异常业务情况的处理方式；

第六，负责对接资金提供方（银行、信托、资产管理公司、证券公司、基金公司等）及保险公司等金融机构。

（三）运营人员

运营人员的职责主要体现在以下方面：

第一，负责并账工作，确定账户转移的时间、方法，以及双方具体的工作安排；

第二，建立销售分户账和资金账户；

第三，审核卖方提交的发票及发票清单，保证客户对应收账款进行有效的转让通知；

第四，根据发票/贷项清单记录销售分户账的变动情况，接受应收账款的转让；

第五，控制融资额度的使用，为客户提供保理预付款和付款；

第六，处理买方的回款；

第七，管理应收账款的债权，使买方明确应收账款的到期日，同时提示市场业务人员进行必要的催收；

第八，定期向卖方提交未结清应收账款报告、债权分析、融资情况以及争议情况等多种报告，协助企业管理应收账款。

（四）风险管理人员

风险管理人员的职责主要体现在以下方面：

第一，监督检查市场业务人员和产品设计人员的风险控制工作；

第二，审查相关法律文件的合规性和完整性；

第三，分析市场业务人员提交的客户信息资料，甄别其中的风险点；

第四，对市场业务人员、产品设计人员和运营作业人员所发现的异常业务情况作出判断，并及时采取相应的措施。

第五，根据保理业务开展的情况和风险管理的需要，对客户进行必要的现场稽核。

除了上述组织机构和人员配置，商业保理公司出于机构健全、风险可控、标准化的考虑，还会不同程度地设置授信审查委员会、稽核专员、合规专员、融资经理等机构或职位，各个组织机构之间分工协作、互相配合，紧紧围绕商业保理的经营范围开展工作。

二、业务架构

商业保理公司的业务架构是指业务开展的基本结构，主要包括四个层面内容：一是业务工作内容；二是组织机构设置；三是职责与岗位设置；四是业务处理流程的确定。这四个层面的内容共同构成商业保理业务开展的基本业务架构。

开展商业保理业务，业务架构设计是保理公司的基本内容，其直接目的是设计商业保理公司的业务模式和组织结构。商业保理业务的工作内容依照法律和政策规定，只能是以应收账款债权转让为基础来提供信用服务，这是一个常量，任何一个商业保理公司都不能突破这个底线。同时，不同地域、不同模式、不同定位的商业保理公司会根据自己的实际情况设置不同的组织机构、岗位职责和业务流程。

三、业务流程

保理业务主要具有如下特点：卖方企业不承担因赊销带来的账期；卖方企业向保理商出售应收账款，取得货币资金，加速资金周转；保理商负责应收账款管理和催收工作，承担付款人到期不能足额支付应收账款的信用风险。

商业保理基本业务流程如下：

第一，销售商提出叙作保理业务的申请后，业务部门根据核查买卖双方的贸易合同、财务报表、银行贷款卡、结算发票、银行结算单和实地走访企业情况，以确认合作贸易的真实性、买卖双方的企业信用、付款节点确认的方式等问题，编写详细调查分析报告，制定切实可行的业务操作方案，按规定权限报批；

第二，经评审委员会审核通过后，融资部与销售商签订保理合同，并在人民银行应收账款抵押转让登记系统登记转让的应收账款登记信息；

第三，融资部对资料和手续进行核规审核确认；

第四，财务部根据约定预付比率发放融资款项；

第五，销售商或保理商按应收账款约定在收款日前向购货商催收应收账款；

第六，购货商按应收账款约定付款；

第七，保理商收妥货款，扣除融资本息及有关费用后，将保理余款支付销售商。如购货商在宽延期后仍未付清全额货款，销售商对保理额度内未收回的应收账款进行等额回购；

第八，业务部负责客户的后期信息风险管理和与客户保持沟通；

在整个流程中，保理公司能够了解客户需求、管理信用风险、提供贷后管理等一系列的增信及增值服务，使资金方愿意提供资金，满足客户的融资需求。

四、业务模式

根据商业保理的基本功能及风险管理方式的不同，保理公司依据自身资源、人员经验、风险偏好、专业倾向等原因，发挥自身优势，开发出了许多不错的商业模式，本章简要介绍以下几种商业保理模式。

（一）“M+1+N”保理模式

又称核心企业立账模式，也是商业银行和多数保理公司最常使用的模式。操作此类业务时，商业保理公司须与核心企业（多数是央企、国企、上市公司）建立战略合作关系，并基于核心企业的业务配合服务其上游供货商、下游经销商，管理上下游企业的应收账款、应付账款。保理商通过合同订单、货运信息、验收情况等管理和及时的财务对账，确认基础交易的真实性、应收账款的形成，核实核心企业的付款意愿、支付能力和付款的期限、方式等。

（二）租赁保理模式

租赁公司向承租人提供经营租赁或融资租赁服务，并将未到期的应收租金转让给商业保理公司，商业保理公司以此为基础，为租赁公司提供保理服务。

（三）供应链企业合作模式

目前，国内已经形成较为成熟的供应链管理公司业务模式，供应链管理公司基于产业链上各类客户及客户间贸易关系，整合产业链物流、资金流、信息流，提供物流服务和信息服务，并同各类金融机构开展了供应链金融服务。基于供应链企业合作的保理业务，是以供应链企业所掌握的交易大数据为基础进行信用评估和风险管理，将供应链上的企业视为整体的生态系统，向链条上各类客户提供相适应的保理产品与服务。供应链企业合作下的保理业务是一种新型授信理念的体现，它以供应链管理公司取代传统保理业务中的核心企业，不仅避免了核心企业在确权等问题上的操作难度，更将供应链上中小微企业的商业信用直接联系起来，从而实现基于中小微企业间真实商业信用下的供应链金融服务。

（四）互联网平台合作保理模式

商业保理公司一方面可通过互联网商业平台合作，获取中小微贸易企业的网上交易数据和融资需求，扩充业务来源；另一方面，可通过互联网理财平台对自然人、投资人销售企业债权，扩大融资来源。对于传统金融机构不愿介入、难以管理的小微企业信用融资而言，互联网合作平台的介入大大降低了保理公司的市场开发成本，并使基于交易大数据的风险管理成为可能。在网上交易蓬勃发展的今天，商业保理公司在这一块长尾市场中将大有可为。

商业保理相对于银行保理的优势，不仅在于业务更加专业、服务更加周到，更在于勇于创新、操作灵活，敢于尝试各种新业态下的金融产品设计。商业保理公司理应成为金融创新的活力源泉和先行先试的典范。以上三个模式下，不同的保理公司有各自的背景和优势，可以选择适合自己的商业模式开展业务。各种模式之间没有优劣之分，不能认为某种模式绝对优于另一种模式。只有适合自己公司、可持续发展的模式才是优秀的业务模式。

（五）商业保理 ABS 模式

保理 ABS 即保理资产支持证券，是指保理公司出于融资需求，将从各个卖方手中受让的缺乏即期流动性，但具有可预期的、稳定的未来现金收入流的应收账款集中起来，形成一个应收账款的资产池，然后对这些资产进行信用评级和分层，将它们转变成可在证券市场上流通和出售的证券。从法律关系的客体来看，保理资产证券化属于应收账款资产证券化的一种。从基础资产入池形式来看，保理 ABS 有“保理合同债权”以及“应收账款债权”两种。

目前供应链保理 ABS 项目设立时通常以传统的的保理 ABS 模式展开，即保理公司受让债权人（核心企业供应商）的应收账款所有权模式，作为原始权益人开展资产证券化的相关工作。目前也有一些企业以代理人模式开展保理 ABS 业务，即保理机构不再作为原始权益人，而是接受原始权益人的委托作为其代理人开展资产证券化的相关工作。“平安—逸锟供应链金融资产支持专项计划”是采用代理人模式的代表，以平安—逸锟供应链金融 1 号资产支持专项计划为例，债权人与逸锟保理签署《委托代理合同》，委托逸锟保理向计划管理人设立的专项计划，其中基础资产为原始权益人之代理人逸锟保理代为交付给管理人平安证券用以设立专项计划的应收账款债权，即债权人委托逸锟保理转让专项计划的应收账款债权及其附属担保权益。2019 年 1 月 25 日，中建商业保理有限公司以中建二局为核心企业开展的供应链金融资产支持证券项目“中建保理—海通申证—中建二局第一期供应链金融资产支持专项计划”成功发行，这是目前首家国有企业代理人模式供应链 ABS。

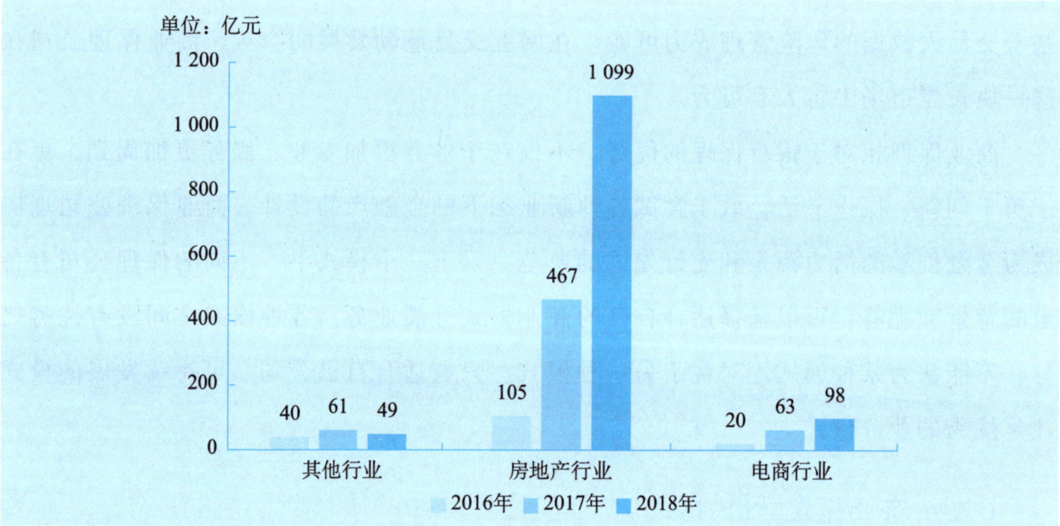

图 4-3　2016—2018 年商业保理 ABS 发行行业分布

资料来源：https：//www. cn-abs. com/。

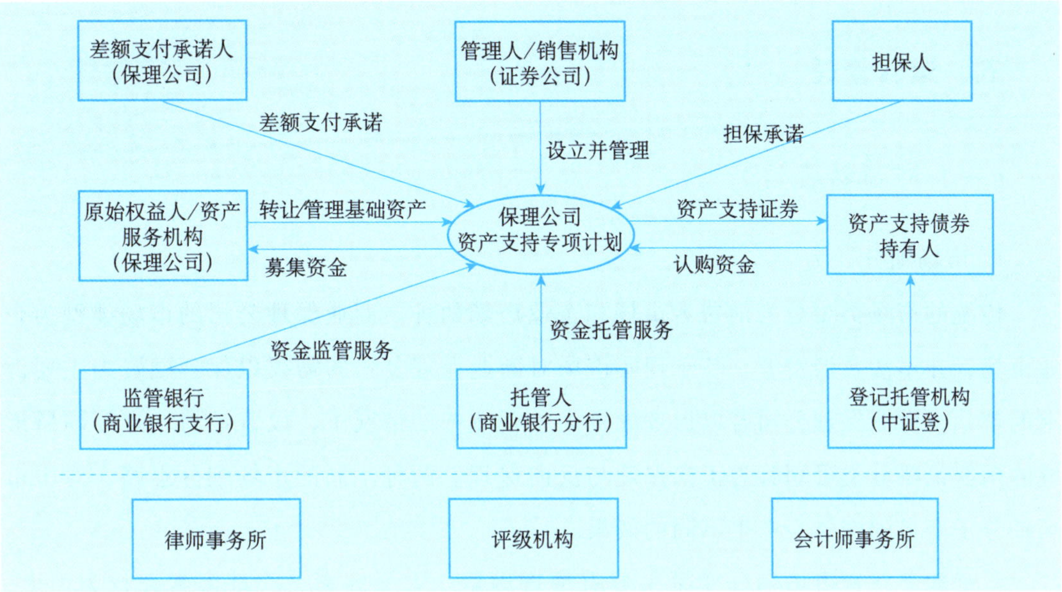

图 4－4 商业保理 ABS 交易结构

专栏 4－1 知识链接

"205 号文"新规对保理 ABS 有哪些影响？

2019 年 10 月 22 日，中国银保监会向各地方金融监督管理局下发了中国银保监会办公厅《关于加强商业保理企业监督管理的通知》（银保监办发〔2019〕205 号，下文简称"205 号文"），"205 号文"对于商业保理企业开展资产证券化融资业务的主要影响有以下几项：

一是对工程、贸易场景下的 ABS（供应链 ABS 或保理 ABS）无影响，但对消费分期场景下的 ABS 有待进一步明确。

二是"受让同一债务人的应收账款，不得超过风险资产总额的 50%；受让以其关联企业为债务人的应收账款，不得超过风险资产总额的 40%"，这对于主做供应链 ABS（反向保理业务）的保理公司，尤其是核心企业旗下的保理公司，债务人较为集中，预计将面临一定挑战。而对于主做保理融资债权 ABS（正向保理业务）的保理公司，因债务人较为分散，影响程度较小。

五、运营管理

（一）市场拓展

1. 市场细分

传统的市场类型分为消费者市场和企业市场两种。商业保理公司的市场类型为企业市场，并不涉及消费者。基于现实市场对商业保理公司的需要以保理融资为主要诉求的现状，商业保理公司若以保理融资为主营业务的情况下，以营销切入点不同所形成的销售策略分类可划分为正向保理与反向保理。两种不同的市场细分思路，对于市场细分子变量的选择会产生不同的效果。

常见的消费者市场细分变量主要有地理因素、人文因素、心理因素和行为因素，而企业市场细分变量则有人口统计变量、经营变量、购买方式和环境因素及企业决策者特征，主要细分子变量有行业、公司规模、技术 、使用者和非使用者状况、客户能力、购买方式等。就商业保理公司而言，在选择市场细分的子变量中应注意以下几点：

（1）行业：现有行业标准是按照国家统计局《国民经济行业分类（GB/T 4 754—2011)》进行划分。商业保理公司主要资金来源方——银行基于融资主体授信的做法和响应国家政策调控，往往会制定行业政策，对于限制性行业采用名单制管理和总额控制，并波及上下游企业。

（2）公司规模：由于银行深耕供链金融多年，供应链项下的大中型供应商因应收账款简单、大额往往已被银行垄断，一些小微企业供应商往往被冷落。对于商业保理公司来说，这恰恰是机会，不过成功与否取决于商业保理公司与供应链中核心买方企业的合作。正向保理销售策略时，公司规模子变量的影响较反向保理小。

（3）技术：在保理融资过程中，技术的运用体现为商业保理公司能否提供便捷、小额、高频的服务同时实现有效的自动化风控。以信息系统支持远程、可视的信息流、物流、资金流的获取并提供线上融资申请、审批、发放和风险控制。这是商业保理公司在发展反向保理中应该非常重视的子变量。

（4）使用者和非使用者状况：正向保理的发起者往往是大额、低频，而反向保理可形成小额、高频，风险与利率因素则成为商业保理公司对这项子变更进行划分的重要意义。

（5）客户能力：商业保理公司服务于大量的客户还是小量的客户，取决于两因素：一为自身服务能力，这属于可调节因素，人力、物力、财力等资源和能力的调动和运用；二为风险集度中问题，一方面需满足未来监管要求，另一方面要考虑公司自身风险管理能力和风险承受力。显然，反向保理下的客户能力要求会比正向保理会更强些。

（6）购买方式：正向保理缘由买方确权的阻力使卖方购买保理融资实现过程不如反向保理便捷，然而反向保理往往又以名单制形式约束了买方的主动权，两者如何平衡，取决于三方博弈的结果，并无万全之策。

市场细分为市场定位提供了基础并为后续开展市场营销指明方向，商业保理公司在做市场细分的过程中应注意结合正向保理与反向保理两种思路选择子变量。通常来说，商品、行业或区域龙头企业及第三方支付平台、电商平台、物流平台是行业内大多数商业保理公司认为理想的市场方向。这样的定位还不够细致，“了解你的客户”和“了解你客户的业务”，市场细分过程中还应更多了解所介入行业的交易架构、交易习惯、风险控制等诸多问题，并结合各个子变量之间存在的相互制约和作用，采取最合适的交易方式。

2. 客户营销

开展保理业务应从何处着手呢？供应链本身包括信息流、物流和资金流三维度。

以“M+1+N”传统供应链金融模型为例，商业保理公司可以为供应上所有的参与者提供金融解决方案，电子商务企业和物流企业则分别扮演了信息流和物流解决方案提供者的角色。从供应链金融的角度看，物流和信息流触发保理商向供应链成员企业提供授信的基础变量，因此要实现三流的闭合，保证供应链金融业务运行的效率和安全性。保理商应该与电子商务公司和物流公司建立起合作联盟。

（1）从核心企业切入：供应链金融中的核心企业是融资的关键因素，它的作用主要体现在信用供给、风险控制、供应链财务优化几个方面。首先，核心企业利用自身的资金/质为上下游企业融资提供风险担保，银行才有信心为企业提供融资服务；其次，由于在融资中核心企业承担了小企业的违约风险，在动机上，核心企业会加强对融资企业的监督和控制资金的使用，督促业务的进展和贷款的偿还；最后，通过财务信息的交流，改善了供应链企业间的信息状况，核心企业通过授信额度的控制，可以更有效地控制供应链，提高供应链效率。

现实中，“M+1+N”模式的开发有以下两条路径：

其一，在核心企业配合的条件下为其上下游企业提供保理服务，即由“1”推及

“M”和“N”。这一模式依赖于核心企业“1”在财务供应链管理方面的主动意识和经营的前瞻性。在实践中，这类核心企业往往是身处激烈的商业竞争环境中的主导企业。

其二，对于垄断行业、政策倾斜行业的核心企业，以及那些缺乏危机意识的大型企业而言，它们作为核心企业，对于供应链管理，尤其是供应链资金流的管理较为漠视，通常不愿配合保理商开展业务。此时需要通过对“M”和“N”的先期批量开发，逐渐累积业务规模，以规模和利益促成对“1”的营销。这种方法虽然见效较慢，但考虑到业务成熟后的规模效益，也不失为一个有效的切入模式。

（2）从物流企业切入：物流企业是供应链金融最基础的参与者，其作为供应链金融切入点的价值存在于以下几个方面。

客户可以高度共享。因为供应链内的物流，无论从供应商到核心企业还是从核心企业到经销商，构成了第三方物流业务的重要组成部分。因此供应链金融企业与物流企业的客户共享，可实现客户的批量导入。

供应链融资的产品运用很多涉及物流的控制，这时物流企业往往充当供应链金融合作者的角色，第三方监管或证实相关融资的支持性资产流动。

物流外包已成为现代企业扩张到特定发展阶段的趋势性选择，物流企业通过引入金融增值服务以扩大业务规模是一种有效的竞争策略。

（3）从电子商务平台切入：电子商务平台是对供应链交易模式和交易渠道的创新与整合。从国内的情况看，电子商务平台商业模式业已成熟，创新平台业务模式不断涌现，企业间协作日益扩大。随着越来越多的中小微企业加入电子商务交易平台，过去的线下供应链管理逐步演变为线上管理。信息化、网络化的技术手段，可以实现对买卖双方交易付款数据全面、及时、准确的收集和监控，这为创新金融服务提供了更为有效的信用风险管理手段。目前，许多商业保理公司已经开始积极探索商业保理业务与电子商务的融合之路，将IT技术与金融、贸易、物流、信用风险管理相结合，实现资金流、信息流、贸易流的“三流合一”，创新设计出全新的电子商务金融服务平台。

（4）与银行、保险及其他类金融服务企业合作：由于具有相同的融资功能、却在供应链金融中承担着不同的角色作用，商业保理既与各金融机构、保险公司、小贷公司、融资租赁等金融、类金融、泛金融企业有所区别，又可以与它们之间广泛合作，以利益共享的方式共同为供应链上的企业解决不同时段、不同资质条件下的融资理财需求。

如前所述，商业保理是银行保理很好的补充，一些在银行未通过获得保理融资的客户，经过商业保理公司对买卖双方招投标信息、合同订单、仓储物流信息、检验单据、发票以及买方确认应付等方面验证贸易背景的真实合法性，增加了贸易双方的商业信用。

（5）针对不同客户进行不同的营销：从业务领域来看，目前传统的保理业务主要集中在零售、钢铁、医药、金属/煤炭等大宗品、汽车、电子通信、建筑等行业，行业集中程度较高。同时，随着互联网技术的不断发展，商业保理公司通过与电子商务平台企业的合作，凭借自有的信息化系统，为中小微企业、交易金额小而频次高的典型互联网 B2B 业态提供了保理融资解决方案。因为在电子商务环境下，通过互联网的数据发掘，可以充分展现小企业的“虚拟”行为轨迹，从中找出评估其信用的基础数据及模式，由此为小微企业信用融资创造条件。

3. 尽职调查

（1）尽职调查概述：对于传统保理业务而言，对项目的理解是所有业务的前提，也是前端市场人员基础工作之一。面对每天汹涌而来的项目、纷繁复杂的行业、参差不齐的企业，如何快速准确地判断出目标业务是否具有保理操作可能性，是否符合现成的业务产品以及哪些细节可以判断出欺诈的可能等问题都需要进行认真分析总结，以便提升工作效率，更好地挖掘有效市场，最大程度地避免前端的失误给中后台带来的不必要的工作量。

（2）基本面尽职调查：民营企业目前无论在数量上还是体量上在整个社会经济中都占据着重要的地位，而民营企业与国企和央企相比，成立时间普遍不长、规模较小、资金链紧张又缺乏成熟的资金管理体系，所以是保理业务着重开发的市场。

与国企体制不同，大量的民营企业的核心业务及财务都由实际控制人掌握，虽然部分大型民营企业自身已经形成了一套成熟的管理班底，但是实际控制人对于企业大方向的把控力度仍然决定着企业未来发展程度，因此，对民营企业实际控制人的约谈尤为重要。民营企业实际控制人一般为企业的最大股东，大多数从企业创立开始便存续，负责企业核心业务及收付款的决定。由于其对于企业成立至今的业务变化、人员变化非常清楚，因此，与其进行约谈是了解企业历史沿革最直接的方法。

（二）产品管理

产品是企业与顾客相联结的桥梁、价值传递的载体、互动交流的界面，企业的竞争力体现为产品竞争力，而有竞争力的产品源于企业对产品规划、开发、生产、营销、节进行高质量管理，它包括五个环节，即客户需求管理、产品战略管理、产品市场管理、产品研发管理和产品生命管理。简单来说，产品管理的目的就是让企业的产品更好卖。产品管理的实施者通常被称为产品经理。

产品管理的核心是建立一套系统的产品管理体系。产品管理体系包括产品管理的流程、组织、工具以及考核与激励机制等。产品管理流程主要包括：产品战略制定、实施及考核流程，产品线规划流程，产品规划流程、产品开发流程，产品生命周期流程，产品团队绩效管理流程。同时这些流程还必须与公司的市场管理流程、供应链流程衔接起来，否则很难发挥产品管理的效果。例如，产品战略的制定、产品线和产品的规划就必须进行市场理解、对市场进行细分和调研，以发现市场机会，同时还要进行竞争分析和组合分析，以决定要进入哪些市场、投资哪些机会、产品。产品开发出来还需要快速、方便地交付到用户手里，这就需要与供应链流程有机地衔接起来。有了产品管理的流程体系，就需要设置相应的组织去执行这些流程。组织设置得是否恰当，会影响到流程的执行效率。正确的做法是，建立一个分层的、跨部门的组织来负责产品的管理，其中主要包括 IPMT（负责产品投资决策及资源保障）、PDT（负责产品开发及产品目标的实现）、LMT（负责产品上市后的生命周期内的管理）及产品部（一个职能部门，负责对产品经理的管理）。每条产品线有一个产品线总监或产品线经理（视企业的体情况而定），产品线经理是这个产品线的总经理，要对这条产品线负责。每个产品或几个产品设置一个产品经理（视产品的复杂程度而定），经理对其管理的产品的营收负责。这样一个分层、跨部门的组织体系，因为其成员来自各个资源部门，并代表各自部门作出承诺，资源部门应依据承诺积极支持和配合产品经理/产品团队的工作，保障产品在市场上取得成功。有了相应的组织，就知道由谁来做。知道怎么做，还需要应用一些专业的工具和方法，所以建立与产品管理流程相适应的工具与模板是十分必要的，例如，组合分析工具、需求分析工具、优先级排序工具、战略管理模板、产品规划模板、需求分析模板等。有了这些工具和模板，产品管理团队才能规范、高效地开展工作、提高整理效率。在建立高效的产品管理流程及运作组织的基础上，还要制定和管理对产品管理团队的绩效考核和激励机制。产品管理团队/产品经理要对产品在市场上的成败负责，所以就应该明确他们的职责、任职资格，在此基础上明确对他们的考核办法、考核指标和激励措施（如奖金、股票、晋升等）。对产品团队的考核指标一般包括硬性的指标和软件指标。

六、资金管理

商业保理公司的资金管理主要是指资金流动性管理，资金流动性管理是商业保理公司管理的核心。商业保理公司流动性管理体现在资产和负债两个方面：

保理公司的主要资产分为现金类资产（包括现金、银行存款、其他货币资金等能够快速变现的资产）、理财类资产（包括国债、银行理财等）、受让客户的应收账款等三类，流动性一次降低。保理公司的负债主要来自融资，包括银行短期借款、银行长期借款、股东借款、信托借款等。资产与负债从期限、风险、利率、变现速度、能力等方面的匹配和相互作用构成了流动性管理的主要内容。

保理公司是类金融的商业模式，充分发挥杠杆的作用。天津市政府发布的《天津市商业保理业试点管理办法》（2013 年 11 月 27 日修订）中规定：商业保理公司的营运资金为公司注册资资本金，银行贷款等间接融资，发行债券等直接融资，以及借用短期外债和中长期外债。为防范风险、保障经营安全，商业保理公司的风险资产不得超过公司净资产的 10 倍。风险资产（含担保余额）按企业的总资产减去现金、银行存款、国债后的剩余资产总额确定。除了一般企业的流动性管理要求外，风险资产限制的规定要求保理公司必须能够保持足够的流动性来满足保理业务发展所需资金，这样当风险资产超过监管要求时，需要保理公司保持资产的足够流动性以消除资产规模，满足监管要求。

在实践中，商业保理公司进行流动性管理的方法主要有以下几点。

一是注册资金充当流动性管理的缓冲垫。通常保理公司的注册资本金最好不用于具体的保理业务的资金出账，而是作为公司流动性管理的缓冲垫。在任何保理业务中买方出现严重的延迟付款恶意拖欠、卖方无法及时归还保理融资等情况出现时，保理公司使用注册资金或自有资金先行将金融机构或其他金融机构融资进行偿付，满足银行等金融机构对于融资还款的要求，之后向买方或卖方进行追偿，起到过桥的作用。

二是保理公司进行融资时要与具体业务对期限的要求一致。保理公司在进行融资时，一定要和具体业务的具体期限要求一致，特别是对于保理公司直接获得银行的综合授信、流动资金贷款时，由于这些都有具体的到期日，保理公司在进行操作具体业务时，特别要注意期限不要错配，不能用短期资金进行长期使用。

三是建立风险备付金制度。在保理业务实践中，要建立风险备付金制度，从每笔业务盈利中提取2%—3%的风险备付金，用于保理公司的流动性管理使用，可以在出现流动性危机时立即使用。

四是对流动性进行量化度量。在保理公司业务达到一定规模之后，要对流动性进行量化分析，使用流动性管理模型对保理公司的流动性进行相对准确的度量，可参考巴塞尔协议对银行的流动性测量。

五是多方准备流动性池。除了自有资金和注册资金外，保理公司要与银行、股东等合作伙伴达成流动性管理的共识，在出现流动性危机时，要多方准备流动性资金池，以备不时之需。从近几年商业保理实践来看，保理公司主要资金来源包括：自有资金，包括注册资本金和自身盈利；银行融资；股东借款或股东委托贷款；与其他保理公司合作再保理融资；P2P等互联网金融平台（“205号文”已明确禁止此融资渠道）；资产证券化（专项计划模式）；资管计划、私募基金、信托计划等融资。目前除了一些大型国有、上市公司背景的保理公司能够从银行获得授信取得较低资金成本外，其他渠道面临的资金成本并不低，而保理资产证券化的出现可以较好地解决这一问题。

专栏4-2 知识链接

供应链融资最常见的22个风险问题①

一、供应链金融应收账款融资模式存在哪些风险问题？

(1) 信息风险，包括道德风险和逆向选择。其中，道德风险是指，授信企业将所获贷款挪为他用，投资高风险渠道。若授信企业获得贷款后，逃避金融机构监管，将这部分资金转向高风险高收益的投资渠道，那么必然会产生两种结果：一种是投资成功，授信企业获得更大的收益，除抵补生产所需资金外仍有获利；另一种则是投资失败，所贷款项全部亏损，从而影响企业的再生产和经营过程，严重的话，甚至会影响到整个产业供应链的正常运作。

由于应收账款质押模式下，下游核心企业向金融机构承诺付款，当下游企业得知授信企业将贷款所得用于高风险项目后，不管授信企业投资成功与否，这一信息都很有可能激发下游核心企业的违约动机，最终金融机构成为最大受害方。

逆向选择是指，信息不对称所造成的事前行为，当供货方及上游中小企业知道自身产品存在质量问题，很可能因此遭遇到购货方退货而无法收回贷款，这种情况

① 资料来源：微信公众号factoringlaw。

下，供货方便会选择在交易对方发现货物存在问题前申请应收账款质押融资，从而将收款风险转移给金融机构，或是供货方可能计划推出该专业领域，又或者说退出供应链。

（2）信用风险，包括核心企业拖欠款项与授信企业合谋。

（3）市场风险，由于应收账款质押融资模式的还款是以下游企业销售商品为前提的，当出现商品价格波动、汇率变动及替代品出现等市场风险时，下游企业很可能因此而无法取得预期销售收入，情况严重则很有可能影响下游的整个资金运作过程。

二、供应链金融应收账款融资模式风险的应对措施有哪些？

（1）要求核心企业向资金提供方出具应收账款单据证明，同时结合买卖双方的购销合同、增值税发票、货物运输单据、买方收货凭据等资料审查应收账款的真实性。

（2）通过交叉核验的方法复核核心企业的收入真实性，确保其具有稳定的收入来源保证其稳定的支付能力。

（3）要求融资企业出具《应收账款质押账户收款承诺书》。同时应确保核心企业将应付账款金额支付到融资企业在商业银行指定的账号。

三、供应链金融中保兑仓融资模式主要存在哪些风险问题？

（1）核心企业资信风险。

（2）货物信息流通风险。

（3）质押商品价格变动风险。

四、供应链金融中保兑仓融资模式风险问题的应对措施有哪些？

（1）确保核心企业的信用程度。采用线上与线下相结合的模式对核心企业进行深度挖掘，例如以眼见为实的方法现场获取企业内部核心运营数据，以业务、财务、实物的三维交叉核验等方法，并结合外部数据，对企业进行360度的全方位评估，确保对核心企业信用程度值得依赖。

（2）确保货物信息的流通。资金提供方应与第三方物流企业信息共享，确保货物信息的流通。货物是中小企业偿还贷款的条件，货物的质量就是资金提供方规避风险的保证，物流企业一般比资金提供方更了解货物的情况，因此资金提供方应当与物流企业信息共享，才能确保货物的得力监管。

(3) 针对质押商品价格波动的风险，资金提供方可以根据生产阶段变化、授信风险变动调整利率与贷款成数。例如在供应链融资的过程中，在订单阶段，不确定性较高，可以调高利率、降低贷款成数；随着生产流程的进行，风险降低，可以调低利率、提高贷款成数。

五、供应链金融中融通仓融资模式主要存在哪些风险问题？

(1) 仓单风险。

(2) 物流企业的资信风险。

(3) 质押物价值风险。

六、供应链金融中融通仓融资模式风险问题的应对措施有哪些？

(1) 确保仓单的真实性和有效性。

(2) 资金提供方应当慎重选择第三方物流企业，尽量选择资信状况良好的物流企业。

(3) 正确选择质押物并建立商品价格波动预测系统。

七、供应链金融预付账款融资模式主要存在哪些风险问题？

预付账款融资主要针对核心企业下游经销商，其与应收账款融资最大的区别是质押物由应收账款转为实物。除了融资企业的经营状况、核心企业的资信状况、供应链的整体状况外，其特殊的风险控制点主要有以下特征：

质押物的选择。预付账款融资模式下，银行对于融资企业的授信时间较长，需要经历"预定—生产—运输—存储—销售"等环节，对于质押物的特性以及价格稳定性要求较高。

八、供应链金融预付账款融资模式风险问题的应对措施有哪些？

(1) 稳定性。作为抵质押的货物最好具有比较稳定的物理化学特征，不宜接受易碎、易爆、易挥发、易霉变等货物做质押，否则容易造成质押物价值的减损。

(2) 流动性。一旦融资企业违约，银行需要把质押物进行变卖或拍卖，因此，质押物应当易于转让和出售。

(3) 保值性。质押物应当价值和价格稳定，受市场波动的影响较小，货物价值要始终高于贷款的额度。

(4) 产权明晰。融资企业提供的抵质押物应当符合法律规定，允许抵质押，而且权属清晰，不存在任何争议。

质押权的实现。预付账款融资模式下，参与主体较多，各主体之间物流、资金流以及信息流纵横交错，操作风险加大，一旦发生将导致银行质押权难以实现。例如，银行在支付了预付款后，如果核心企业无法供货、不及时发货或发货不到以及物流企业监管出现漏洞均会造成银行质押权的延迟或者落空。

九、关于供应链金融中基于融资租赁业务为交易模式，租赁资产应收租金收益权作为支付保障而设计的产品风控标准关键问题？

除了把控承租企业和担保企业外，还需要贷前严格融资租赁公司准入和贷后对融资租赁公司动态监测。供应链金融平台通过自主研发的融资租赁公司准入模型，实行定性指标、定量指标相结合的方式严格融资租赁公司的准入标准，从源头控制风险。贷后，平台自建企业动态跟踪监测系统，通过密切跟踪关注发行租赁公司及基础资产承租人的主要的财务数据、生产运营管理机制、企业征信等情况，进行系统性的定期风险量化分析，提前预判融资租赁企业、承租企业的信用风险。

十、供应链金融中动产质押融资模式存在哪些风险？

中小企业利用手头上的货物抵押申请贷款，货物存放在第三方监管公司，有第三方监管公司负责货物的监管、货架的评估及货物的发放等，金融机构在一定程度上借鉴监管公司给出的评估结果发放贷款，中小企业用运营所得还的贷款。

第三方物流企业的资信状况和监管能力。动产质押融资模式下，第三方物流企业负责对质押物进行监督管理和评估，有时甚至直接参与贷款授信和风险管理，因此，其资信状况和监管能力与该模式下的风险关系巨大。

商业银行在授信审核时重点审核第三方物流企业的管理运营能力（重点审查入库程序、规章制度的完善性和执行情况），规模实力，仓储、运输和监管条件，信用记录，与核心企业以及银行的业务联系和数据信息共享程度。

十一、供应链金融中什么是业务闭合化问题？

业务闭合化指的是供应链运营中价值的设计、价值的实现、价值的传递能形成完整、循环的闭合系统，一旦某一环没有实现有效整合，就有可能产生潜在风险。

影响业务闭合性的另一类因素是行业或区域性系统风险。供应链金融一定是依托于一定的行业供应链而开展的金融创新活动，因此，供应链服务的行业和区域特征必然对供应链能否稳定持续运行产生作用。

供应链金融活动是基于生态网络结构的金融性活动，网络中涉及诸多的参与主体，如供应链上的成员（上下游、合作者、第三方等）、交易平台服务提供者、综合风险管理者以及流动性提供者，如果某一主体缺失，或者没有能够起到预期的作用，业务的闭合性就会产生问题。

十二、供应链金融中什么是交易信息化问题？

交易信息化原本指的是将企业内部跨职能以及企业之间跨组织产生的商流、物流、信息流、人流等各类信息，能及时、有效、完整反映或获取，并且通过一定的技术手段清洗、整合、挖掘数据，以便更好地掌握供应链运营状态，使金融风险得以控制。

十三、供应链金融中交易信息化风险的防控措施有哪些？

(1) 确保供应链业务的真实性。即所有在供应链中发生的业务是真实、可靠的，并且产生的价值是持续、稳定的。要做到前一点，就需要通过对交易凭证、单据和供应链运营状态的查验，来确保交易的真实。

还可以运用大数据辅助判断供应链业务真实可靠，即关、检、汇、税、水、电等间接性数据挖掘分析。例如，供应链参与企业一般纳税人取得资格的时间、纳税等级与缴税情况、结汇状态、常年用电用水的程度等，通过对这些数据进行分析，能够间接地了解生产经营的真实程度。

(2) 确保供应链物流能力和质量。即在从事供应链物流服务过程中，物流作业的质量、数量、时间、地点、价格、方向等明确、清晰。例如，物流运营的能力、库存周转率、物流网络等能否完全符合供应链交易或者相应主体的要求，此外单货相符也是需要关注的重要信息。

(3) 确保供应链中资金财务风险清晰可控。交易信息化管理一个很重要的方面是能清晰地了解供应链中资金流和财务的状态，否则该信息的缺失就会直接导致供应链金融风险。

十四、供应链金融中什么是风险结构化问题？

风险结构化指的是在开展供应链金融业务的过程中，能合理地设计业务结构，并且采用各种有效手段或组合化解可能存在的风险和不确定性。

(1) 针对于不同的风险来源，降低风险的手段和途径是具有差异性的。供应链金融是供应链风险和金融风险的双重叠加，具有高度的复杂性，因此，在结构化分散风险的过程中，必然需要多种不同形态的手段和要素。显然，针对于不同状态的风险类型，就需要采用多种手段加以弥补，并且还需要考虑这些手段的组合效应。

（2）尽管存在着各种化解、分散风险的手段，但是应当看到不同手段和要素的重要程度和风险分散能力是不尽一致的，也就是说风险手段存在着优先级。例如，在特定的供应链金融业务中，保险可以作为分散风险的手段之一，但是往往不能成为化解风险的最后或唯一方式。甚至作为担保方的主体也存在着优先顺序，这是因为不同主体的信用状况具有较大的差异性，自身的经营历史、文化、对法规和契约精神的理解都会影响到对风险出现之后的应对方式。

十五、供应链金融中什么是收入自偿化问题？

收入自偿化是指供应链金融活动中所有可能的费用、风险等能够以确定的供应链收益或者未来收益能覆盖，否则一旦丧失了自偿原则，就很容易出现较大的金融风险。而决定自偿原则的因素就包括了供应链运营中相应的货物、要素的变现能力。

在供应链金融运营互联网化、网络化的条件下，可能对收入自偿产生影响的因素，不仅仅是静态地考察货物、要素的变现，还要动态地分析影响变现和收益的时空要素。

（1）时间要素指的是供应链金融活动中，融资借贷的长短时间匹配问题。融资周期也是产生风险的因素，周期时间越长，可能的风险就会越大。具体而言，在供应链融资过程中，长借长还（即借贷时间长，还款时间长），甚至长借短还（即借贷时间长，分阶段偿还）都有可能对收入自偿产生挑战。

如果借贷时间较长，就有可能因为外部环境或者其他各种因素，产生行业或业务的波动，对产品或业务的变现能力和程度产生消极影响。尤其是在中国信用体系尚不完善、中小企业不稳定、不规范的环境下，短借短还应当是收入自偿化遵循的准则。

（2）空间因素指的是产生供应链收益的来源地。由于不同的国家、地域，因为政治、经济等因素的作用，会有不同程度的风险，这种风险必然影响到了交易主体的信用和行为，以及交易产品价值的变动和交易的安全，这些都是收入自偿化原则需要关注的要素。

十六、供应链金融中什么是声誉资产化问题？

在供应链金融创新中，声誉代表了企业在从事或参与供应链及其金融活动中的能力、正直或责任。这一状态是促进金融活动稳定、持续发展，防范风险的重要保障。在声誉资产化评估中需要对借款企业更加全面、系统、客观地反映其综合声誉和信用，这包括对借款企业基本素质、偿债能力、营运能力、盈利能力、创新能力、成长能力、信用记录以及行业状况等影响因素的综合考察评价。

十七、供应链金融中核心企业存在哪些风险问题？

(1) 信用风险。一旦核心企业信用出现问题，必然会随着供应链条扩散到上下游企业，影响到供应链金融的整体安全。

(2) 担保作用风险。核心企业能否承担起对整个供应链金融的担保作用是一个问题，核心企业可能因信用捆绑累积的或有负债超过其承受极限使供应链合作伙伴之间出现整体兑付危机。

当核心企业在行业中的地位发生重大不利变化时，核心企业可能变相隐瞒交易各方的经营信息，甚至出现有计划的串谋融资，利用其强势地位要求并组织上下游合作方向商业银行取得融资授信，再用于体外循环，致使银行面临巨大的恶意信贷风险。

十八、供应链金融上、下游企业存在哪些信用风险问题？

虽然供应链金融通过引用多重信用支持技术降低了银企之间的信息不对称和信贷风险，通过设计机理弱化了上下游中小企业自身的信用风险，但作为直接承贷主体的中小企业，其公司治理结构不健全、制度不完善、技术力量薄弱、资产规模小、人员更替频繁、生产经营不稳定、抗风险能力弱等问题仍然存在，特别是中小企业经营行为不规范、经营透明度差、财务报表缺乏可信度、守信约束力不强等现实问题仍然难以解决。与此同时，在供应链背景下，中小企业的信用风险已发生根本改变，其不仅受自身风险因素的影响，而且还受供应链整体运营绩效、上下游企业合作状况、业务交易情况等各种因素的综合影响，任何一种因素都有可能导致企业出现信用风险。

十九、供应链金融贸易背景真实性存在哪些风险问题？

自偿性是供应链金融最显著的特点，而自偿的根本依据就是贸易背后真实的交易。在供应链融资中，商业银行是以实体经济中供应链上交易方的真实交易关系为基础，利用交易过程中产生的应收账款、预付账款、存货为质押/抵押，为供应链上下游企业提供融资服务。

在融资过程中，真实交易背后的存货、应收账款、核心企业补足担保等是授信融资实现自偿的根本保证，一旦交易背景的真实性不存在，出现伪造贸易合同，或融资对应的应收账款的存在性/合法性出现问题，或质押物权属/质量有瑕疵，或买卖双方虚构交易恶意套取银行资金等情况出现，银行在没有真实贸易背景的情况下盲目给予借款人授信，就将面临巨大的风险。

二十、供应链金融业务操作存在哪些风险问题？

操作风险是当前业界普遍认同的供应链金融业务中最需要防范的风险之一。供应链金融通过自偿性的交易结构设计以及对物流、信息流和资金流的有效控制，通过专业化的操作环节流程安排以及独立的第三方监管引入等方式，构筑了独立于企业信用风险的第一还款来源。但这无疑对操作环节的严密性和规范性提出了很高的要求，并造成了信用风险向操作风险的位移，因为操作制度的完善性、操作环节的严密性和操作要求的执行力度将直接关系到第一还款来源的效力，进而决定信用风险能否被有效屏蔽。

二十一、供应链金融物流监管方存在哪些风险问题？

在供应链金融模式下，为发挥监管方在物流方面的规模优势和专业优势，降低质押贷款成本，银行将质物监管外包给物流企业，由其代为实施对货权的监督。但此项业务外包后，银行可能会减少对质押物所有权信息、质量信息、交易信息动态了解的激励，并由此引入了物流监管方的风险。

由于信息不对称，物流监管方会出于自身利益追逐而作出损害银行利益的行为，或者由于自身经营不当、不尽责等致使银行质物损失。如个别企业串通物流仓储公司有关人员出具无实物的仓单或入库凭证向银行骗贷，或者伪造出入库登记单，在未经银行同意情况下，擅自提取处置质物，或者无法严格按照操作规则要求尽职履行监管职责导致货物质量不符或货值缺失。

二十二、供应链金融抵质押资产存在哪些风险问题？

抵质押资产作为供应链金融业务中对应贷款的第一还款源，其资产状况直接影响到银行信贷回收的成本和企业的偿还意愿。一方面，抵质押资产是受信人如出现违约时银行弥补损失的重要保证；另一方面，抵质押资产的价值也影响着受信人的还款意愿，当抵质押资产的价值低于其信贷敞口时，受信人的违约动机将增大。

供应链金融模式下的抵质押资产主要分为两类：应收账款类和存货融资类。应收账款类的风险主要在于应收账款交易对手信用状况、应收账款的账龄、应收账款退款的可能性等。

存货类融资的主要风险在于质物是否缺失、质物价格是否波动较大、质物质量是否容易变异以及质物是否易于变现等。

第三节 商业保理公司与金融科技

一、金融科技在商业保理公司的应用

（一）供应链金融为商业保理带来新方向

大数据和互联网数据传输的时效性是供应链金融服务的前提。数据之间的逻辑性关系和计算机系统中数据传输过程中保证的不可篡改性帮助判断客户业务的合理性和真实性。对资金的可控性是供应链金融的保证。供应链金融对商流、物流、信息流和资金流进行有效控制，按照具体业务条款逐笔审核放贷，通过对资产未来形成的资金流进行严格把控，达到最终资金安全的目标。

供应链融资提供商确保相关交易的真实性和有效性更为重要，从而令中小企业更易获取价格合理的融资。在拓展融资渠道上，核心企业和供应商入驻供应链金融平台后，可自动完成贸易合同、出货单、发票等信息的录入，形成一个完整的底层资产包，便于资金方清晰了解底层资产信息。

商业保理业务借助供应链金融在线平台，满足特别是小额、碎片化中小企业的融资服务需求，在线商业保理具有以下优势。

（1）打破信息不对称：在线保理平台可供大量潜在借款人使用，满足其资金需要。商业保理商利用科技手段容易获得这些资料以优化其资产来源及扩大资产池。

（2）线上电子化过程：在线保理平台收集的事务数据可集中及自动化处理，以降低人工成本及提高新造贷款效率。

（3）市场效率：在线保理平台可打破资金供求之间的信息不对称，并将资金与资产方连接起来，因此为双方创造有效率的市场，以识别符合资产质素的最佳定价要约。

（4）保理融资来源的成本更低：在线保理平台带来完全竞争及市场效率，使中小企资产供货商能维持议价能力，于保理续约时要求公平价格。同时，数码化平台能储存中小企资产供货商的公司数据，免除重新进行文件提交及风险评估过程的必要。

（二）商业保理与金融科技的结合

大部分保理业务在实践过程中过多依赖线下流程，如现场尽调，线下进件乃至内部人工多环节决策等，过多的线下环节以及繁杂的人工参与不仅无法保证业务的时效性，在运营成本上也形成了对业务发展的一大掣肘。因此，应充分发挥互联网等新兴金融科技技术，从而抢占更多的长尾高频小额客户，解决获客低效的问题，提升系统运营能力，完善风险管理体系，改观传统业务发展局面。

1. 表单电子化

线下流程线上化的重要一环即协议表单电子化，如线上合同签署，PC（个人电脑）端或者移动设备端点击业务申请等，在技术实现上，越来越多的电子证据提供商参与到合同电子化这一领域。在法律层面，我国《电子签名法》第三条规定："民事活动中的合同或者其他文件、单证等文书，当时可以约定使用或者不适用电子签名、数据电文，当事人约定使用电子签名、数据电文的文书，不得因其采用电子签名、数据电文的形式而否定其法律效力"。随着金融科技技术的发展以及相关法律法规的配套完善，表单电子化将逐渐成为商业保理行业发展的一大趋势。

2. 风控数据化

大数据的科技应用魅力在于更高效的解决信息不对称问题，传统金融业务授信依赖于所谓"三表"核查，而此种方式难以保证对企业经营情况判断的准确性。充分利用大数据手段，将企业经营背后的相关指标模型化，根据多维度的数据获取、加工、管理，在不增加金融机构人工成本和客户负担的情况下，更灵敏快捷地针对不同客户画像进行方案策略匹配。当然，这也对保理公司的数据处理能力提出了挑战，同时催生了更多专注数据分析的科技公司诞生。可以预见，未来供应链金融领域的细分行业将会产生专业大数据细服务提供商，以支撑保理公司高效控制风险、快速拓展业务。

3. 核验智能化

如上文所述，金融科技的优点之一是快速、高效地直接面对客户，一定程度上是效率与成本之间的博弈，如何保证相隔千里之外的电脑或手机前面的"客户"是真实的客户，金融媒介科技发挥了重要作用，如活体检测、人脸识别甚至指纹识别等技术的运用，在客户准入及申请阶段，即使无法面对面，也能充分核验"你是你"。

当然，保理行业的发展离不开商业信用环境的建设、政策法规的配套支持、行业成员对整体发展的良性促进等，而金融科技的发展，将会在更深层次影响相关方面的变化，如何接受并拥抱金融科技的发展，秉持开放进取的态度去适应行业发展规律，是保理行业参与者的一大思考。

二、商业保理发展趋势展望：金融科技的视角

传统保理的业务模型是“M+1+N”。“1”指供应链中的核心企业，“M是其上游供应商，“N”是其下游经销商。保理商立足于核心企业“1”的信用。通过对供应链信息流的主动管理，为其产业链上下游提供增信和融资服务。但这种业务模式有两大天然缺陷。

首先，无论是“M+1”业务还是“1+N”业务，保理商都存在对核心企业的依赖度过高的问题。作为供应链的核心企业，在交易中往往处于强势地位。当“1+N”保理业务出现商业纠纷需要反转让应收账款时，核心企业大多不愿承担该种责任。而在“M+1”反向保理业务中，强势买方对保理商的配合度低，往往不愿意配合确认债权转让、对账或更改付款账号。与此同时，上市公司、央企、大型国企等核心企业往往也是银行的重点客户，保理商承做这类业务容易和银行形成竞争，但保理商提供的资金成本没有银行有优势。因此，传统保理模式下，保理商的营销对象往往是资信状况较差的中小企业。这样一来，对其供应链和贸易融资的风险管理的能力就提出了更高的要求。

其次，商业保理公司的资金来源主要是银行，因此其项目取得授信必须符合银行的风险偏好。目前国内银行大多不擅长供应链融资的贷前、贷后管理，风险管控主要还是依赖担保品。对于商业保理这种纯粹凭借企业债权信用融资的业务，银行的授信审核往往十分审慎，甚至常常提出由保理商代融资业提供担保的要求。而且银行习惯了做大额信贷，对于单笔金额几十万、几百万且需要频繁操作的中小企业信贷业务往往不感兴趣。

此外，商业保理在国内的发展时日尚浅，保理商自身的专业能力还没有得到证明，也是银行同商业保理公司难以合作的原因之一。

（一）金融科技对商业保理业务模式的改变

2013年，互联网与金融业的融合引爆了无数产业亮点，互联网金融这一新型金融

模式吸引了无数的创业者、淘金者。互联网金融与过去的金融互联网化的区别在于，它不仅是传统金融的一次技术升级，而且是一次金融模式、金融产品的完全创新。在互联网生态环境下，商业保理的业务模式发生了重大的改变。传统保理业务对核心企业、大金主（主要是银行）的依赖性强，基于中小微企业信用的直接授信较为困难。这种困难主要体现在几个方面：在业务拓展上，难以快速实现海量中小微客户群的营销；在融资渠道上，由于中小微企业的保理业务缺乏担保品和良好的资信，银行难以满足保理公司的资金需求；在财务管理上，小微企业业务将产生高频次、小金额的资金进出，对保理公司的财务管理能力、管理成本提出了很高的要求；在运营成本上，中小企业的单笔业务收入低，用传统的现场尽职调查等传统手段进行风险管理的成本过高，而通过互联网资源的整合，这一局面可以得到根本性的改观，真正基于中小微企业债权信用的融资服务具备了可操作性。

就业务层面而言，互联网金融大大弱化了传统供应链中核心企业的作用。起关键作用的是汇集了大量商家和交易的网络信息中介。通过互联网信息平台所掌握的交易、物流、资金流数据，保理商可以对特定行业的中小微企业集群进行评估、筛选和营销，形成针对性的细分市场的业务。这时，过去所依赖的核心企业信用，被基于大数据分析得到的特定行业中小企业群的整体信用以及各个企业的网上交易信息记录取代。就资金来源而言，互联网金融的发展将大大降低保理商对银行的路径依赖，产生所谓的金融脱媒效应。互联网所引发的金融脱媒并非媒介的消灭，而是新型金融媒介对旧有媒介的取代，是将过去只能通过传统金融机构才能实现的功能转移到网络媒介平台，其本质是金融交易渠道的网络创新。对于金融提供商和金融消费者而言，当新的互联网金融媒介在交易成本、收益率、便捷性等方面对传统金融机构展现出明显的超越时，自然会转投向互联网金融的怀抱。目前高收益的互联网理财产品分流了大量银行活期存款，这部分汇集起来的民间资金需要收益较高、风险较低的投向。这为保理商通过网络进行融资提供了机会，为不符合银行风险偏好的保理业务提供了广阔的融资渠道。

（二）人工智能与商业保理

在开展保理业务和供应链金融业务中运用计算机算法和预测模型，在三个关键领域发挥价值，具有巨大潜力。

首先，准确、快速的风险评估将大大降低风险成本，特别是在因无法准确利用所有可能的风险因素而导致风险评估过于保守的情况下。

其次，运用自动决策算法将支持及时的、数据驱动的和基于证据的决策，这些决策考虑了各种威胁和机会，并且根据尽可能多的积累值进行优化。

最后，与需要进行大量流程修订的“以解决方案为中心”的现有工具相比，能够引入强大的预测性解决方案而无须大量修订现有流程和供应链要素之间的关系，将最大限度地减少对业务流程的干扰，提高对新方法的接受程度。

对于保理公司而言，人工智能（AI）意味着利用不同系统中产生的结构化（如发票或付款信息）以及非结构化（如电子邮件和其他类型的通信）数据，更好地基于数据分析各种风险。由于数据采集数据质量更高和连续性更强，提高了自动化程度和先进的分析技术，使决策和分析不再靠大规模投入人力，而是依靠更快、更频繁，并且可能更加一致和精确的机器。

人工智能（AI）的发展以及供应链中显著扩张的大数据，为保理公司提供了巨大的机会。从历史上看，金融机构一直无法应对复杂的风险，因此大多数金融产品都是基于简化风险类型——例如信用证，其合同关系被 UCP 标准下的正式审查所取代，“传统”供应链金融通过确权和法律框架等消除履约风险。相比之下，保理行业传统上处理“现实世界”的风险组合。新技术将使该行业能够运用数据和结构化流程来更好地提供资金，防范风险。运用先进的 AI 工具，不仅可以使保理公司更好地分析和定价风险，而且可以成为客户的真正合作伙伴，从而深入了解客户的业务，并在许多情况下成为客户宝贵建议的来源。

（三）商业保理中区块链的应用

基于保理行业发展中呈现的一些现象，从供应链管理、风险管理等角度，引入区块链的管理技术。

区块链对于涉及多个交易主体的供应链金融复杂交易场景的用处比较有意义，供应链金融是将物流、信息流、资金流三流合一，最主要的是信息流和整合。区块链技术的运用使底层的数据是打通的，所以可以解决供应链金融方面的行业痛点。

基于区块链的供应链金融可以实现授信担保中的去中心化，实现支付与结算的自动化、高效化，让物流与资金流统一。同时，区块链对供应链金融的每个参与节点都能获得一份完整的数据记录，对其物流活动也可进行有效记录，能高效及时并准确无误地将物流信息反映出来。

基于保理公司经营管理层面，区块链技术的运用可以从企业的征信调查、尽职调查、实地核查、订单追踪等环节提供新的管理思路。

由于我国的征集系统、法律体系不够完善，对保理业务的征信及风险控制提出了更高的要求。因而，区块链技术运用于征集平台、尽调等环节可以有效控制操作风险的发生。在调查的每一个环节，都产生其对应的数据信息，这些数据信息具有及时性、不可篡改的特点，因而可以运用于保理公司的运营管理。

第四节 商业保理典型案例

一、案例一：碧桂园供应链保理 ABS

（一）案例背景

2018 年 2 月 9 日，深圳市前海一方恒融商业保理有限公司作为原始权益人的“融元—方正证券——一方恒融碧桂园 11－34 期保理资产支持专项计划”成功发行。项目金额 9.31 亿元，AAA 评级，1 年期，收益率 6.2%，无次级档。直接债务人为碧桂园控股有限公司的下属公司，共同债务人为碧桂园控股有限公司、碧桂园地产集团有限公司、深圳碧桂园供应链管理有限公司。旨在为碧桂园上游供应商对碧桂园及其下属公司的应收账款提供融资服务。

具体如表 4－2 所示。

表 4－2 碧桂园 11－34 期保理资产支持专项计划具体内容

项 目	内 容
项目名称	融元—方正证券——一方恒融碧桂园 11－34 期保理资产支持专项计划
证券要素	规模 9.31 亿元 优先档，9.31 亿元，占比 100%，AAA 评级 1 年期，6.2%
基础资产	按《基础资产买卖协议》的约定，原始权益人出售予专项计划并交割完成的应收账款债权，该等基础资产系债权人因申请保理服务而转让予原始权益人并同意原始权益人出售予专项计划的应收账款债权及其附属担保权益
原始权益人	深圳市前海一方恒融商业保理有限公司
直接债务人	碧桂园控股有限公司下属公司
共同债务人	碧桂园控股有限公司、碧桂园地产集团有限公司、深圳碧桂园供应链管理有限公司
监管银行	江苏银行股份有限公司深圳分行
交易场所	深圳证券交易所

（二）业务操作过程

第一，供应商/债权人因向碧桂园下属公司提供境内货物买卖/服务贸易或境内工程承包/分包服务等而对碧桂园下属公司享有应收账款债权。对于每一笔应收账款债权，在碧桂园下属公司向供应商/债权人出具《付款确认书》进行确认的前提下，由碧桂园控股、碧桂园地产及碧桂园供应链公司三家主体向供应商/债权人出具《付款确认书》，对碧桂园下属公司未在相应的应收款到期日前一个工作日清偿的应付账款差额部分承担共同付款义务。

第二，一方恒融根据债权人的委托，就债权人对碧桂园下属公司享有的应收账款债权提供保理服务，并受让该等未到期的应收账款债权。债权人同意一方恒融将该等债权转让予专项计划。

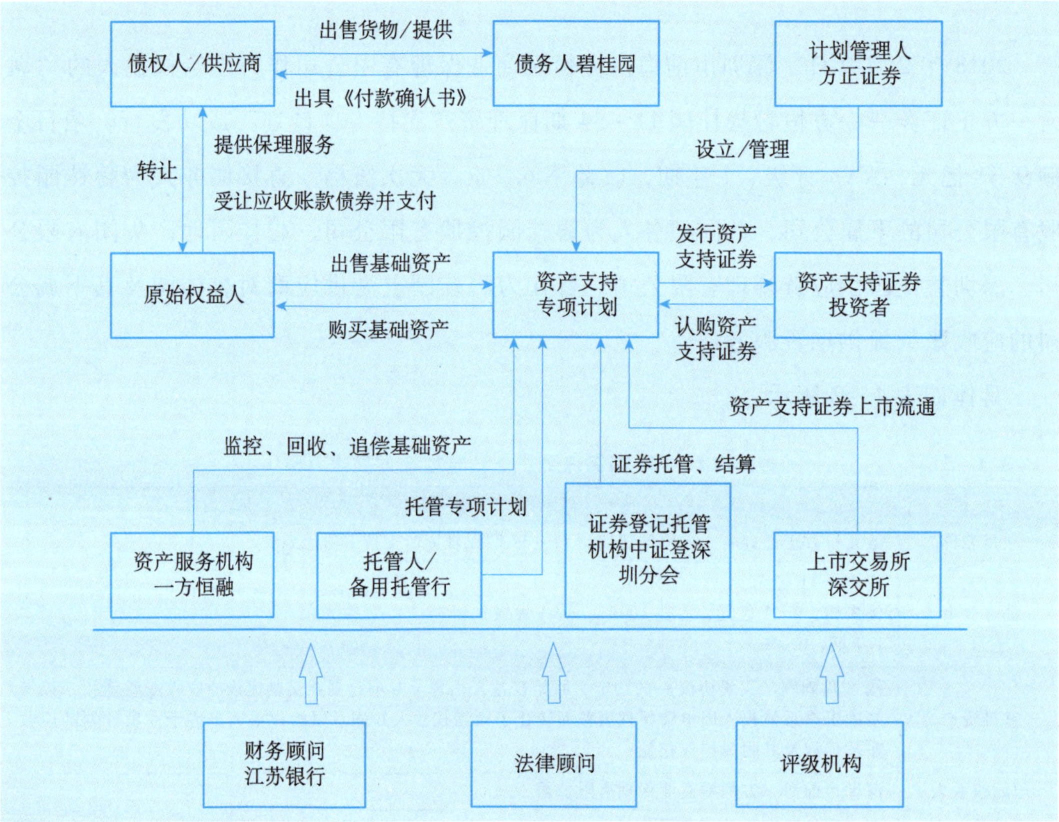

图 4-5 项目交易结构图

第三，计划管理人通过设立专项计划向资产支持证券投资者募集资金，并运用专项计划募集资金购买原始权益人从债权人受让的前述未到期应收账款债权，同时代表专项计划按照专项计划文件的约定对专项计划资产进行管理、运用和处分。

第四，计划管理人委托一方恒融作为资产服务机构，为专项计划提供基础资产服务，包括但不限于基础资产筛选、基础资产文件保管、基础资产池监控、基础资产债权清收、基础资产回收资金归集等。该项目基础资产涉及251家碧桂园旗下的项目公司作为直接债务人，单户债务人涉及的最大应收账款余额最大为4 639.69万元，占比4.68%。

表4－3　基础资产池前五大债务人

直接债务人	笔数	应收账款余额（万元）	占比（%）
郑州高新碧桂园房地产开发有限公司	2	4 639.69	4.68
郑州思念果岭置业有限公司	4	3 549.88	3.58
邵武市碧桂园房地产开发有限公司	3	1975.39	1.99
广德碧桂园房地产开发有限公司	1	1 857.26	1.87
涡阳县碧桂园房地产开发有限公司	1	1 819.77	1.84
合计	11	13 841.98	13.96

第五，计划管理人与托管银行签订《托管协议》，聘请建设银行深圳分行作为本期专项计划的托管人，在托管银行开立专项计划账户，对专项计划资金进行保管。专项计划设立后，资产支持证券将在中证登深圳分公司登记和托管。专项计划存续期内，资产支持证券将在深交所进行转让和交易。

第六，计划管理人按照专项计划文件的约定将专项计划利益分配给专项计划资产支持证券持有人。

（三）案例分析

作为供应链上的核心企业，碧桂园通过延长应付账款结算实现账期管理，以其强势的交易地位，通常存在30—90天的应付期，又在应付款结算时多借助信用证、承兑汇票延长现金支付周期。但这种传统做法存在以下缺点：占用企业授信或增加有息负债；信用证和承兑汇票或存在保证金的要求占用资金；半年期工具居多，账期管理有限。

在这种背景下，围绕核心企业信用反向延伸段供应链金融资产证券化，在上游供应商回笼应收账款的前提下，在核心企业不使用贸易结算工具且不影响自身财物报表的情况下，实现核心企业在应付账期和现金流上的有效管理，通过资产证券化这一金融工具，降低供应链两端的综合融资成本，优化企业报表，平衡供应链上下游企业之间的利益，促进闭环产业链的良性发展。

一方面，依托自身强大信用为上游供应商提供通畅便捷的融资通道，可以进一步提升碧桂园与上游供应商之间的谈判实力，更好地进行上游成本管控；另一方面，透过更长周期更加统一的应付账款管理，可以更好地进行账期管理控制财务成本。在追逐更大规模的同时，碧桂园正在不断强化自我管控，依托规模效益将强大的成本管控能力发挥到极致。

“一方恒融商业保理”与万科、碧桂园两家核心企业合作，成功发行三单各100亿元的储架式ABS，其中以“招商资管—前海一方恒融第一期资产支持专项计划”为例，该项目以万科供应链上的应收/付账款为基础，由保理公司转化。保理商为债权人提供的保理服务真实、合法、有效，保理商与债权人双方签署的保理合同及其他相关法律文件在适用法律下均合法及有效；并且，保理商向债权人受让其享有的该笔应收账款债权后，真实、合法、有效并完整地拥有该笔应收账款债权。

二、案例二：中铁建商业保理供应链资产支持票据

（一）案例背景

中铁建商业保理有限公司于2017年6月成立，注册资本150 000万元人民币，其经营范围为：商业保理业务；受金融机构委托从事金融业务流程外包服务；受金融机构委托从事金融知识流程外包服务；互联网金融信息服务（根据国家规定需要审批的，获得审批后方可经营）；受金融机构委托从事金融信息技术外包服务。

委托人中铁建商业保理有限公司（以下简称“中铁建保理”）以其依据《银信商业保理融资协议》或《银信应收账款转让协议》而享有的应收账款债权作为信托财产，信托予受托人上海国际信托有限公司（以下简称“上海国际信托”）设立“中铁建商业保理2018年度第一期银信供应链资产支持票据信托”（以下简称“本期信托”）。上海国际信托作为发行载体管理机构向投资人发行以信托财产支持的资产支持票据。投资者通过购买并持有该资产支持票据取得本期信托项下相应的信托受益权。

根据《服务合同》，中铁建保理作为资产服务机构提供与基础资产及其回收有关的管理服务及其他服务；根据《共同债务人确认书》，中国铁建股份有限公司（以下简称“中铁建股份”）对信托账户内可供分配资金不足以支付资产支持票据本息、费用的差额部分承担补足义务；根据《资金保管合同》，中国银行股份有限公司广东省分行（以下简称“中国银行广东分行”）为本期资产支持票据提供资金保管服务。

表 4-4　资产支持票据基本要素

基础资产	委托人依据《银信商业保理融资协议》或《银信应收账款转让协议》享有的应收账款债权
初始基础资产规模	153 565.30 万元
债务人	中国铁建股份有限公司的下属成员单位
共同债务人	中国铁建股份有限公司
委托人/发起机构/资产服务机构	中铁建商业保理有限公司
受托人	上海国际信托有限公司
资金保管机构	中国银行股份有限公司广东省分行
主承销商	中国银行股份有限公司
登记托管机构	银行间市场清算所股份有限公司

表 4-5　中铁建商业保理 2018 年度第一期银信供应链资产支持票据

基础资产类型	产品分层	发行规模（亿元）	发行期限（年）	债项评级	本金偿还方式	利率类型
应收账款债权	优先 AAA 级	15	2	AAAsf	到期一次还本	固定利率

（二）业务操作过程

费用的差额部分承担补足义务；根据《资金保管合同》，中国银行股份有限公司广东省分行为本期资产支持票据提供资金保管服务。

1. 超额覆盖和动态折价率调整

本期资产支持票据的基础资产规模对资产支持票据本息存在一定的超额覆盖。本期资产支持票据初始基础资产规模 153 565.30 万元，对资产支持票据本金的覆盖倍数为 1.023 8 倍；且循环期设置了动态折价率调整机制，第 1～5 期折价率为实际用于循环购买的资金/（实际用于循环购买的资金 + 下一兑付日预计应付资产支持票据预期收益 + 下一个支付日预计应付信托报酬 + 下一个支付日预计应付资金保管机构报酬 + 下一个支付日预计应提取的增值税额 + 其他费用）。第 6 期循环购买的基础资产总额 = 本资产支持票据预期到期日应付的本金 + 下一个支付日预计应付信托报酬 + 下一个支付日预计应付资金保管机构报酬 + 下一个支付日应付资产支持票据预期收益 + 下一个支付日预计应提取的增值税额 - 剩余资产池总额（以当期资产服务报告为准）。在获得足额符合合格标准的循环购买基础资产情况下，动态折价率可保证循环购买资产回款覆盖下期税费、利息、本金等现金流出。

2. 不合格资产赎回机制

在信托期限内，如委托人、受托人或者资产服务机构发现不合格基础资产，则发现不合格基础资产的一方应当在发现不合格基础资产后 3 个工作日内通知前述其他方，如果委托人未能及时纠正，受托人有权要求委托人对不合格基础资产予以赎回，委托人应于赎回付款日将待赎回不合格基础资产的相当于赎回价格总和的资金支付至信托账户。

3. 共同债务人付款确认

根据《共同债务人确认书》，如信托存续期间，基础资产的回收款在每个支付日的前一个信托利益核算日，信托账户内可供分配资金不足以按时、足额支付该支付日应付资产支持票据预期收益、本金、各类税费、信托费用，则触发共同债务人债务清偿启动事件。中铁建股份在上述事件发生后次1个工作日，应按时、足额将上述差额部分款项划付进信托账户。

（三）案例分析

中铁建保理作为原始权益人将在循环期内持续为本期资产支持票据提供合格基础资产，同时作为资产服务机构履行对基础资产的回收、归集、转付以及资产池监控、不合格资产赎回等相关义务，其持续经营是基础资产回收款实现和资产支持票据本息按时足额兑付的基础。

根据《资产服务协议》，若中铁建保理未能履行上述义务或发生丧失业务资格等情况都将触发资产服务机构解任事件，资产支持票据持有人会议将选任后备资产服务机构或替代资产服务机构。上述安排有助于缓解由于资产服务机构履约风险对本期资产支持票据造成的不利影响。

在循环购买资产充足性方面，2018年1—3月，中铁建保理月度发放融资额平均值约为12亿元；2015—2017年，中铁建股份合并口径应付账款和长期应付款分别为2 294.21亿元、2 649.60亿元和2 855.32亿元，应付账款规模较大，有利于未来中铁建保理业务的持续发展。根据现金流测算，各季度需循环购买资产最高规模约为9.35亿元。本期资产支持票据循环期内中铁建保理可供循环购买资产，不能满足循环购买要求的可能性较低。

三、案例三：保理商行使追索权是否以通知应收账款债务人为前提[①]

（一）基本案情

2014年4月5日，卖方深圳市某印刷有限公司（以下简称“某印刷公司”）与买

① 资料来源：http：//www.360doc.com/content/18/1006/09/943329_ 792362398.shtml。

方深圳某能源有限公司（以下简称“某能源公司”）签订《购销合同》，约定某能源公司向某印刷公司购买“彩盒”298 000 个，购买价款为 149 万元。

2014 年 8 月 7 日，广东某保理商业保理有限公司（以下简称“某保理公司”）与某印刷公司签订《国内保理业务合同》，主要内容为某印刷公司将其对某能源公司享有的上述合同应收账款（149 万元）的所有权益转让给某保理公司，某保理公司受让该应收账款并向某印刷公司提供有追索权的暗保理融资服务，融资额度为 70 万元，每笔融资利息为年利率 25%，某印刷公司每月按等额本息还款，逾期罚息为保理融资利率的 150%。

同日，债权人某保理公司与保证人夏某某签订《保证合同》，约定：夏某某愿为某印刷公司与某保理公司签订的《国内保理业务合同》所形成的全部债务提供连带责任保证担保。同日，某保理公司在中国人民银行征信中心进行了登记，内容为出让人某印刷公司将与某能源公司签订的《购销合同》项下应收账款全部转让给某保理公司。2014 年 9 月 15 日起，某印刷公司每月向某保理公司还款。某保理公司确认，至 2015 年 1 月 20 日，某印刷公司尚欠本金 540 887.90 元、利息 21 385.70 元、罚息4 989.83 元。

（二）法律认定及判决

因保理融资款未能按时收回，某保理公司诉至法院。请求：判令某印刷公司向某保理公司清偿保理融资本金人民币 540 887.90 元；判令某印刷公司向某保理公司支付融资利息及逾期利息［暂计至 2015 年 1 月 20 日，利息为人民币 21 385.70 元，逾期利息为 4 989.83 元，自 2015 年 1 月 21 日起，逾期利息以本金人民币 540 887.90 元及年利率 25% 的 150%（37.5%）计至本息全部清偿之日止］；判令某印刷公司支付某保理公司为实现债权而支出的律师费人民币 20 814.32 元；判令夏某某对前述 3 项诉讼请求承担连带清偿责任；判令由某印刷公司、夏某某承担本案的诉讼费用。某印刷公司、夏某某均未到庭应诉。

一审法院审理认为：本案所涉《国内保理业务合同》《保证合同》均是合同当事人真实意思表示，没有违反法律法规的强制性规定，合法有效。某印刷公司通过同意转让应收货款的形式，向某保理公司融资借款，符合保理法律关系。双方约定的保理类型为有追索权的暗保理融资业务，某保理公司应在某印刷公司出现逾期还款时行使通知权，要求某能源公司履行付款义务。本案中，某保理公司无举证证实其已行使通知权，要求某能源公司付款，故无权向某印刷公司、夏某某主张归还融资。最终判决：驳回某保理公司的诉讼请求。

某保理公司不服，向二审法院提起上诉，要求撤销原判决，支持己方的全部诉讼请求。被上诉人某印刷公司、夏某某经合法传唤未到庭答辩。二审法院审理认为：本案的争议焦点为某保理公司向某印刷公司行使追索权是否以某保理公司向应收账款债务人某能源公司行使通知权为前提条件。

最终，二审法院对某保理公司要求某印刷公司偿还全部剩余融资款本金并支付利息及逾期利息的主张予以支持，但认为合同约定的逾期利息标准过高，依法调整为中国人民银行同期贷款利率的4倍；对某保理公司主张某印刷公司支付律师费的主张予以支持；判令夏某某依据《保证合同》的约定对某印刷公司的债务承担连带清偿责任。

（三）案例分析

本案是一起典型的商业保理合同纠纷，案涉合同明确约定采用“有追索权保理+暗保理”形式，但对案件的核心争议点——保理商行使追索权是否以通知应收账款债务人为前提，一审法院和二审法院却给出了完全不同的观点。二审法院的观点充分尊重当事人的意思自治，抓住了有追索权保理、暗保理的特点，具有更强的说服力。

第一，立足有追索权保理，明确本案追索权的行使条件。参照《商业银行保理业务管理暂行办法》第十条第（二）项的相关规定，有追索权的保理和无追索权的保理的划分依据为：保理商在债务人破产、无理拖欠或无法偿付应收账款时，是否可以向债权人反转让应收账款、要求债权人回购应收账款或归还融资。

具体到本案，《国内保理业务合同》明确约定了“在应收账款债务人未按时支付货款的情况下，某保理公司有权随时宣布融资提前到期，并要求某印刷公司自筹资金归还某保理公司对其发放的保理融资资本金及其未付利息、罚息、和/或其他费用”，基于该等约定，某保理公司向某印刷公司行使追索权并无障碍。

第二，暗保理的特点和操作模式。参照《天津市高级人民法院关于审理保理合同纠纷案件若干问题的审判委员会纪要（一）》（津高法〔2014〕251号）第十一条相关规定，暗保理是指保理合同签订后的一定时期内，保理商或债权人都未将应收账款转让事实通知债务人，仅在约定期限届满或约定事由出现后，保理商可将应收账款转让事实通知债务人。暗保理中，即使保理商已预付融资款，正常情况下债务人仍直接向债权人付款，再由债权人将相关付款转付保理商，融资款项仅在债权人与保理商之间清算。

本案《国内保理业务合同》中明确阐述了暗保理的含义，可推知某印刷公司和某保理公司对暗保理的含义和特点有充分认识。《国内保理业务合同》还约定在约定期限届满或约定事项出现后，某保理公司实际享有是否通知应收账款债务人某能源公司的选择权。因此，保理商某保理公司未将应收账款转让的事实通知债务人某能源公司并不违反合同约定。

第三，厘清“保理”与“应收账款转让”。一般而言，保理以债权人转让其应收账款为前提，双方当事人之间的权利义务关系亦建立在应收账款转让的基础上，因此，保理合同项下应收账款转让应适用债权转让的相关规定。根据《合同法》第八十条关于“债权人转让权利的，应当通知债务人。未经通知，该转让对债务人不发生效力”的规定，在债权人某印刷公司或保理商某保理公司将保理事项通知债务人某能源公司之前，该应收账款转让对某能源公司不生效，某保理公司无权要求某能源公司向其偿付欠款，某保理公司将应收账款债权转让在中国人民银行征信中心动产融资统一登记平台进行登记不能视为对债务人某能源公司的通知，但并不影响应收账款债权转让在某保理公司与某印刷公司之间的效力，即应收账款转让是否对债务人生效与保理商是否可以向应收账款债权人进行追索并无必然联系。

专栏4－3 知识链接

银保监会204号文对保理资产证券化业务的影响

近年来，保理公司积极参与反向供应链金融资产证券化业务，担任资产证券化项目的原始权益人和资产服务机构，为项目发行提供资产归集、资产尽调、存续期管理、技术及系统支持等服务，在反向供应链金融资产证券化业务中担任重要角色。据统计，目前参与反向供应链金融业务的保理公司大体分为两类：一类为核心企业外部的专业提供资产证券化配套服务的保理公司（以下简称“市场化保理公司”）；另一类为核心企业内部的仅为核心企业发行资产证券化项目提供服务的保理公司（以下简称“关联保理公司”）。

一、对市场化保理公司的影响

因受风险资产不得超过净资产10倍杠杆比例的限制，市场化保理公司开展反向供应链金融资产证券化业务，通常设计为出表的结构，即保理公司短暂归集资产后，在资产证券化发行成功后即将表内资产出表，腾出业务额度以便开展新的资产证券化业务。

《通知》规定“受让同一债务人的应收账款，不得超过风险资产总额的50%”。针对该条规定，笔者认为尚有三个方面有待监管部门进一步明确。

（一）该50%的比例限制是对保理企业任何一个时点的持续性要求，还是对报告期期末资产比例的要求？

市场化保理公司开展出表型资产证券化业务后，其表内的风险资产余额实际上并不多。如果50%是对保理企业任何一个时点的持续性要求，那么市场化保理公司开展单期资产证券化项目的发行规模将受到限制。例如，风险资产余额为2亿元人民币的保理公司，则能够发行的单期资产证券化业务规模将不得超过2亿元人民币。如果50%是对保理企业在报告期期末资产比例的要求，则市场化保理公司在报告期期间，可进行“受让资产－资产出表－受让资产－资产出表”的循环操作，只需确保在报告期期末符合前述比例要求即可。

（二）“同一债务人”应当如何理解？

以房企供应链金融资产证券化项目为例，保理公司所受让应收账款的直接债务人系房地产集团下属的各项目公司，从法律主体看系若干个独立的法人主体，法律形式上不属于“同一债务人”。但该等项目公司均受同一控制人所控制，项目公司与房地产集团紧密相关，风险也相互关联。如果仅从字面理解“同一债务人”可能并不符合监管的本意和监管的目的。

如果将关联的项目公司均视为“同一债务人”，则保理公司在开展反向供应链资产证券化项目时，需特别关注其受让的单个核心企业及其下属项目公司应付账款在保理公司保理资产余额中的占比。对于市场化保理公司而言，由于其为较多的核心企业提供服务，因此相对比较容易符合《通知》对单个债务人集中度的要求。

（三）是否需要区分“主动违规”和“被动违规”？

保理业务中，对于前述50%比例的限制，可能存在“主动违规”和“被动违规”两种不同的情况。“主动违规”即指保理公司在开展某笔业务时，即可预判将会导致超出比例限制，仍然开展该笔业务的情况。“被动违规”是指因资产出表或部分保理业务到期，导致原来符合监管要求的保理公司，出现同一个债务人占比超过50%的情况。

对此，盈科保理律师团队认为应当对这两种情况进行区别对待，对于“被动违规”的情况不宜认定为违反《通知》的规定。

二、对关联保理公司的影响

关联保理公司往往只服务于与其关联的核心企业的资产证券化项目，受让的应收账款大部分均为其关联企业的应付账款。根据“受让以其关联企业为债务人的应收账款，不得超过风险资产总额的40%”的要求，关联保理公司为其关联核心企业开展资产证券化业务将受到很大的影响。该类保理公司只有开展大量的外部业务后，才能释放出开展内部业务的额度空间。《通知》在一定程度上起到了倒逼该类保理公司开展外部市场化保理业务的作用。

三、对正向保理资产证券化业务的影响

保理资产证券化发端于正向保理业务，首单保理资产证券化项目是由摩山保理作为原始权益人于2015年在上交所发行的，底层基础资产均为存量的保理债权。近年来，随着市场环境的变化，反向保理业务增长较快，正向保理业务面临调整和转型，较多保理公司将开展反向保理业务作为其业务调整的方向。目前保理公司开展的保理资产证券化业务，亦以反向供应链金融资产证券化业务为主，正向保理资产证券化业务较少。

正向保理资产证券化和反向保理资产证券化业务相比，开展正向保理业务的保理公司，其所受让应收账款的债务人通常较为分散，一般都能符合《通知》对同一债务人和关联债务人资产占比的要求。

正向保理资产证券化业务中，保理公司将基础资产转让给专项计划或信托计划，但往往还保留基础资产之上的风险，承担不合格资产、违约资产的赎回义务，同时由其股东、实际控制人或外部担保机构提供差额补足、担保等增信，一般不能出表。根据《通知》的规定，保理公司风险资产不得超过净资产的10倍，因此，此类保理公司如果只开展正向保理资产证券化业务，其发行规模就比较容易受到10倍杠杆的限制，不易扩大资产证券化业务规模。

对此，盈科保理律师团队认为保理公司如果同时开展正向保理资产证券化业务和反向保理资产证券化业务，则可以相互促进，更容易满足《通知》对债务人集中度、关联方资产比例，以及10倍杠杆比例的要求。

资料来源：微信公众号factoringlaw。

本章小结

本章详细介绍了商业保理公司的经营实践状况，包括业务架构、组织机构设置、资金管理、产品管理以及市场拓展等方面内容，其中，流动性管理是商业保理公司的管理核心。重点介绍了商业保理的业务开展，对其业务拓展和运营管理进行了全面探讨。此外，本章对金融科技与商业保理公司的融合现状和未来趋势作了简要介绍，从而有助于读者理解在新的形势下商业保理公司的发展未来。

本章重要概念

商业保理 银行保理 应收账款 保理贷款 单保理 双保理 保理预付款 买方额度 卖方额度 保理科技 供应链保理 供应链保理 ABS

本章思考题

1. 请简述当前商业保理公司发展现状。
2. 商业保理与银行保理有何异同？
3. 货币政策是如何影响商业保理公司开展业务的？
4. 商业保理业务流程有哪些？
5. 供应链保理 ABS 的运作流程有哪些？有哪些金融机构参与其中？各自扮演了什么作用？
6. 金融科技对商业保理公司会带来哪些影响？
7. 在金融科技背景下，商业保理公司应如何优化与银行的合作？
8. 金融科技给商业保理公司监管带来了什么影响？监管部分应如何积极应对？
9. 在经济下行压力日益加大的形势下，商业保理公司应如何实现资金有效管理？

本章参考文献

[1] 李书文．商业保理理论与实务［M］．北京：中国民主法制出版社，2014.

[2] 李培，张凯．商业保理应收账款界定及法律风险［J］．中国集体经济，2019(30)：91－92.

[3] 李海洋．金融监管改革背景下的地方金融监管协调机制研究［J］．北方金融，2019（05）：57－63.

[4] 王玮．商业银行保理业务风险类型管理研究［J］．现代商贸工业，2019，40(14)：127－128.

[5] 闵德明．完善地方金融监管协调机制的政策建议——以内蒙古为例［J］．北

方金融，2019（03）：48－50.

［6］陈思远．商业保理业务拓展创新的合规性研究［J］．金融监管研究，2018（07）：93－109.

［7］许荻迪．新常态下我国商业保理行业发展战略研究［J］．西南金融，2017（07）：16－22.

［8］秦云，王祎森，尤建新．我国保理发展现状及模式创新研究［J］．中国市场，2014（37）：58－64.

［9］高尚．商业保理解决小微企业融资难问题的研究［D］．首都经济贸易大学，2014.

［10］尹小贝．商业保理业务发展及监管［J］．中国金融，2013（24）：41－42.

［11］夏芳．应收账款增长下商业保理的发展［J］．商业会计，2013（16）：79－81.

［12］马得璐．我国商业保理发展现状及未来发展趋势［J］．中小企业管理与科技（下旬刊），2019（11）：109－110.

［13］陈美玲．商业保理公司资产证券化融资方式研究［D］．对外经济贸易大学，2015.

［14］金中夏，肖翔．保理业务与小微企业融资［J］．中国金融，2014（21）：73－74.

［15］https：//new. qq. com/omn/20180311/20180311G04HUH. html.

［16］http：//www. shclearing. com/xxpl/fxpl/abn/201806/t20180607_ 389535. html.

［17］http：//www. 360doc. com/content/18/0807/13/38775736_ 776342643. shtml.

第五章　投资公司经营实践

本章导读

投资公司必须拥有大量的资金，才能完成投资行为。同时，由于投资工作本身的难度还需要另外一种类似中介性质的企业为投资公司提供相应服务，因此就出现了众多的投资顾问公司。投资顾问公司并不具备真正的投资能力，只是在投资活动中利用自身优势提供相关服务，并从中收取顾问费用。投资公司经营范围甚广，涵盖贸易、服务、安装、科技、咨询、生产等各方面。

投资公司作为将投资者的资本汇集起来并进行专业性投资管理，以此分散风险、提高收益的法人实体，一方面，有利于提升居民财富管理能力，有利于促进产业转型升级，有利于促进科学技术进步和发展；另一方面，不规范的投资行为往往会放大经济波动幅度或增加相关金融风险。尤其在金融科技迅速发展的背景下，各类投资公司利用科技手段很容易在短期内筹集到大量资金，这无疑对投资公司资金安全管理能力提出了严峻的挑战。

本章学习目标

本章主要从投资公司概述、业务开展、金融科技及典型案例四个方面对投资公司进行了探讨，从而对投资公司经营实践进行深入分析。通过本章的学习，应全面地掌握投资公司的相关概念、业务操作、业务发展趋势、运营管理、资金管理、人才管理、业务架构及组织架构，等等。了解投资公司的生存现状、类别及各类投资公司的特征，投资业务相关重要术语及概念等内容。掌握投资公司业务的具体产品以及分类，了解人才培养对投资业务创新起着至关重要的作用。

本章知识结构图

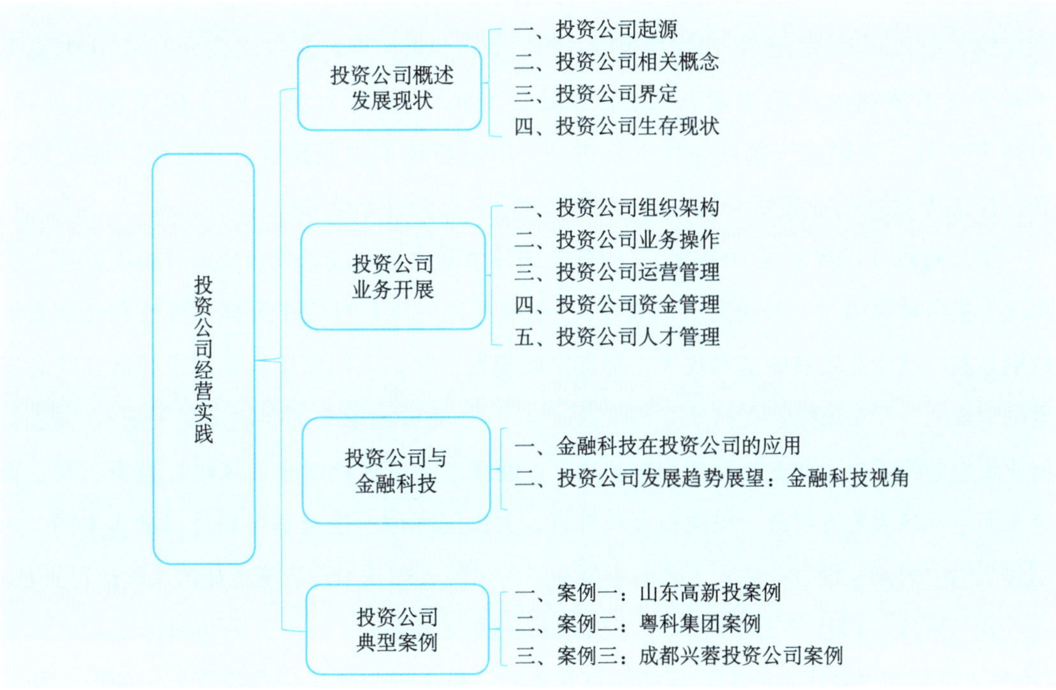

第一节　投资公司概述与发展现状

与其他金融机构相比，投资公司可以说最为广泛，它既不提供服务，也不生产产品，却融合了金融资本和产业资本，并专注于寻找、发现、培育项目，以完善的法人治理结构建立企业，并通过董事会对企业发展战略进行决策。鉴于本书的定位和探讨范围，本章主要介绍受地方金融监督管理局监管的投资公司，即辖区内创业投资公司（也叫风险投资公司）、股权投资公司以及其他类型的投资公司等。

一、投资公司起源

全球第一家风险投资公司是美国研究与发展公司，成立于1946年，该公司也被公认为是全球第一家以公司形式运营的创业投资基金。1947年，美国研究与发展公司投资了现代风险投资历史上第一家公司——高瓦特电子公司。1957年，美国研究与发展公司投下了风险投资史上最著名的项目——数字设备公司，当时投资了7万美元，14年后投资收益达到了3.5亿美元之巨。

在国内，创业投资公司经过了三个阶段的发展，分别为：

第一阶段（20世纪80年代中期至1998年）：1985年，党中央发布《中共中央关于科学技术体制改革的决定》，决定为配合“863”火炬计划，成立相关投资公司。1985年9月，我国第一家创业投资公司——中国新技术创业投资公司经国务院批准成立，标志着我国创业投资行业拉开了序幕，创业投资开始起步。

第二阶段（1998年至2004年）：时任全国政协副主席的成思危在全国政协第九届一次会议上提出被称为“一号提案”的建议，“明确把发展风险投资作为推动科技和经济发展特别是高科技产业发展的基本政策。制定发展规划，并纳入国家中长期国民经济和社会发展的总规划。……鼓励、支持建立风险投资公司。”随后国家七部委制定相关政策，同时，创业板也即将推出，受此推动和利好刺激下，涌现出了数百家创业（风险）投资公司，资金来源包括各级地方财政、民间资金和外资，大批国际创业投资基金和公司进入中国，为刚起步的中国创业投资业注入了新的资金和新的风险管理技术以及规范化的风险运行机制。

第三阶段（2005年至今），《中华人民共和国公司法》《中华人民共和国证券法》和《中华人民共和国合伙企业法》等的修订和颁布，极大地扫除了创业投资公司的设立和运作的法律障碍。2006年3月施行的《创业投资企业管理暂行办法》为创业投资公司的进一步发展提供了比较明确清晰的规范，第五次全国金融工作会议明确了中央和地方政府对创业投资公司的具体监管范围，从而推动我国创业投资业进入了一个规范发展的新阶段。

二、投资公司界定

通常而言，投资公司有广义和狭义之分。

广义的投资公司，包括商业银行、投资银行、信托投资公司、财务公司、基金公司和保险公司的资产管理公司等金融机构，也涵盖产权投资和证券投资的各类企业。

其业务范围是：购买企业的股票和债券，参与企业的创建和经营活动，提供中长期贷款给本国及外国政府债券，基金管理等。资金来源分为发行自己的债券、股票或基金单位，从其他银行取得贷款，接受委托贷款等。

狭义的投资公司，则专指公司型投资基金的主体，这是依法组成的以盈利为目的的股份有限公司。投资者经由购买公司股份成为股东，由股东大会选定某一投资管理公司来管理该公司的资产。同时，由于投资工作本身的难度，还需要另外一种类似中介性质的企业为投资公司提供相应服务，因此就出现了众多的投资顾问公司，投资顾问公司并不具备真正的投资能力，只是在投资活动中利用自身优势提供相关服务，并从中收取顾问费用。

（一）创业投资公司

根据2005年9月发布的《创业投资企业管理暂行办法》的规定，创业投资企业是指在中华人民共和国境内注册设立的主要从事创业投资的企业组织，创业投资是指向创业企业（不含已经在公开市场上市的企业）进行股权投资，以期所投资创业企业发育成熟或相对成熟后主要通过股权转让获得资本增值收益的投资方式。从这个意义上来讲，天使投资公司也属于创业投资公司。

（二）股权投资公司

根据2011年12月发布的《国家发展改革委办公厅关于促进股权投资企业规范发展的通知》的规定，股权投资公司是在中华人民共和国境内设立的从事非公开交易企业股权投资业务的企业，股权投资公司的资本只能以私募方式，向特定的具有风险识别能力和风险承受能力的合格投资者募集，并且不得向投资者承诺确保收回投资本金或获得固定回报，且投资者人数应符合《中华人民共和国公司法》和《中华人民共和国合伙企业法》的规定，投资领域仅限于非公开交易的股权，闲置资金只能存放银行或购买国债等固定收益类投资产品。

三、投资公司发展现状

（一）政策环境

2015年，国务院发布《关于大力推进大众创业万众创新若干政策措施的意见》，提出从以下几方面扩大创业投资，支持创业起步成长。

一是建立和完善创业投资引导机制。不断扩大社会资本参与新兴产业创投计划参股基金规模，做大直接融资平台，引导创业投资更多地向创业企业起步成长的前端延伸。不断完善新兴产业创业投资政策体系、制度体系、融资体系、监管和预警体系，加快建立考核评价体系。加快设立国家新兴产业创业投资引导基金和国家中小企业发展基金，逐步建立支持创业创新和新兴产业发展的市场化长效运行机制。发展联合投资等新模式，探索建立风险补偿机制。鼓励各地方政府建立和完善创业投资引导基金。加强创业投资立法，完善促进天使投资的政策法规。促进国家新兴产业创业投资引导基金、科技型中小企业创业投资引导基金、国家科技成果转化引导基金、国家中小企业发展基金等协同联动。推进创业投资行业协会建设，加强行业自律。

二是拓宽创业投资资金供给渠道。加快实施新兴产业“双创”三年行动计划，建立一批新兴产业“双创”示范基地，引导社会资金支持大众创业。推动商业银行在依法合规、风险隔离的前提下，与创业投资机构建立市场化长期性合作。进一步降低商业保险资金进入创业投资的门槛。推动发展投贷联动、投保联动、投债联动等新模式，不断加大对创业创新企业的融资支持。

三是发展国有资本创业投资。研究制定鼓励国有资本参与创业投资的系统性政策措施，完善国有创业投资机构激励约束机制、监督管理机制。引导和鼓励中央企业和其他国有企业参与新兴产业创业投资基金、设立国有资本创业投资基金等，充分发挥国有资本在创业创新中的作用。研究完善国有创业投资机构国有股转持豁免政策。

四是推动创业投资“引进来”与“走出去”。抓紧修订外商投资创业投资企业相关管理规定，按照内外资一致的管理原则，放宽外商投资准入，完善外资创业投资机构管理制度，简化管理流程，鼓励外资开展创业投资业务。放宽对外资创业投资基金投资限制，鼓励中外合资创业投资机构发展。引导和鼓励创业投资机构加大对境外高端研发项目的投资，积极分享境外高端技术成果。按投资领域、用途、募集资金规模，完善创业投资境外投资管理。

2016 年，国务院发布《关于促进创业投资持续健康发展的若干意见》，一是培育多元创业投资主体。鼓励行业骨干企业、创业孵化器、产业（技术）创新中心、创业服务中心、保险资产管理机构等机构投资者参与创业投资，鼓励包括天使投资人在内的各类个人从事创业投资。二是拓宽创业投资资金来源。大力培育和发展合格投资者，建立股权债权等联动机制，有序发展投贷联动、投保联动、投债联动。三是加大政策扶持力度。完善创业投资税收政策，建立创业投资与政府项目对接机制，研究鼓励长期投资的政策措施。四是完善相关法律法规。构建符合创业投资行业特点的法制环境，落实和完善国有创业投资管理制度，支持有需求、有条件的国有企业依法依规、按照市场化方式设立或参股创业投资企业和创业投资母基金。五是完善退出机制。完善全国中小企业股份转让系统交易机制，规范发展专业化并购基金。六是优化市场环境。实施更多的普惠性支持政策措施，创新监管方式，加强事中事后监管，严格保护知识产权，优化监管、商事、信用等方面市场环境。七是推动创业投资行业双向开放。按照对内外资一视同仁的原则，放宽外商投资准入，简化管理流程，鼓励外资扩大创业投资规模。坚持走开放式发展道路，提升我国创业投资企业的国际竞争力，鼓励境内有实力的创业投资企业积极稳妥“走出去”。八是完善行业自律和服务体系。加快推进依法设立全国性创业投资行业协会，健全创业投资服务体系，加大教育培训力度，吸引更多的优秀人才从事创业投资，提高创业投资的精准度。

2014 年 1 月，中国银监会、科技部以及中国人民银行等六部委发布了《关于大力推进体制机制创新扎实做好科技金融服务的意见》，在该文案中提出了金融支持科技创新的办法，鼓励天使投资进一步发展。在地方上，对于创业投资和天使投资的鼓励办法很多，例如，深圳于 2009 年发布了《深圳市科技和信息局天使投资人备案登记非行政许可审批和登记实施办法》，青岛在 2013 年发布了《青岛市财政局天使投资引导资金管理暂行办法》。

（二）行业环境

伴随电商企业的上市潮和“互联网 +”的兴起，新一波创业投资新锐自立门户。创业资本流通速度的加快、创业投资体制的完善以及创业投资机构的迅速成长，使我国创业投资进入爆发式扩张的 VC（Venture Capital）2.0 时代，创业投资在助推科技创新、实现中高端产业发展、增强经济发展新动能、拓宽创新投资新领域中更显示出其关键作用。

“对于其他类型的投资公司，则有些鱼龙混杂，既有在工商局注册登记的注册资本上亿元的投资公司，也有注册资本在几十万元的投资公司，既有专门向中型企业提供借款服务的投资公司，其借款门槛在 2 000 万元以上，也有专门为小微企业和个人提供借款服务的投资公司，借款金额在几千元到几万元不等。既有专门赚取服务费的投资公司，也有自营放贷业务，用自有资金进行放贷的投资公司。”①

---

① 广州民间金融发展研究院，中央财经大学金融学院：《中国民间金融发展研究报告》，知识产权出版社，2012 年版。

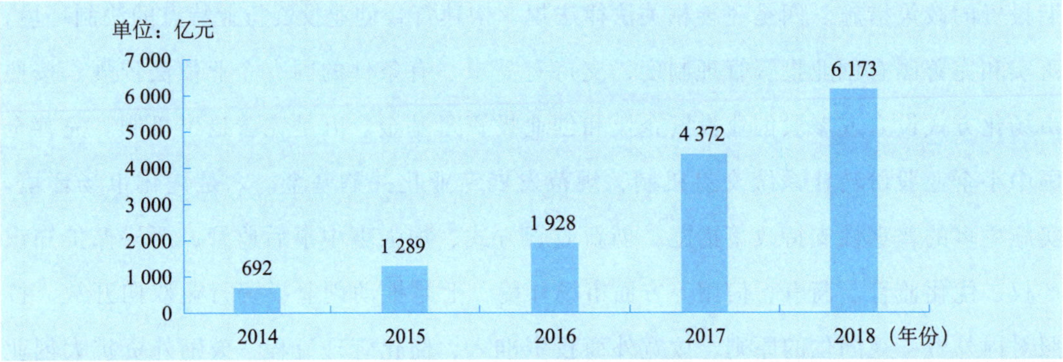

图 5－1 2014—2018 年创投基金募集数量

我国天使投资形态可以分为三种主要的类型：第一，天使投资人，包括了创业成功的企业家以及高净值富人，他们通过个人形式把富余资金投入早期创业企业以及种子期创业企业中；第二，天使投资机构，包含了政府参股/主导的各种基金和完全市场化的机构、基金。例如，上海大学生基金会所运作的天使投资基金以及徐小平真格基金等；第三，天使投资团体。包含了天使投资人所组织的创业沟通以及交流平台，例如，深圳天使投资俱乐部以及中关村天使投资联盟等组织。

我国天使投资发展主要具有以下特征：第一，投资行业高度集中，不管是从案例数量还是从投资金额上看，电信、互联网以及增值业务三大行业中的天使投资金额在总规模中的占比为80%。第二，投资区域高度集中，当前主要集中在广东、上海以及广东等地区。第三，投资主体趋于多元化，不仅有职业天使投资人，同时也有风险投资人，还有部分娱乐明星。除此之外，很多天使投资人组建投资团队。

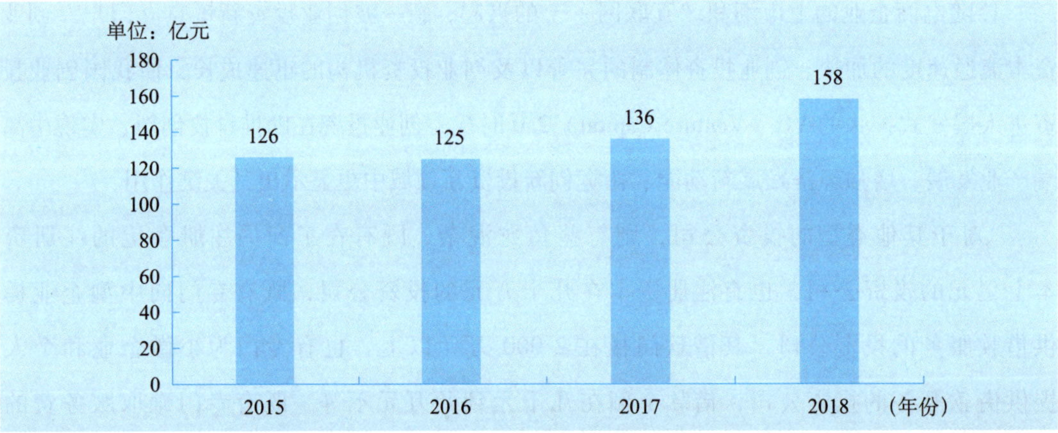

图 5－2 2015—2018 年我国天使投资机构新募集资金[①]

① 数据来源：国泰安数据服务中心。

第二节 投资公司业务开展

一、投资公司组织架构

通常情况下，投资公司的组织架构比较严密，组织体系比较健全。股东大会之下是董事会，董事会一般设主席或董事长一职，董事会全权负责公司运行，董事会只对股东大会负责。为监督董事会依法依规进行投资，股东大会还会设置监事会，监事会一般设监事长或监事会主席一职，监事会成员一般由股东大会聘请，对股东大会负责。董事会之下就是经理层，这一层面的组织一般由总经理和投资决策委员会、风险控制委员会构成，投资决策委员会专职负责项目投资，通过审慎尽职调查，协助总经理完成投资行为。风险控制委员会专职负责项目投资风险的识别和评估，如果认为项目投资风险过大，超出了公司可承受能力，风险控制委员会有权作出项目投资审批不通过的决定。

总经理之下即投资公司负责具体投资事项执行的业务部门，通常由人力资源部、投资管理部、基金管理部、客户服务部、法律事务部、财务部、市场营销部和综合管理部构成。

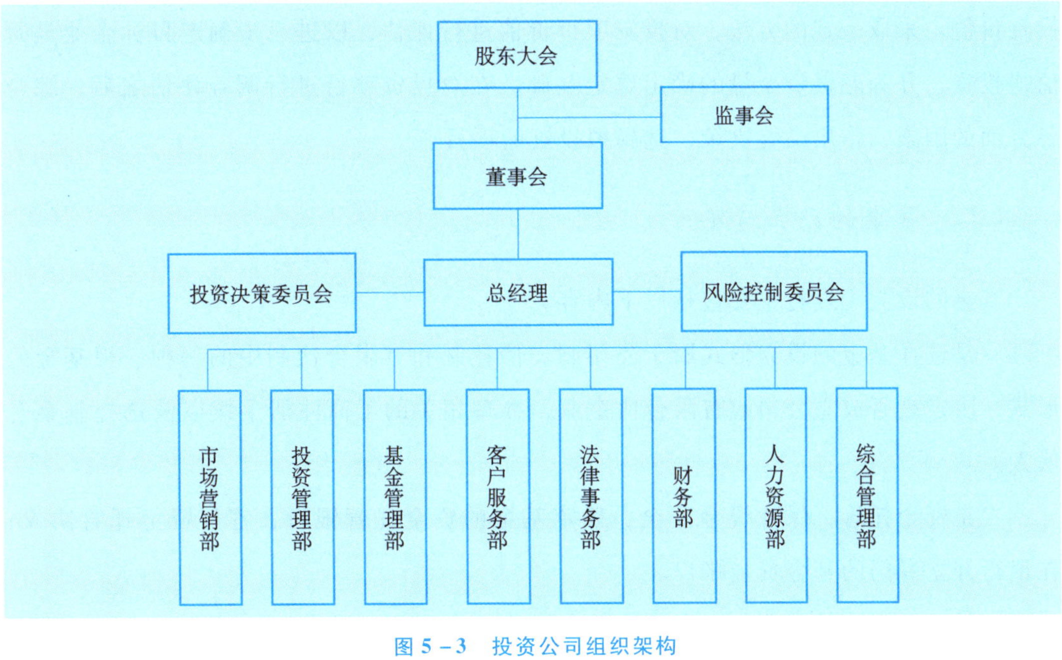

图 5－3 投资公司组织架构

二、投资公司业务操作

（一）投资项目的选择

通过一定渠道，如自有渠道（个人网络、市场分析、战略合作伙伴、股东），中介渠道（银行、券商、律师/会计事务所、其他专业机构），品牌渠道（公司网站、客服中心）等，寻找潜在的投资项目。对潜在的投资项目，进行初步筛选，过滤掉不值得投资的项目，将可能存在投资价值的项目进行立项，以深入调查。调查对象主要是企业实地考察、会见管理团队、业务伙伴和前投资者、潜在客户和供应商、技术和行业专家、银行/会计师/律师/券商、竞争对手等。调查内容主要包括企业过去的发展背景、历史记录，现在财务状况、经营状况、销售和运营状况等，以及未来的发展前景和展望等多个方面。其中，财务状况、经营状况和发展愿景是最重要的调查内容。

调查措施主要包括组建一支高效的尽职调查团队、借助中介机构的专业技能、加强对尽职调查的重视和参与。

筛选的标准主要有：投资规模、行业、发展阶段、产品、管理团队、投资区域等。对经过初步筛选保留下来的项目进行详细的调查，并深入了解，以确定项目是否具有投资价值。采取一定的方法，对投资项目价值进行评估，以进一步确定目标企业是否值得投资，并为融资资金量的确定奠定基础。在对投资项目进行调查评估之后，综合各方面的因素，作出最终决策，选择拟投资的项目。

（二）基金的设立与发行

基金的设立于发行主要包括以下内容。

一是选择基金的设立形式属于公司制、信托制和有限合伙制中的哪种。视基金的形式，决定是否成立公司或有限合伙企业，办理相关的工商注册手续以及选择基金合伙人。

二是资金托管，保障资金安全：确定基金的资金托管银行，签订资金托管协议；在银行开立专门的基金资金账户。

三是法律文本的起草与制定，将基金运作的全过程规范化、专业化：确定所需要的具体的法律文本种类；对法律文本的要求，如是否属于信息披露文件、向主管部门申报文件等；起草法律文本；经风险控制委员会审议后投入使用。

四是向主管部门申报审批，以满足发行基金，募集资金的行政审批、备案条件：了解申报审批的程序与资料；收集申报材料；向主管部门申报审批，持续跟踪审批情况，及时向公司反馈。

五是信息披露：发布基金产品介绍等宣传资料；根据主管部门的要求对基金的信息进行披露，如招募说明书等。进入融资阶段。

（三）项目融资

首先，确定预期融资金额：根据已选择的投资项目，估计需要投资的资金额，计算出需要筹集的资金额度。

其次，编制融资计划说明书：制定详细可行的融资计划说明书，用以确定融资的资本成本、资本结构、融资工具、潜在投资者范围，以及与投资项目相关的基础性材料。

再次，挖掘潜在投资者：寻找潜在的投资者；了解潜在投资者的资产状况、投资意愿及其他相关情况和要求的投资收益；与潜在投资者进行正面接触和沟通，让潜在投资者了解拟投资的项目、预期收益以及基金发起人的业务水平、管理团队的素质、盈利能力和历史业绩等方面的信息；持续跟踪潜在投资者，说服投资者投资。

最后，与投资者签订协议：签订相关的投资协议，就协议条款对投资者进行答疑、解释；引导投资者将一定承诺的投资资金转入指定的基金账户完成投资；按照约定进行投资，以回报投资者。

（四）项目投资

一是投资条款的设计与谈判：根据预先选定好的投资项目，与被投资企业进行磋商和谈判，设计相关投资条款，起草有关的投资协议等法律文本。合约条款一般包括：投资总额、投资方式、确认投资者享有的权利、企业预期的经营范围和业绩、管理团队的稳定性、利润分配方案、退出机制等，以及可以加上对被投资企业的管理规定、对赌协议等激励或监督企业运作的条款。

二是签约投资：在谈判达成一致后，与被投资企业签约，实际完成投资任务；在基金的后续管理过程中，积极履行基金管理人的职责，监督被投资企业的运作。

专栏 5 -1 知识链接

什么是对赌协议？

对赌协议（Valuation Adjustment Mechanism，VAM），即估值调整机制，是指投资方与融资方在达成协议时，因为投资者与融资者对于企业未来发展的实际情况均难以作出100%正确的判断。因此，投资者倾向于根据企业在未来的实际经营情况对投资条件加以调整而与融资者签订一个协议，按企业未来经营业绩决定投资及其对价。通常情况下，如果约定的条件出现，投资方或融资方均有权按照协议约定行使相应权利。对赌协议的内容主要是融资方未来经营业绩，包括估值调整条款、业绩补偿条款与股权回购条款。对赌协议的工具主要包括股权调整、货币补偿、可转换优先股和可转换债、股权回购、投票权、公司治理席位、反稀释条款等。

近些年来，比较典型的对赌协议案例当属蒙牛集团与摩根士丹利等投资机构之间的对赌约定，2003 年，摩根士丹利等投资机构向蒙牛集团投入 3 523 万美元，同时与蒙牛集团签署一份对赌协议，双方约定，蒙牛集团 2003 年至 2006 年年盈利复合增长率不低于50%，如果低于50%，蒙牛集团管理层须转让给投资方约6 000 万至 7 000 万股股票，如果达到目标，投资方须拿出相应股份奖励给蒙牛管理层，2004 年 6 月，蒙牛业绩增长达到预期目标，对赌协议得以兑现，后期蒙牛集团业绩继续快速增长，三家外资投资方分批退出，兑现给蒙牛管理层 6 000 多万股份，同时获得了高额的投资回报。

（五）基金管理

一是提供增值服务：完善公司内部治理机构，开发新产品；帮助被投资企业制定发展战略，并督促实施；利用自身关系网帮助被投资企业开辟国内外市场和提高品牌知名度；帮助被投资企业规范管理；促进被投资企业技术创新，改进生产工艺，提高生产效率；帮助目标公司任用优秀的人才。

二是制定激励机制：股权激励；业绩评价与薪酬业绩挂钩；加入对赌协议作为投资条件。

三是实行监督和约束：委派具有胜任能力的代表参与被投资企业的董事会，对重大事项进行表决；聘请优秀的管理人员管理被投资企业；定期获取和审阅公司的财务报表和其他相关资料；监督被投资企业的运营和内部控制情况；发现不利情况时，撤资退出。

（六）投资退出

一是选择退出方式：通过被投资公司 IPO 卖出股权；将股权向第三方转让或者由被投资公司股东、管理层或员工回购；在经营不善的情况下清算撤资。

二是确定退出时机：根据当前的宏观经济环境，结合被投资企业的经营状况和发展趋势，进行充分的思考和分析。理论上的最佳状况是，当企业价值被市场高估的时候是私募股权投资退出企业的最佳时机。可以聘请资深的专业投资机构或专家协助分析。

三是设计退出过程：制定一份具体的退出进程计划书：包含退出过程中的各项事宜，如各方当事人的相应责任和义务安排，有关工作人员的奖惩机制等；妥善处理退出过程会涉及的法律、税收政策和商业等众多事项；聘请专业机构或专业人士来协助退出过程的实现。

四是退出准备：准备好评价一个投资项目价值的基础性材料和文件，如相应市场环境的调研、法律文件的撰写、历史财务报告和业务前景预测等。在大多数情况下，潜在投标方还会对公司的生产状况和行政管理等情况进行实地考察，这都需要企业提前做好准备。

五是启动退出程序和监控退出过程：准备工作完成后，与投标方进行交易商谈的过程，确定成交价格和交易方案等，其中最重要的一点是信息的保密性。

六是交易结算：交易结算意味着投资正式退出目标企业，但是退出还没有完全结束。

七是事后评估审查：管理人对整个退出过程进行评估审查，追究有关责任人的过错，奖赏退出过程中表现突出的人员；对本次退出过程中的优势和不足进行深入总结分析，为未来的投资积累经验。

三、投资公司运营管理

分部门来看，投资公司运营管理由各部门各司其职，共同构成了公司整体运营系统，维护公司日常运营稳定有序。

（一）董事会

董事长受股东大会的委托，领导董事会，在公司章程赋予的职责和权限范围内，确保董事会能够充分履行职责，发挥其职能。具体而言，主要负责以下运营事务：一是制定和监督实施公司发展战略和经营计划。二是根据战略需要优化资源配置，确保对实现经营目标所需的资源加以识别和策划，为总经理配备所需资源；监督总经理的管理行为，提供必要的支持。三是监督控制影响企业战略发展的重大经营活动，监督公司财务活动，不定期检查财务账目和有关资料的真实性；对公司签订重大合同或涉及大额资金调拨等经营活动进行监控。四是与重要外方（如政府、重大客户、上级监管部门等）保持良好关系。领导建立公司与重要客户、合作伙伴、政府主管部门、金融监管机构、媒体等部门间顺畅的沟通渠道。领导公司开展社会公共关系活动，树立良好的商业形象。

（二）总经理

负责公司经营战略决策的执行，控制经营风险，协调管理公司各部门工作，对各部门工作进行指导、监督。主要包括：一是实施董事会确认的公司发展战略和经营计划，达成公司经营目标。二是完善公司的组织体系和工作规范，协调各部门业务流程、工作关系。三是新业务品种的调研、立项、实施与综合管理。四是各部门合理分工，营造公司团队氛围。

（三）投资决策委员会

一般由公司总经理、研究部经理、投资部经理及其他相关人员组成。负责决定公司所管理基金的投资计划、投资策略、投资原则、投资目标、资产分配及投资组合的总体计划等。

（四）风险控制委员会

一般是由副总经理、部门经理及其他相关人员组成。

一是负责制定和监督执行风险控制政策，根据市场变化对基金的投资组合进行风险评估，并提出风险控制建议。

二是对部门提交的关于产品、财务等风险评估报告、建议进行讨论，从合规性、安全性角度明确是否立项，出具立项意见，作出决策建议，并提交董事会作出最终决策。

（五）各具体业务部门

1. 投资管理部

一是负责投资客户的业务拓展及与公司融资项目对接的合同签订工作，理财客户的信息管理。包括：

（1）定期组织外出摆展活动、理财会、庆生会、投资客户团拜会等市场推广活动，挖掘投资业务目标客户群。发展投资客户的数量，跟进投资客户的出资情况；

（2）对投资客户进行日常维护，深度挖掘投资客户的投资潜力；

（3）为投资客户提供融资项目咨询服务，定期向客户提供理财资讯和信息服务；

（4）配合项目部、风控部进行理财产品的开发。

二是投资客户对接融资项目的出资、撤资、续投流程的控制。

三是投资客户信息管理。及时更新客服系统中涉及投资客户管理信息、档案资料、投资或撤资等重要信息。

2. 财务部

负责公司负责公司财务核算和资金管理；建立和健全财务工作流程及各项财务制度；发挥财务管理监督职能；合理控制预算费用；有效地筹划与运用公司总体资金；为公司高层提供准确的经营状况和财务分析信息。

一是监督、分析、控制公司的财务工作。根据实际发生的经济业务事项核算公司内外账务，编制对应内外两套会计报表；公司经济性合同的管理，并监督其执行情况；从财务角度监督、指导各部门的工作；对公司发生的经济事项及时进行原始单据的审核；对公司的经营业绩、财务收支计划的执行情况进行财务分析、考核、评价；综合统计并分析公司现金流量及各项业务情况。

二是按公司经营计划，编报年度财务基础费用预算，合理控制公司各项成本费用支出。根据本公司经营计划，确定公司发展的年度财务计划；监督检查各部门预算的执行情况和预算外的开支，降低成本、节约费用；定期配合行政部检查公司资产，确保账实相符。

三是筹划与运用公司各项资金。依年度财务计划，有效筹划运用公司的资金；进行财务成本核算；及时准确对接投融资客户资金；公司与银行往来账户、投融资客户账户资料管理工作；进行资金分析和调配，监督各个项目的资金对接运用，提高公司资金使用效率。

四是依据国家规定对接税务、统计等政府管理部门。对接税务、统计等政府管理部门，提报相关报表；熟练掌握国家税法，拟报、修改完善公司纳税政策、编制提报公司年度、季度、月度纳税报表；执行公司纳税工作，配合税务稽查及检查；控制税务风险，采取有效措施合理避税。

五是编报并执行财务、会计预算等制度，向公司高管提报经营管理报表。根据公司业务发展需要，拟定合适的公司财务、会计制度并执行；根据公司业务发展需要，拟定合适的公司财务、会计制度并执行；及时向公司提报经营管理的各类报表，为公司经营管理工作提供准确的数据依据。

六是核算、统计业务部门业绩，核算及发放员工提成及工资。

3. 基金管理部

一是根据投资管理部的项目研究成果，设计、推出新的基金产品类型，设计产品结构与思路，与其他部门紧密联系，设计产品宣传资料，设计相关法律文本。

二是负责基金的日常管理实务，办理相关的登记、注册、备案、银行对接事宜。

三是实时跟踪基金项目的运作，监督项目的实施，按公司的要求提交基金运作报告，并就基金运作过程中发生的情况及时向公司报告。

4. 法律事务部

一是对投资项目进行法律上的可行性评估、尽职调查等，揭示投资业务的法律风险并提出相应的解决方案。

二是参与投资项目的合并、分立、清算、股权投资、资产租赁、资产转让等重要经济活动，处理有关法律事务。

三是负责公司重大经营决策和重大经济活动的法律审查和论证。

四是负责投资项目合同的起草、审核，参与重要项目合同的谈判及合同文本的起草，为重大项目提供法律支持。

5. 市场营销部

一是根据公司的经营目标，完成公司下达的基金产品销售目标。

二是根据接触客户的第一手资料，为投资管理部提供产品研发数据及建议。

三是营销策略、计划的拟定、实施和改进。

四是负责市场调研、市场分析工作，制订业务推进计划。

五是负责如实向客户介绍产品，与顾客洽谈、签订合同，确保所签合同规范、有效和可行，负责合同、评审记录的及时传递和保存。

六是了解客户的基本情况及与本企业有关的数据资料，建立和运用客户资料库。

七是协助客户服务部对顾客满意程度的调查。

6. 客户服务部

一是负责客户的咨询服务、接待，保管客户资料，处理客户投诉。

二是与营销人员紧密配合，保管客户档案，接受客户的投诉并处理，制订不同时段的客户服务计划，维护老客户的同时挖掘新客户。

三是分析汇总回访中客户反映的问题，为公司的运营决策和营销工作的开展提供数据支持。

7. 人力资源部

人力资源模块的管理工作：

一是人力资源组织、岗位设置、职责划分、流程梳理，根据国家政策结合公司具体情况，不断完善人事规章制度；

二是人员招聘与配给管理；建设培训体系，定期组织各种培训活动；

三是制定薪酬福利制度，构建薪酬结构；

四是绩效方案的设定、协调与执行；

五是员工入离职、转正等异动管理及日常员工档案管理；

六是定期组织对员工工作满意度的调查，为改进公司管理提供依据。

人力资源部在招聘员工时应侧重金融学专业毕业生或持有特许金融分析师（Chartered Financial Analys，CFA）、注册会计师（Certified Practising Accountant，CPA）、金融风险管理师（Financial Risk Manage，FRM）等专业证书的人员。

8. 综合管理部

负责公司行政后勤管理工作；负责公司广宣企业策划，统筹协调公司内外各种关系，为公司决策层和各部门提供资源支持。

四、投资公司资金管理

投资是一项资金密集型的经济活动，资金风险事关投资项目的成败，甚至关乎投资公司的生存。因此，必须设立投资公司的资金管理体系，在保障资金安全的前提下，尽可能提高资金投资收益。一般而言，投资公司的资金管理主要有：筹资管理、资金安全管理、资金运作管理等内容。

（一）投资公司筹资管理

投资公司筹资管理环节应配置合格的人员办理筹资事务，熟悉国家有关法律法规、相关国际惯例及资本市场情况，具备良好的职业道德和业务素质。严禁未经授权的单位或人员办理筹资业务。筹资管理应至少包含以下必要的工作：

一是拟定和决策筹资方案；

二是订立和审核筹资合同或协议；

三是审核与执行与筹资有关的各种款项偿付；

四是筹资业务执行和详尽记录筹资明细；

五是筹资业务的全过程不能由同一部门或个人办理。

（二）资金安全管理

资金安全管理应坚持以下三个原则：

一是所有资金收支都必须纳入预算管理；

二是所有的收入都必须进入公司指定的银行账户，所有支出都必须根据规定程序审批后方可支付；

三是各项资金收支必须遵守国家方针政策、法规以及投资公司自身的财会规定。

具体而言，投资公司应设置财务管理中心负责资金安全管理，其职能应不限于贯彻执行国家法律法规，制定公司的资金管理制度；指导和规范下属子公司或项目公司的资金管理工作；编制公司总部的资金预算，审核下属单位的资金预算；监督下属单位资金收入和支出，具体负责投资公司总部资金收入和支出管理；办理下属单位的银行账户开立、变更、撤销的审批手续，监督、检查下属单位对银行账户的使用；协调与联系有关部门和金融机构；管理公司债务；提出对创投闲置资金的保值、增值的建议，经批准后负责执行。

（三）资金运作管理

1. 银行账户管理

投资公司的财务管理部门应严格按照中国人民银行颁发的《银行账户管理规定》

和国家的有关规定使用银行账户。投资公司的财务管理部门负责总部银行账户的设立、撤销，以及日常使用管理等工作，投资公司下属单位具体负责本单位银行账户的设立、撤销，以及日常使用管理等工作，但是各下属单位新设或撤销银行账户时，必须报投资公司总部批准后方可执行。

2. 编制资金计划

投资公司总部及各下属单位应根据批准的经营计划、合同等编制月度资金计划，经投资公司总部审批后方可执行。

对于没有列入资金计划的项目，各单位的财务管理部门不得予以付款。如有特殊情况，有关单位必须提出预算外付款申请，经投资公司总部批准后财务管理部门方可付款。未经上述批准，不得为没有资金计划的投资项目支付款项。

3. 资金收入的管理

资金收入分为经营活动的资金收入、投资活动产生的资金收入，以及筹资活动产生的资金收入三类。

对于经营活动的资金收入管理，所有经营活动的资金收入都应足额存入银行账户；财务管理部门负监督本单位经营活动资金收入的入账情况；未经投资公司总部批准，不得在银行或其他机构另立资金账户。

对于投资活动的资金收入管理，投资公司应该建立投资项目责任制，对于投资失误或资金无法收回的项目投资任人要承担相关的责任；投资公司总部的财务管理部门负责对外投资项目资金收入管理，应根据投资合同及年终决算情况，准确计算投资收益，督促投资收益按时收回；确保资金流动不影响各单位正常生产经营。

对于筹集活动的资金收入管理，投资公司总部的财务管理部门应遵守国家的有关法律、法规、规章，接受国家的宏观调控；合理预测资金需要量，防止盲目筹资；安排好资金供应时间，确保资金筹集与业务经营的协调一致；综合分析各种筹资渠道，分析各种筹资成本，求得各种筹资方式最佳组合；使财务风险与获利能力控制在最合理的水平。

五、投资公司人才管理

（一）建立完善的绩效评价体系

根据充分挖掘人才潜力的方针，激发公司在发展过程中的主动性和积极性，给员工创造非常充足的发展空间，并建立健全企业的评估机制，充分挖掘员工的能力，最大程度地推动公司的进步和发展。把企业的发展成就和个人的薪酬紧密联系在一起，根据业绩决定职工的工资水平。加大管理力度，完善对职工的规范机制，增强职工在公司发展过程中的责任意识。

（二）积极引入外部人才，提升市场竞争力

重点引进金融行业（包括银行业、基金业、证券业）、其他天使投资行业、法律行业、专业审计会计行业等人才，建立人才库作为公司经营人才的储备资源。

第三节 投资公司与金融科技

一、金融科技在投资公司的应用现状

（一）智能研究和投资

1. 研究自动化

投资领域中有大量固定格式文档的撰写工作，如项目说明书、研究报告、尽调报告、投资意向书等。人工智能环境下，用户把收集的资料输入电脑就会自动生成图表和报告，研究人员只需要做修改、复核、总结和定稿工作。同时，人工智能还能自动搜集各种公告、研报、公开知识库等，通过自然语言处理和知识图谱自动生成报告。

2. 智能投顾

智能投顾又称机器人理财，其核心是在数据沉淀积累与算法模型不断优化的基础上，根据个人投资者提供的风险承受水平、收益目标以及风格偏好等要求，运用一系列智能算法及投资组合优化等理论模型，为用户提供最终的投资参考，并对市场的动态对资产配置再平衡提供建议。

随着金融市场不断深入发展，金融产品层次与交易策略、交易工具日趋复杂，普通投资者学习成本越来越高，难以跟上市场发展步伐，专业投顾服务需求日渐凸显，而传统投顾服务的限制（百万资金起步、服务流程烦琐、服务费高昂、不能随时随地咨询、投顾水平良莠不齐等）无法满足普通投资者的需求。智能投顾把金融机构服务在线化、智能化，从而实现以较低的费率服务更广泛的普通个人投资者。

3. 量化投资

人工智能中的机器学习算法通过自主学习寻找信息和资产价格的相关性，自然语言处理技术可以理解新闻、政策文件、社交媒体中的文本信息，寻找市场变化的内在规律，通过知识图谱的建模方式把行业规则、投资关系等常识赋予计算机，帮助机器排除干扰，更好地使信息结构化。

量化投资领域的智能机器从基本面、技术面、交易行为、终端行为、互联网大数据信息、第三方信息等衍化成一个因子库，将因子数据提炼生成训练样本，选取机器学习算法进行建模训练，保留有效因子，生成打分方程输出组合。相比较人类智能，机器人大数据量化选股偏向从基本面、技术、投资者情绪行为等方面挑选因子，从而对 IT 技术、数据处理技术要求较高。

（二）智能营销和客服

1. 精准营销

在单个客户个性化的营销方案和服务体系下，投资公司可以关注个体差异，通过用户画像和大数据模型实现对个人客户的精准定位基础之上的营销，最大限度地摊薄成本。精准营销对客户的兴趣、爱好、购买能力作出预测和判断，根据综合评分推荐金融服务和产品。

2. 智能客服

投资客户的业务咨询中的大部分常见问题都是重复性的，而且在一个限定领域内。传统的人工客服需要占用大量人力成本，而基于自然语言理解的机器人可以通过对话发掘用户需求，解释和推荐产品，进而带来销售转化。智能金融客服可以解决用户的大部分标准化问题，当它非常确定答案的时候会直接作答，当它不确定时会把可能的选项提交人工客服，人工客服只需要快速判断，点击选择。随着人工智能客服对传统人工客服替代率的提高，客服效率和问题解决率大大提高，人力成本也将显著降低。

（三）高效支付清算

1. 支付技术创新

应用金融科技在工具层面上的创新，包括非接触式支付创新、智能穿戴设备支付创新、生物识别技术支付创新等，融合了安全和效率的综合性支付技术创新。例如，亚马逊 2017 年推出的 Amazon Go 就是把个人生物特征识别与云计算等技术结合，无须中间环节的个人身份、账户和信用水平等识别，消灭支付载体，直接完成支付。

2. 清算技术创新

市场参与者在交易中使用区块链技术可以享用平等的数据来源，交易流程更加公开、透明、有效。例如，通过共享网络系统参与证券交易，原本依赖中介的传统交易模式就变成分散的平面网络交易模式。

西方金融市场的实践显示，区块链技术支持下的交易模式有三大优势：一是减少证券交易成本，交易流程更简洁、透明、快速，减少重复功能的 IT 系统，提高市场运转效率。二是准确实时地记录交易者的身份、交易量等关键信息，使证券发行者清晰地了解股权结构，提升商业决策效率，减少暗箱操作、内幕交易，有利于证券发行者和监管部门维护市场。

3. 跨境支付结算方式创新

当前的跨境支付结算的方式日趋复杂，存在时间长、费用高、中间环节多等问题，付款人与收款人之间的第三方中介角色很重要。同时，各国的清算程序不同，一笔汇款通常需要 2—3 天才能到账，效率极低，且在途资金占用量极大。

区块链将可摒弃中转机构的角色，实现点到点快速低廉跨境支付；区块链安全、透明、低风险的特性提高了跨境汇款的安全性，加快结算与清算速度，提高了资金利用率。同时，应用区块链技术实现点对点支付，无须第三方中间环节，全天候支付、实时到账、提现简便，在降低了跨境风险的同时满足了对支付清算服务及时性、便捷性的需求。

二、投资公司发展趋势展望：金融科技视角

未来，投资公司可以利用区块链或者人工智能等交叉工具来进行分析和风险管理。以 Blockseed 公司为例，公司为投资者和初创公司分析项目提供一个框架。它们提供了某种“咨询性”角色，创业投资公司可以使用该种角色来完善自己的商业模式，投资者也可以从其他投资者的兴趣中获得对项目风险的实时评估和高级指标。另一个例子是以太坊的 Aragon，Aragon 的投资者可以使用 Aragon 协议与初创公司和组织签订协议，提供融资门槛并激励良好行为和透明度。投资者也可以获得许可访问控制来评估项目状态和财务细节，这对投资者的决策有很大的影响。

第四节 投资公司典型案例

一、案例一：山东高新投案例[①]

（一）案例背景

山东通裕集团有限公司（简称“通裕重工”）是集锻造、铸造、机械加工、热处理、电渣重熔冶炼、非金属管道于一体的综合型企业集团。公司拥有亚洲最大、国内最先进的管模生产线，居国内领先水平的环保效益型大型锻件生产线和热处理生产线，是国内龙头企业。

山东省高新技术投资有限公司（简称“山东高新投”）创立于2000年，是山东省人民政府出资设立的国有独资公司，山东省创业投资协会会长单位，其主要投资领域为信息产业、机械制造、半导体芯片、光电科技、生物医药、新材料、环境科学等，是国内领先的大型基金管理型高新技术投资控股集团。投资对象为处于成长期、扩张期的高新技术成果转化项目、能够取得自主知识产权且有巨大市场潜力的中试项目、处于风险期的中小型科技企业项目以及用高新技术提升的传统产业项目。目前已借壳鲁信高新成功上市，成为中国创投第一股。

山东高新投共投资通裕重工三次，投资总额为1.08亿元，2011年3月8日，通裕重工成功登陆创业板，股票代码300 185，发行价25元/股，发行市盈率53.42倍，募集资金数量为22.5亿元。首次公开发行时，山东高新投共持有通裕重工5 400万股，上市首日市值13.5亿元，投资回报率为12.5倍。

（二）业务操作过程

重工业企业在一些创投机构眼中是冷门，但是作为拥有自主研发能力的高科技创新型企业，通裕重工还是吸引了山东高新投的目光。山东高新投有一批技术背景强大的投资人才，关注各个细分行业的发展以及其中的优秀企业。

2003年，山东高新投增资之前，通裕重工在锻件、管膜等领域已经拥有一定技术储

① 沈志群：《创投中国》，中国时代经济出版社，2012年版。

备，2002 年底总资产为 18 324 万元，全年销售收入 9 491.2 万元，净利润 615.3 万元。通裕重工的核心技术集中在锻件、球墨铸铁管管模、数控电梯导轨刨床、遥控石油钻井弯向接头等产品上，部分产品在国内同行业中具有领先优势，部分产品填补了国内空白。

2003 年 7 月，山东高新投项目组通过对通裕重工前期详尽的尽职调查，对公司的经营情况、技术储备与发展前景给予充分的肯定，决定首次对通裕重工进行增资，出资 1 200 万元，占通裕重工注册资本的 20%，通裕重工的注册资本增加至 6 000 万元。此后为了支持企业的发展，满足企业日益增长的资金需求，高新投又对通裕重工进行了两次增资，使企业在几年的时间内获得飞跃式的发展。

2006 年 12 月，通裕重工为了解决原材料——优特钢坯料的供应不足问题，决定建设大型特殊钢锻件坯料制备项目，解决企业发展中遇到的瓶颈。股东会通过决议，同意全体股东按持股比例以货币资金增资 6 000 万元，增资价格为每股注册资本出资 1 元。在此次增资中，高新投共出资 1 200 万元，认购 1 200 万股，累计持股数增加到 2 400 万股。

2009 年，通裕重工拟新上建设项目——MW 级风力发电机主轴，该项目被国家发改委列为 2008 年重大装备国产化专项。通裕重工股东会作出特别决议，同意吸收新的战略投资者。本次增资由原自然人股东、山东高新投及新入自然人股东共同出资认缴。本次增资中高新投出资 8 400 万元，认购了通裕重工 1 200 万股股权。

截至 2009 年，通裕重工已形成了生产一代、储备一代、研制一代的自主创新体系，也逐渐形成完整的产业链条，走上良性循环发展的轨道。

（三）案例评析

首次增资之后，山东高新投依据企业发展的实际需要，对企业的新上项目及规模扩充给予持续的后续融资；在支持企业扩张的同时，也享有了企业增值所带来的利润回报。通过三次增资，山东高新投共持有通裕重工 3 600 万股权，占通裕重工注册资本的 20%（首次公开发行前）。

持续增资的背景下，通裕重工与山东高新投之间建立了更加稳固的合作关系。山东高新投对通裕重工未来的发展前景和管理层的运营能力抱有较高的信心，为其提供了持续的资金支持、优化了通裕重工内部体系以及协助其拟定中长期发展规划，通裕重工对山东高新投提供的增值服务也给予了充分的肯定，山东高新投也因此获得了丰厚的收益。

通裕重工融资案例带来如下几点启示：

1. 传统行业与科技创新的结合带来巨大市场机遇

通裕重工作为一家传统重工业行业领域，产品不断创新、市场竞争力不断增强、经营绩效不断提升，离不开科技创新的巨大贡献。相对于互联网、通信、媒体、生物制药、新能源等新兴行业，传统产业具有市场需求稳定、盈利模式清晰、经营业绩波动性小、资产清算损失率低等特点，通裕重工的案例进一步证明，如果把传统产业与现代科技进行较好的结合，也同样可以创造出高增长、高回报的良好投资机会。

2. 创业投资促进中小科技创新企业快速发展

2009 年，通裕重工完成了第三次融资，在这三次融资完成后，通裕重工的总资产显著提高，由 2002 年的 18 327 万元增长至 2010 年的 279 385 万元，高达 15 倍；主营业务收入由 2002 年的 9 491 万元增至 2010 年的 112 732 万元，增长了 10 倍以上。到 2010 年年底，公司已经形成冶炼、锻压、热处理和机加工于一体的完整的大型锻件生产的产业链条，显著降低成本，获得更高的净利润率，企业发展十分迅速。

3. 创业投资满足中小科技创新企业融资需求，解决融资难题

我国存在着很多类似于通裕重工这样的中小民营科技企业，这些企业往往很难从银行渠道获得融资支持。创业投资在项目筛选、尽职调查、企业估值、投资契约安排、投资后管理与服务等一系列运作环节中，通过多渠道信息验证、企业估值动态调整、企业控制权的动态分配等制度安排，有效控制投资风险，使其风险与期望收益相匹配，从而以可持续的方式为中小科技企业提供融资，这在很大程度上解决了中小企业融资难的问题。

4. 投资后管理为创业投资的成功提供保障

从上述案例可以看出，山东高新投从企业商业计划调整、企业管理咨询、商业资源协助、后续融资安排、上市辅助等多个方面为通裕重工提供了帮助，充分证明了创业投资是价值增值型投资。事实上，投资后管理与服务是创业投资的价值创造手段，是创业投资区别于一般社会资本的重要特征，对创投的成功至关重要。

二、案例二：粤科集团案例[①]

（一）案例背景

广东省粤科风险投资集团有限公司（简称“粤科集团”）成立于 2000 年 9 月，是

① 沈志群：《创投中国》，中国时代经济出版社，2012 年版。

省属国有风险投资企业，拥有10余家从事风险投资及相关业务的直属公司。粤科集团为加快转型升级，形成以风险投资为核心，科技金融服务、科技金融产业园区协调发展的新格局。

2001年，深圳市格林美高新技术股份有限公司（简称“格林美”）秉承着“资源有限，循环无限”的产业理念，以其独特的经营模式，坐拥“城市矿山”（“城市矿山”是对城市生产生活中产生的废弃资源涵蕴的丰富可再生利用资源的形象比喻），自主开发了具有世界先进水平的利用废旧电池、电镀废水等钴镍废料直接生产超细镍粉、钴粉的回收技术，通过对再生资源利用，公司做到了变废为宝，实现了真正的“低碳和绿色经济”，成为中国循环经济与低碳制造的领军企业之一。

2005年，粤科集团对格林美实施首轮投资。

2010年1月22日，格林美成功登陆深圳证券交易所中小板，开盘报52.18元，较发行价上涨63.06%，收市价56.71元，领衔当日上市的三只新股。格林美公司业务集循环经济、低碳制造、新材料于一体，被誉为“2010年中国循环经济与低碳制造第一股”，它的上市标志着中国A股进入循环经济时代。

粤科集团对格林美的投资，为其自身带来了超额的收益：按上市首日收盘价计算，粤科集团共持有2 214.22万股，市值达12.56亿元，投资回报率达92倍。

（二）业务操作过程

2005年，在格林美成立3年零9个月的时候，粤科集团经过认真调研，决定对格林美实施首轮投资，投资金额为1 364万元人民币，持有格林美1 918.28万股原始股。粤科参股格林美公司后，顿时解决了企业的资金制约，充分激发了企业积累多年的潜能，促使其进入大规模生产，走上了发展的快车道。资金的输入也增强了公司的研发水平，例如格林美自主开发生产的类球形的超细钴粉材料等多项产品在性能上能够替代以原矿为原料的产品和进口产品，有利于提高下游产品电池的寿命和硬质合金的强度，具有优异的性价比。

在2008年1月国内资本市场低迷的情况下，粤科集团支持格林美股份公司提出的定向私募增资计划，并发挥自身在风险投资业界的人脉优势，使该增资计划在短时间内受到了如广东粤财投资公司、深圳同创伟业公司等众多投资机构的踊跃认购，募集了6 000多万元发展资金，使企业的经营效益上了一个新台阶。

粤科集团一直鼓励和引导企业走上市融资的道路，让企业意识到要实现持续快速发展的长远目标，改制上市是必由之路。在格林美公司的努力和各股东的积极配合下，在 2006 年年底，格林美公司整体改制为股份有限公司。改制为股份公司后不久，粤科集团注意到格林美公司中存在深圳与荆门股东及利益主体不完全一致的问题，有可能存在阻碍业务发展及一体化管理等风险问题。粤科集团根据多年的从业经验，对此股权结构方面的问题进行了充分的分析论证，提交格林美公司股东会研究，并力促格林美公司收购其他股东持有的荆门格林美的股权，荆门格林美成为了格林美股份公司的全资子公司，使格林美公司在上市申报前拥有更加完整的产业链及业务构架，减少了上市申报过程中的法律风险，解决了上市募集资金投资及管理安全性问题。

2010 年 1 月 22 日，格林美公司成功登陆深交所中小板，开盘报 52.18 元，较发行价上涨 63.06%，收市价 56.71 元，领衔当日上市的三只新股。粤科集团持有格林美 1 918.28 万股原始股，股权按市值增值超过了 10 亿元。格林美项目的成功运作充分体现了创业投资资金的充足投入和有效运营，创业投资机构的全面、到位的增值服务。创业投资为格林美公司插上了腾飞的翅膀，而格林美的腾飞也使创业投资机构摘得了丰硕的果实。

（三）案例评析

格林美最大的特点及优势不像其他公司追求有限的资源以获得利益回报，而是独辟蹊径，瞄准“城市矿山”，大力发展循环经济。这是我国构建“两型”社会的重要举措，长期来看资源回收行业蕴藏巨大价值，将取得快速发展，成为最有活力的行业之一。

1. 提高核心竞争力，格林美获得长足发展

格林美独特的经营模式吸引了众多投资者的眼球，它打造的“城市矿山”现已初具规模，避免了过分依赖原生资源这一瓶颈。通过对再生资源利用，公司做到了变废为宝，降低了生产成本，减少了环境污染，实现了真正的“低碳和绿色经济”。“城市矿山”不仅受到了粤科、同创伟业这样优秀创投机构的青睐，也符合了国家政策的需要，顺应了时代的发展，这不仅仅是它的经营模式，同样也是它最大的竞争优势，是使格林美区别于其他同行业的最大亮点。从这方面来看，粤科投资格林美，不仅“投”对了人，也“投”对了经营模式，从投资的那一刻，也就注定了创投的成功。

2. 完善股东结构与企业战略发展规划

粤科集团作为股东，在股东会、董事会的层面积极出谋献策，就公司的发展战略、

发展规划等进行沟通、交流，帮助格林美公司完善经营管理的各环节。粤科风险投资集团还帮助格林美公司完善股东结构，规范董事会和监事会的运作，为企业进一步融资建立了良好的平台。

在企业战略发展上，粤科集团的高层领导在投资之初，就显现出高度的战略思维和战略眼光。2005 年，在与格林美公司各股东及经营班子充分沟通格林美公司未来发展的蓝图后，粤科集团何国杰董事长明确提出在荆门购买当前生产所用和预留未来上市发展所用土地的建议。当时部分股东及经营班子心存疑虑：一方面，现有的土地能支持企业近年的生产经营；另一方面，企业的资金不是十分充裕。粤科风险投资集团鼓励企业要志存高远，要有长远的目标和眼光，同时，粤科集团在周转资金上对格林美公司给予了大力支持，从而促使企业以极优惠的价格新征土地 200 亩，解决了格林美公司未来扩大生产规模的后顾之忧。在格林美股份公司申报上市的过程中，这在当时显得有些超前的决策显现出了它的战略布局与果断决策，格林美公司新征的土地有效解决了募集资本投向的土地需求，既解决了企业发展用地之急，又拓宽了企业未来的发展空间。

3. 加速企业成功，共享双赢局面

粤科集团的进入大大加速了格林美在成功之路上前进的步伐，解决了企业的资金制约，充分激发了企业积累多年的潜能，建立起覆盖全国主要市场的销售网络，市场占有率跃居国内第二位。此外，格林美董事长许开华先生充分发挥了自己的专业特长，坚持自主创新，强有力的资金支持也助推了公司研发水平的提升。这项投资的成功可以说是水到渠成，一个拥有核心竞争力并且能够在一个有着美好发展蓝图的行业中保持稳定增长的企业，在得到了可以助其腾飞的创投扶持后，实现双赢。

三、案例三：成都兴蓉投资公司案例①

（一）案例背景

随着国有投资公司的不断发展和角色转变，它的融资渠道也由原来的主要依靠地方政府财力和争取国家财政拨款更多地转向运用金融的手段，发挥自身拥有的优势，

① 广州民间金融发展研究院，中央财经大学金融学院：《中国民间金融发展研究报告》，知识产权出版社，2012 年版。

主动向社会筹集资金。

成都市兴蓉投资有限公司是成都市一家国有独资的投资公司，2002 年 9 月，市政府在水环境项目的融资方案中提出成立一家投资公司，以社会化的模式来运作 60 亿元的项目，改变过去政府项目的财政拨款模式。政府注入了 10 亿元的注册资本金（其中，现金 4 亿元，其他资产 6 亿元），成立了兴蓉投资有限公司，用一个注册资本金 10 亿元的公司运作起了一个 60 亿元的项目。

（二）业务运作过程

1. 用未来的现金流吸引民间资本

2002 年，成都市收取的居民污水处理费为每吨 0.15 元（2003 年 10 月 1 日起提高到 0.35 元），而当时的北京、南京都是每吨 1 元，深圳和合肥是每吨 0.7 元和 0.54 元，在国外，污水和自来水的收费比例一般为 2∶1。兴蓉拥有污水处理的特许经营权，污水处理费的提升空间让投资者们看到了污水治理业的前景。想象空间打开后，兴蓉成了民间资本追逐的对象，在与各大银行的融资谈判中也处于强势地位，很多银行要给兴蓉打 9 折的贷款，包括法国威望迪水务等 30 多家境内外机构也争相给兴蓉投资。

2. 政府为兴蓉公司提供市场化运作空间

在对民间资本“总动员”的背后，政府给了兴蓉公司市场化的运作空间。当污水收费暂时不足以支付污水厂的良性运营和合理回报时，政府将给予补贴。政府提供的补贴降低了投资者的风险，使民间资本更放心地进入项目投资。

3. 积极盘活存量资产

政府对兴蓉公司注入的 10 亿元资本金中，现金只有 4 亿元。兴蓉充分地运用了资产运作的手段，用过去的钱办了现在的事。把以前财政投入的部分存量资产转让、拍卖变现，用来建新厂，与电信运营商合作在管网中敷设电缆，又开发出新的现金流，把那些埋在地下的死资产变成活资产。把政府划入兴蓉的旧管网包装成在资本市场的融资工具，发行 10 亿元 10 年期的企业债券，锁定 10 年 4.3% 左右的低利率，比银行利率低 25%，在上交所挂牌，吸引了全国资本市场的资金。

4. 让利民资

兴蓉发行了 2 亿元的水环境“个人委托贷款”。老百姓第一次被允许投资市政基础设施，民间资本被充分调动。60 亿元的项目总投资，兴蓉负责 45 亿元，其中，引入民间资金将超过20亿元。个人委托贷款2亿元，3座污水处理厂吸引民资5亿元，发行信托产品3亿元，企业债券10亿元，银行贷款19亿元。

（三）案例分析

兴蓉投资有限公司融资实例，为国有投资公司进一步改善融资结构提供了可借鉴的经验。

1. 先经营理念，后经营项目

兴蓉的融资成功，在于其思路和理念的创新，把经营的理念引入政府项目，通过对原始的政府项目进行发掘、包装、提炼，用增值的预期来吸引资金。国有投资公司要突破融资瓶颈，真正发挥自身的投融资主体的作用，就必须多开辟融资渠道，优化现有的融资结构，用经营的理念进行创新，充分利用资本市场，用市场化的理念来经营公司，将死资产变成活资产，用过去的钱办现在的事，同时利用未来的现金流吸引投资者，用未来的钱办现在的事。

2. 正确处理和政府的关系，明确自己的定位

由政府给予国有投资公司市场化运作的空间和财力的支持。国有投资公司是政府投融资的主体，承担着一定的政府政策性职能，其投资的领域大都是大型基础设施和公益性项目，所需资金大、利润小，需要包装，更需要政府提供一定的优惠政策。例如，兴蓉公司的水环境项目，政府给予其污水处理特许经营权，就给了兴蓉公司市场化运作的空间。在银行贷款上，可将政府控制资源投入投资公司，使国有投资公司有足够的事物资产作担保，向金融机构融通资金，满足信贷融资的条件。

3. 继续利用间接融资的信贷资金

仍以银行贷款为主，积极探索城市重大基础设施建设项目采用个人委托贷款、信托计划等新的融资方式。银行贷款供应充足，限制条件相对较少，对于大型的基础设施项目、公益项目等都可以优先考虑向银行贷款。地方国有投资公司利用银行信贷资金，从资金来源上看，运用四大商业银行的资金数量多，运用国家开发银行等政策性银行的资金数量较少；从期限看，短期资金多，长期资金少。这就使在项目建设中不断借新债还旧债的现象严重，还款负担重，未能充分发挥负债建设的杠杆效应。因此需要在争取商业银行支持的同时，加大与开发银行等政策性银行的协调，力争从国家开发银行获取建设资金，积极引进国内外金融机构和国外投资银行参与。不过，利用外资进行投资，必须要充分考虑项目的经济效益和偿还债务的能力，防范和化解债务

风险。

在条件允许的情况下，还可将投资公司包括下属的项目通过上市融通资金，实现投资公司与资本市场的对接，向全国甚至是境外的资本市场融通资金。已经上市的国有投资公司可加快资产重组的步伐，提高资产的质量，运用增发新股和配股的手段从证券市场募集资金，如选择股本扩张力强、股本结构相对简单、企业的经营效益低下的上市公司作为“壳”，将现有劣质资产或低效资产剥离，将城市建设优质项目注入，利用经过资产置换后的公司发挥再融资功能，募集的资金用来购买其他优良资产。此外，利用债券融资，调整债券结构，扩大基础建设利用企业债券融资规模，争取发行城市市政建设债券，发展各类投资基金。

本章小结

本章对投资公司进行了详细的阐述，从投资公司的起源、界定到发展现状，投资公司主要分为创业投资公司、股权投资公司以及天使投资公司。投资公司目前的政策环境和行业环境良好，投资公司的数量也在不断增加。关于投资公司业务的开展，主要是从组织架构、业务操作、运营管理、资金管理以及人才管理来展开，围绕着投资公司对其进行全方位的剖析。同时，在这第四次工业革命的时代，以大数据、区块链、云计算和人工智能为核心的金融科技的迅速崛起，为投资公司的发展推波助澜。

本章重要概念

投资公司　创业投资公司　股权投资公司　天使投资公司　国有投资公司　筹资管理　资金安全管理　美国研究与发展公司　中国新技术创业投资公司

本章思考题

1. 投资公司有哪些特点？
2. 投资公司有哪些种类？分别具有什么特征？
3. 创业投资公司设立的条件是什么？
4. 如何看待某些投资公司进行非法集资活动？
5. 金融科技如何推动投资公司进一步发展？
6. 如何保障投资公司的资金安全？

7. 筹资管理不能由同一个部门全部负责，为什么？

8. 成都市兴蓉投资公司案例对国有投资公司的发展具有哪些借鉴意义？

本章参考文献

[1] 广州民间金融发展研究院，中央财经大学金融学院. 中国民间金融发展研究报告 [M]. 北京：知识产权出版社，2012.

[2] 沈志群. 创投中国 [M]. 北京：中国时代经济出版社，2012.

[3] 关玉荣，周坤鹏，唐吉洪. 风险投资对上市公司现金股利作用机制研究——基于公司治理视角下的实证分析 [J]. 金融理论与实践，2019 (11)：99 - 107.

[4] 陈云. 私募股权投资对中国中小企业的影响 [J]. 全国流通经济，2019 (29)：83 - 84.

[5] 王会娟，林成伟，汪剑锋. 私募股权投资与盈余管理 [J]. 金融论坛，2019，24 (08)：55 - 66.

[6] 周森. 投资公司如何有效控制投融资成本 [J]. 全国流通经济，2019 (21)：85 - 86.

[7] 宋哲，姚元，周梅锋. 创业投资企业和天使投资个人税收政策解读 [J]. 中国税务，2018 (09)：56 - 58.

[8] 刘健，彭竹玲. 天使投资助力高校科研成果产业化应用模式的思考 [J]. 财务与金融，2018 (05)：13 - 16.

[9] 张艺凡，季闯，田莎莎. 对天使投资与风险投资的比较分析 [J]. 山东农业工程学院学报，2018，35 (08)：33 - 34.

[10] 瞿雪飞. 中国天使投资发展近况及案例分析 [D]. 苏州大学，2018.

[11] 张光芝. 我国创业投资基金运作中存在的相关问题研究 [J]. 商讯，2019 (34)：82 + 90.

[12]. 建立完善国资创业投资企业市场化运作机制 [J]. 新理财 (政府理财)，2019 (08)：10.

[13] 李晓伟，聂淑君，王伟平. 创业投资对异质性创新的甄别效应及作用机制 [J]. 科技进步与对策，2019，36 (16)：9 - 18.

第六章　地方资产管理公司经营实践

本章导读

2008年，国际金融危机爆发后，我国经济进入“三期叠加”的新常态，不良资产规模不断增加，同时零散化和碎片化的不良资产规模也大幅上升，仅依靠四大资产管理公司已无法有效承接及处置这些不良资产，客观上需要更多的资产管理公司承接一些不良资产。

与四大资产管理公司相比，地方资产管理公司扎根地方，与地方政府联系密切，具有明显的地方优势，因此，对于处置零散化和碎片化的不良资产，地方资产管理公司比四大资产管理具有诸多便利条件，能够与四大资产管理公司形成优势互补。随着地方资产管理公司的产生和发展，地方资产管理公司已成长为中国金融市场中不可或缺的重要组成部分，实际上已成为化解区域性金融风险的生力军。

本章学习目标

本章从地方实践概述、业务开展、发展趋势及案例分析等多个方面对地方资产管理公司进行了探讨，从而对地方资产管理公司的实践进行了深入分析。通过本章的学习，应能够全面地掌握地方资产管理公司的业务起源、发展现状、经济功能、业务架构及组织架构、公司治理等。了解地方资产管理公司已成为市场的重要参与者。掌握金融科技在地方资产管理公司的应用及发展趋势。

本章知识结构图

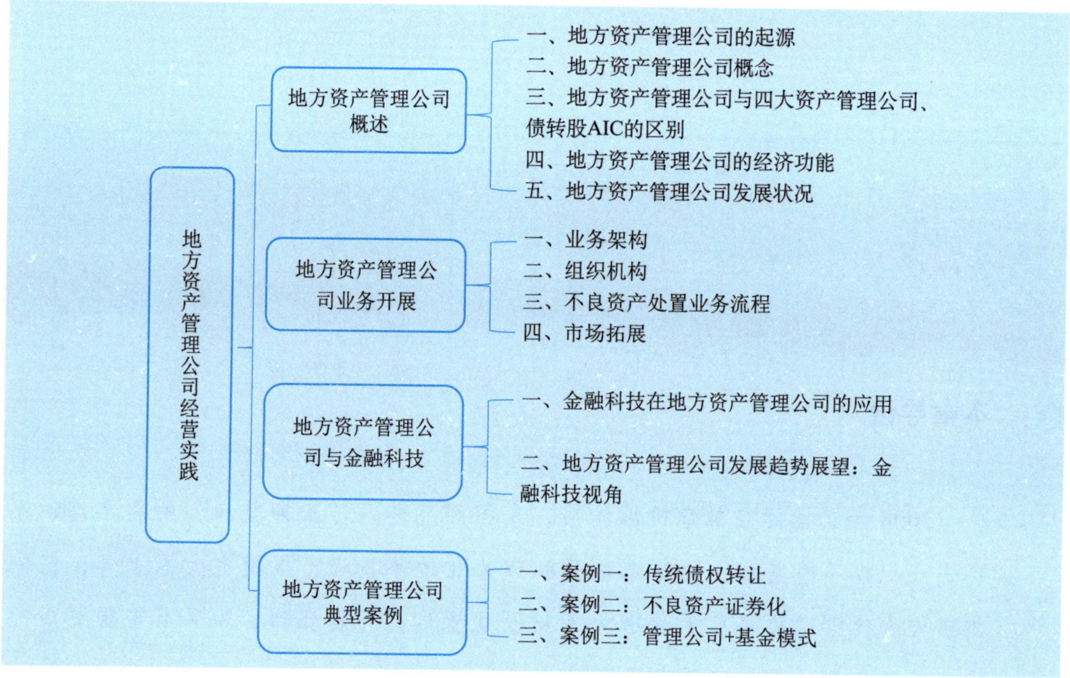

第一节　地方资产管理公司概述与发展现状

一、地方资产管理公司的起源

（一）不良资产的出现构成了地方资产管理公司成立的客观基础

2008年国际金融危机后，中国经济进入经济增长换挡期、结构调整阵痛期、前期政策消化期的“三期叠加”的阶段，非金融企业的应收账款规模持续上升，回收周期不断延长，对于资产及债务重组的需求出现了大规模增长，银行不良资产持续增长，为我国地方资产管理公司的产生创造了有利的客观条件。

2013年，影子银行业务被推到了风口浪尖。虽然中国的影子银行起步较晚，但呈指数型增长。2013年年末，银行业金融机构表外业务（含委托贷款和委托投资）余额

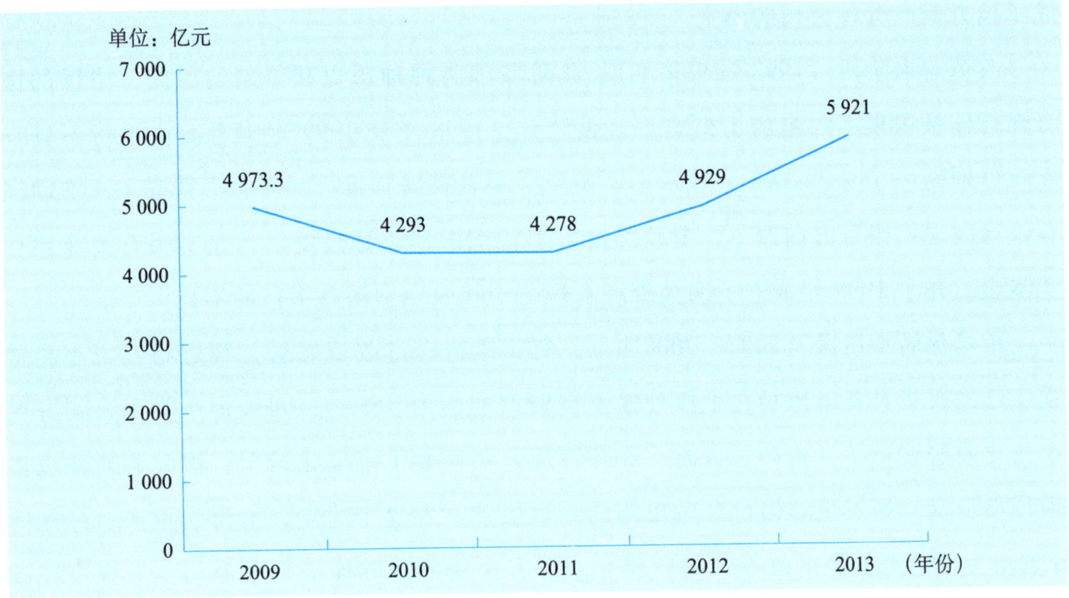

图 6－1　2009—2013 年我国商业银行不良贷款余额变化趋势

57.7 万亿元，比上年末增加 9.05 万亿元，增长 18.6%。表外资产规模相当于表内总资产规模的 38.12%，比上年末提高 1.71 个百分点。此外，截至 2013 年年末，全国共有小额贷款公司7 839 家，融资性担保法人机构 8 185 家，典当行 6 833 家。影子银行规模的不断扩大以及监管要求的不断提升，催生了影子银行这些金融企业不良资产的批量转让，从而推动了地方资产管理公司的发展。

同时，随着我国经济在 2014 年进入“新常态”，不良资产规模也迅速增加。而当前金融不良资产结构也发生了显著变化：中小商业银行不良资产规模迅速增加；由于业务具有“高风险、高回报率”特性，加之风险控制机制不完善，非银金融机构面临的不良资产风险更高于商业银行；在零散化和碎片化的不良资产大幅上升的情况下，如仅依靠四大资产管理公司对这些零散的不良资产进行处理，将降低不良资产的处置效率和提升其处置的成本，同时也不能及时有效消化不良资产。这个时期，主要以非国企的不良资产为主，不良资产整体呈现零散化、碎片化的特征。因此，在这样的背景下，地方资产管理公司应运而生。

（二）市场格局变化促成地方资产管理公司应运而生

我国不良资产处置行业诞生于 1997 年至 1999 年，从国有银行剥离不良资产的银行改革起步，可以说发端于改革政策的需要，并逐步走向市场化，其市场格局的变化分为三个阶段：政策性阶段、市场化转型阶段和全面市场化阶段。这三个阶段逐步促成了地方资产管理公司的诞生。

改革需求阶段（1997—1999 年）：此阶段因为种种历史和体制的原因，中国的国有银行体系积累了大量的不良资产。据统计，1998 年和 1999 年国有商业银行不良贷款率分别高达 33% 和 34%，技术上已破产。为剥离国有银行巨额的不良资产，推动国有银行向现代银行方向改革，财政部发行了特别国债以募集资金，充实国有商业银行资本金，并于 1999 年成立了四大资产管理公司接收四大国有银行的不良资产。

市场化转型阶段（2001—2008 年）：商业银行经过改革之后，其盈利能力逐步增强，已经逐步具备以市场化手段处置不良资产的能力。于是，四大资产管理公司开始市场化收购银行不良资产。自此，资产管理公司开始了市场化转型，被收购对象也由银行不良资产拓展至非银行金融机构的不良资产。在这个时期，上海、重庆、广东等 6 省市为推动地方经济改革，先后成立了国有全资的地方地产管理公司。上海市在改革需求阶段，即 1999 年成立了上海国有资产经营有限公司，这是国内成立的第一家地方性国有资产经营公司；海南省于 2003 年成立了海南联合资产管理有限公司；北京市于 2005 年成立了北京市唯一一家地方资产管理公司，即北京市国通资产管理有限责任公司；重庆市于 2004 年成立了渝富资产管理公司；辽宁省于 2006 年成立了辽宁省国有资产经营有限公司；广东省于 2006 年成立了广东粤财资产管理有限公司。

全面市场化阶段（2009 年至今）：2008 年金融危机过后，银行体系的不良资产率随着经济结构转型压力有所上升。很多地方政府急于稳定经济增速，盲目扩张，引发信贷资源不合理配置，导致地方金融机构的不良贷款余额和不良贷款率呈现双升态势，地方金融风险逐渐累积，对地方经济运行构成威胁。面对体量逐渐增加的不良资产，仅仅依靠四大资产管理公司的力量已经难以完全解决。鉴于此，2012 年财政部和银监会联合下发《金融企业不良资产批量转让管理办法》（简称“6 号文”），“6 号文”允许各省可成立一家地方资产管理公司。2016 年 10 月银监会颁布新政（即《关于适当调整地方资产管理公司有关政策的函》，简称“1738 号文”）松绑地方资产管理公司，“1738 号文”允许地方资产管理公司对外转让不良资产且省级政府可增设一家地方资产管理公司。自此，不良资产管理行业从四大资产管理公司垄断竞争的局面迈入近似充分竞争格局，不良资产市场进入“4 + 2 + N”的竞争格局，开启差异化发展的新阶段，即四大地产管理公司、各省可设立的两家地方资产管理公司以及各地未持牌资产管理公司。截至 2019 年 3 月底，持牌资产管理公司已达到 69 家。

作为不良资产管理市场的“新军”，地方资产管理公司在经历了市场洗礼后，也逐步开始调整战略。在2019年3月举行的第四届中国地方资产管理公司论坛暨《中国地方资产管理行业白皮书2018》发布会期间，来自全国50多家地方资产管理公司的与会人士围绕“聚焦主业”和“化解风险”两大热门议题展开探讨，一致认为，地方资产管理公司应植根地方，服务地方，以“化解区域金融风险、服务实体经济”为己任，坚持合法合规、审慎经营的原则，加快向主业的回归和聚焦。

二、地方资产管理公司概念

（一）不良资产概念

不良资产是指处于非良好经营状态的、不能及时带来正常利息收入甚至难以收回本金的资产，主要指不良贷款，包括次级、可疑和损失贷款及其利息。不良资产从其产生原因分类主要包括各类表内不良信贷资产本金（含贴现）及其欠息（含应收利息、催收利息及挂账利息）；表外信贷资产（含银行承兑汇票、保证业务、信用证等）垫款及其垫款利息（含应收、催收利息）等。

金融不良资产包括银行不良资产和非银行金融机构不良资产。银行不良资产按信贷资产、非信贷资产和表外业务分类。其中，不良信贷资产指银行持有的次级、可疑及损失类贷款。

（二）地方资产管理公司界定

一般而言，凡是从事资产管理业务的公司都可以称为资产管理公司。但从业务范畴而言，资产管理公司可以分为两类，：一类是无须取得金融业务许可证的资产管理公司，如不动产资产管理公司、物业资产管理公司等；另一类是需要持有金融监管部门颁发的金融业务许可证的资产管理公司，此类资产管理公司也被称为金融资产管理公司，而“6号文”第3条提及的地方资产管理公司是指由各省、自治区、直辖市人民政府依法设立或授权的作业范围仅限于省内并且只能以债务重组的方式开展业务的资产管理公司或经营公司。

2013年11月28日，银监会发布《关于地方资产管理公司开展金融企业不良资产批量收购处置业务资质认可条件等有关问题的通知》（简称“45号文”），明确地方不良资产管理公司门槛开展金融企业不良资产批量收购处置业务资质为注册资本不低于10亿元人民币，且为实缴资本；具有具备任职专业知识和业务工作经验的董事、高级管理人员及适宜于从事金融企业不良资产批量收购、处置业务的专业团队；具有健全的公司治理、完善的内部控制和风险管理制度；非新设的地方资产管理公司还要满足经营业绩良好，最近三个会计年度连续盈利以及资质信用良好，近三年内无违法违规和其他不良记录。

2016 年 10 月，银监会下发了“1738 号文”，允许省级政府增设一家地方资产管理公司，但新增设的地方资产管理公司应满足“45 号文”第二条规定的审慎性条件。“1738 号文”还允许地方资产管理公司收购的不良资产对外转让，且对外转让的受让主体不受地域限制。

2019 年 7 月，银保监会发布《关于加强地方资产管理公司监督管理工作的通知》（简称“153 号文”），规定地方资产管理公司应建立全面的公司治理框架、完备的内部控制与风险管理体系，坚持依法合规、稳健经营，以市场化方式、法治化原则、专业化手段开展不良资产收购处置业务，以防范和化解区域金融风险、维护经济金融秩序、支持实体经济发展为主要经营目标。

综上所述，地方资产管理公司是指依照《金融企业不良资产批量转让管理办法》（财金〔2012〕6 号）、《关于地方资产管理公司开展金融企业不良资产批量收购处置业务资质认可条件等有关问题的通知》（银监发〔2013〕45 号）、《关于适当调整地方资产管理公司有关政策的函》（银监办便函〔2016〕1738 号）等有关规定设立的以资产处置为主业的持牌地方性金融机构。

三、地方资产管理公司与四大资产管理公司、债转股 AIC 的区别

（一）设立的初衷不同

四大资产管理公司是经国务院决定设立的收购国有银行不良贷款、管理和处置因收购国有银行不良贷款形成的资产的国有独资非银行金融机构，设立的最初目的是承接四大国有银行的不良资产剥离。

债转股 AIC 是五大行为了开展市场化债转股业务专门成立的投资公司，其经营范围本就围绕债转股及其相关配套服务，如收购银行对企业的债权，对于未能转股的债权实行重组、转让和处置，投资企业股权，向合格投资者募集资金等。根据债转股 AIC 管理办法，收购债权转股权、处置转股失败的债权均属于债转股 AIC 主业，债转股 AIC 主营业务收入占比原则上不应低于 50%。

地方资产管理公司成立的主要原因是要起到地方金融稳定器的作用，是为了化解区域不良风险，促进区域经济转型，同时以维护经济金融秩序、支持实体经济发展为主要经营目标。其主要有三大使命，一是要维护区域金融稳定；二是要服务实体经济，从不良资产管理角度发力，推动本地产业升级；三是助推当地政府重大战略实施和产融有机结合。

（二）设立的条件不同

四大资产管理公司的注册资本为人民币100亿元，由财政部核拨。四大资产管理公司的资本充足率根据银监会印发的《金融资产管理公司资本管理办法（试行）》规定执行，即集团母公司应当按照以下公式计算资本充足率：

$$核心一级资本充足率=\frac{核心一级资本-对应资本扣减项}{风险加权资产}\times 100\%$$

$$一级资本充足率=\frac{一级资本-对应资本扣减项}{风险加权资产}\times 100\%$$

$$资本充足率=\frac{总资本-对应资本扣减项}{风险加权资产}\times 100\%$$

集团母公司风险加权资产包括信用风险加权资产、市场风险加权资产和操作风险加权资产。其各级资本充足率不得低于如下最低要求：（1）核心一级资本充足率不得低于9%；（2）一级资本充足率不得低于10%；（3）资本充足率不得低于12.5%。

债转股AIC的最低注册资本为100亿元人民币或等值自由兑换货币。其主要股东应当为在境内注册的商业银行，并且入股资金为自有资金、最近3个会计年度连续盈利、最近2年内无重大违法违规行为。银保监会发布《金融资产投资公司管理办法（试行）》规定债转股AIC的资本充足率、杠杆率和财务杠杆率水平参照《金融资产管理公司资本管理办法（试行）》的相关规定执行（同上）。

地方资产管理公司的注册资本，一般要求是1 000万元以上。有熟悉金融及相关业务的管理和评估人员，其中公司高管要求有3年以上金融从业经验。要符合《公司法》规定的公司章程，并且有符合要求的经营场所。2017年10月25日，江西省金融办公布了《江西省地方资产管理公司监管试行办法》，规定地方资产管理公司的资本充足率不得低于12.5%。

（三）营业范围不同

四大国有金融资产管理公司的经营区域为全国，其主要业务则是金融不良资产、非金融不良资产业务。《金融资产管理公司条例》第十条明确，金融资产管理公司在其收购的国有银行不良贷款范围内，管理和处置因收购国有银行不良贷款形成的资产时，可以从事下列业务活动：（1）追偿债务；（2）对所收购的不良贷款形成的资产进行租赁或者以其他形式转让、重组；（3）债权转股权，并对企业阶段性持股；（4）资产管理范围内公司的上市推荐及债券、股票承销；（5）发行金融债券，向金融机构借款；（6）财务及法律咨询，资产及项目评估；（7）中国人民银行、中国证券监督管理委员会批准的其他业务活动。

债转股 AIC 的经营区域为全国，其业务范围从资产负债的角度来看，基本分为两个方向，即资产端的债转股项目落地和负债端的对外融资情况。《金融资产投资公司管理办法（试行）》第二十三条明确，经国务院银行业监督管理机构批准，金融资产投资公司可以经营下列部分或者全部业务：（1）以债转股为目的收购银行对企业的债权，将债权转为股权并对股权进行管理；（2）对于未能转股的债权进行重组、转让和处置；（3）以债转股为目的投资企业股权，由企业将股权投资资金全部用于偿还现有债权；（4）依法依规面向合格投资者募集资金，发行私募资产管理产品支持实施债转股；（5）发行金融债券；（6）通过债券回购、同业拆借、同业借款等方式融入资金；（7）对自营资金和募集资金进行必要的投资管理，自营资金可以开展存放同业、拆放同业、购买国债或其他固定收益类证券等业务，募集资金使用应当符合资金募集约定用途；（8）与债转股业务相关的财务顾问和咨询业务；（9）经国务院银行业监督管理机构批准的其他业务。总的来说，金融资产投资公司应当以前款前四项业务为主业，并且其全年主营业务占比或者主营业务收入占比原则上不应低于总业务或者总收入的 50%。

地方资产管理公司的经营区域主要为收购本地区金融机构不良资产，《关于加强地方资产管理公司监督管理有关工作的通知（征求意见稿）》明确地方资产管理公司可以从事九项业务。一是收购、管理、经营和处置本地区金融企业不良资产；二是收购、管理、经营和处置非金融企业不良资产；三是基于不良资产业务开展追加投资；四是债务重组、债权转股权并对企业持股或追加投资；五是资产管理业务；六是托管与救助困境企业；七是财务、投资、法律及风险管理等咨询、顾问以及其他综合金融服务；八是经有关部门批准担任破产管理；九是法律、行政法规不禁止的其他业务。

（四）监管主体不同

四大资产管理公司已发展成为全牌照金融控股集团，可开展金融资产管理、银行、保险、证券、基金、信托、租赁等业务，所以受到“一行两会”的严格监管。

债转股 AIC 根据业务发展需要设立分支机构和附属机构，由国务院银行业监督管理机构及其派出机构参照有关金融资产管理公司的行政许可范围、条件和程序进行审核。

地方资产管理公司按照 2017 年中央金融工作会议精神，由“一行两会”制定适用全国性的监管制度，各地方金融监督管理局负责监管执行，并根据区域实际情况有权制定区域性监管政策，如 2017 年江西省发布了《江西省地方资产管理公司监管试行办法》对，地方资产管理公司的股东资格、公司治理、高管任职、风险管控、资本充足性、财务稳健性、信息披露等提出细化要求。

四、地方资产管理公司的经济功能

（一）有利于助力供给侧改革，优化产业结构

近年来，各地政府为促进经济发展、改善城市基础设施加大了投资力度，在地方财政资金不足的情况下，土地财政、发行政府债券等方式成为筹措资金的主要手段，一些地方政府债务急剧上升，同时各商业银行和企业在经营过程中也形成了不良资产。地方资产管理公司作为化解区域风险，优化金融生态的主要推手，既可以批量收购处置银行类及非银行类金融机构不良资产降低金融风险，又能通过收购非金融机构的不良资产（主要为应收账款等），帮助企业盘活存量资产，还可以推进既有产能过剩、资不抵债的企业进行改制重组、破产清算。扮演着供给侧结构性改革的生力军、金融风险过滤网、优化国有资产助推器和资源整合等角色，肩负着重大社会责任。

（二）有利于优化地方国有资产结构

由于地方资产管理公司的成立多由政府主导，由地方财政出资，大多数为国有独资或国有控股，对于地方经济运行和国有企业资产状况更为了解，具有信息优势，使地方资产管理公司在具体的不良资产业务操作时，不会完全以盈利性为导向，能满足地方政府的政策需要。地方资产管理公司与地方政府的天然联系，使其在化解地方金融风险过程中，协调地方资源，获取政策支持等方面独具优势。因此地方资产管理公司的成立，为地方政府处置和化解上述金融风险提供了新的思路和途径。

地方资产管理公司能够更好地结合地方党委政府的战略意图，对风险事项综合考虑、权衡利弊、分类施策，以精准的专业化手段防范和化解风险，为地方经济发展行稳致远保驾护航。地方资产管理公司能够有效贯彻国家宏观经济政策，结合当前经济结构调整要求，借助市场化手段和金融工具，结合法律法规和风险管理的专业优势，承接地方国有资产重组，优化地方国资布局，改革剥离非主业及降效资产，从根本上实现国有资产的保值增值，进而提升国有资产在国民经济中的控制力和影响力，进一步适应新常态，推动经济新发展。

（三）有利于整合区域性资源推动当地产业升级

地方资产管理公司“本地化”优势明显，在同地方政府保持紧密关系、熟悉当地情况、协调处置地区产业群、提升产能过剩资产质量、化解地方债务风险等方面具有一定优势，从产业升级的高度对不良资产进行整合和剥离，优化地方产业的资源配置，提升产能转换效率。同时，地方资产管理公司可以依靠专业优势和平台资源，有力推动区域经济产业结构优化升级，对如节能环保产业、信息技术产业、高端制造业和新能源产业等战略性新兴产业的重组整合等提供专业化、个性化的“一站式”金融服务，对目标资产进行优化整合、价值提升，最大限度提升社会资源配置的系统性、科学性和有效性，加速产业整合进度，帮助困境企业走出债务危机，实现地方产业结构的优化升级，落实金融对实体经济的支持，真正实现金融“脱虚向实，回归本源”，维护当地实体经济发展环境的稳定。

因此地方资产管理公司作为独立法人，经营决策链条短，能快速拓展深入基层和现场，更能适应市场化要求。因此，作为地方政府市场化运作的承载体，地方资产管理公司可以发挥类金融机构的技术优势，为当地战略性新兴产业的整合提供定制化、专业化的全方位金融服务，推动当地特色资源的有效整合，最大限度提升社会资源配置的系统性、科学性和有效性，加速当地产业整合进度，助推当地实体经济跨越式发展。

五、地方资产管理公司发展状况

（一）行业政策沿革

2012—2019 年地方资产管理公司行业政策情况（见表 6－1）。

表 6－1　　我国不良资产政策一览（2012—2019 年）

政策名称	发布时间	发布部门	政策重点内容
《金融企业不良资产批量转让管理办法》	2012 年 1 月 18 日	财政部和银监会	地方资产管理公司设立的政策依据，该办法第三条规定，各省级人民政府原则上只可设立或授权一家资产管理或经营公司，核准设立或授权文件同时抄送财政部和银监会。上述资产管理或经营公司只能参与本省（区、市）范围内不良资产的批量转让工作，其购入的不良资产应采取债务重组的方式进行处置，不得对外转让
《中国银监会关于地方资产管理公司开展金融企业不良资产批量收购处置业务资质认可条件等有关问题的通知》	2013 年 11 月 28 日	银监会	在重申上述规定的基础上，明确了地方资产管理公司的准入条件，包括：注册资本最低限额为 10 亿元人民币；有具备任职专业知识和业务工作经验的董事、高级管理人员及适宜于从事金融企业不良资产批量收购、处置业务的专业团队；有健全的公司治理、完善的内部控制和风险管理制度
《金融资产管理公司监管办法》	2014 年 11 月 28 日	银监会、财政部等五部委	对金融资产管理公司的综合经营及管控从监管制度上进行了规范
《中国银监会关于地方资产管理公司开展金融企业不良资产批量收购处置业务资质认可条件等有关问题的通知》	2015 年 12 月 1 日	银监会	规定新成立的地方版资产管理公司应符合注册资本最低限额为 10 亿元人民币，且为实缴资本
《关于规范金融资产管理公司不良资产收购业务的通知》	2016 年 3 月 19 日	银监会	资产公司收购银行业金融机构不良资产需通过评估或估值程序进行市场公允定价，实现资产和风险的真实、完全转移
《关于适当调整地方资产管理公司有关政策的函》	2016 年 10 月 14 日	银监会	放宽《金融企业不良资产批量转让管理办法》（财金〔2012〕6 号）中关于各省级人民政府原则上可设立一家地方资产管理公司的限制，允许有意愿的省级人民政府增设一家地方资产管理公司；此外，还放宽了关于地方资产管理公司收购的不良资产不得对外转让的限制，允许以债务重组、对外转让等方式处置不良资产，对外转让的受让主体不受地域限制
《关于公布云南省、海南省、湖北省、福建省、山东省、广西壮族自治区、天津市地方资产管理公司名单的通知》	2017 年 4 月 25 日	银监会	公布了 7 家地方资产管理公司名单的同时，降低了不良资产批量转让门槛，将不良资产批量转让组包户数由 10 户以上降低为 3 户及以上
《关于进一步做好银行业金融机构债权人委员会有关工作的通知》	2017 年 5 月 10 日	银监会	鼓励金融资产管理公司支持实体经济发展，帮助化解企业债务危机，积极推进破产管理业务
《关于金融资产管理公司等机构业务经营中不动产抵押权登记若干问题的通知》	2017 年 5 月 15 日	银监会、国土资源部	解决了金融资产管理公司在办理抵押登记过程中遇到的相关问题，为金融资产管理公司办理不良资产收购业务开启了绿色通道
《金融资产投资公司管理办法（试行）》	2018 年 6 月 29 日	银保监会	对金融资产投资公司的业务规则、资金来源、风险管理等提出了具体的指导意见。除了债转股业务，金融资产投资公司可以对未能转股的债权资产进行重组、转让和处置

续表

政策名称	发布时间	发布部门	政策重点内容
《关于加强地方资产管理公司监督管理工作的通知》	2019年7月5日	银保监会	地方资产管理公司收购处置的不良资产应当符合真实、有效等条件，通过评估或估值程序进行市场公允定价，实现资产和风险的真实、完全转移。不得与转让方在转让合同等正式法律文件之外签订或达成影响资产和风险真实完全转移的改变交易结构、风险承担主体及相关权益转移过程的协议或约定，不得设置任何显性或隐性的回购条款，不得以任何形式帮助金融企业虚假出表掩盖不良资产，不得以收购不良资产名义为企业或项目提供融资，不得收购无实际对应资产和无真实交易背景的债权资产，不得向股东或关系人输送非法利益，不得以暴力或其他非法手段进行清收

（二）行业发展现状

据《中国地方资产管理行业白皮书（2019）》显示，地方资产管理公司总资产约为5 600亿元。41家地方资产管理公司中，总资产最多的为773.52亿元，最少为12.67亿元，中位数73.2亿元，平均总资产105.6亿元。

从国内目前的持牌地方资产管理公司经营情况看，两极分化的现象比较明显，有的快速扩张，有的则鲜有业务，这与各地的经济环境状况不同有很大关系。地方资产管理公司在2019年披露的债权总受让额较2018年降低了约400亿元，而净受让额则变化不大，地方资产管理公司净受让额占当地银行出让额比例超过20%的有11个省份，总出让占持牌地方资产管理公司出让的约30%，受让占持牌地方资产管理公司受让的约40%，可以看出，地方资产管理公司总体还是发挥了相当大的作用，成为地方金融市场的重要力量。

但随着经济结构调整，不良资产规模攀升，监管力度进一步加强，多种因素对地方资产管理公司的资本实力和综合竞争力提出了更高要求。2019年，全国新获批的地方资产管理公司仅三家（北京资产管理有限公司、长沙湘江资产管理有限公司、成都益航资产管理有限公司），远不如2017年的11家和2018年的10家新增。作为全国首批五家地方资产管理公司之一的浙江省浙商资产管理有限公司二轮增资项目正式在浙江产权交易中心挂牌，寻求更多资金注入。

2019年年末，新签订的中美第一阶段经贸协议约定“中国应允许美国金融服务提供者从省辖范围牌照开始申请资产管理公司牌照，使其可直接从中资银行收购不良贷款”。随后，全球知名投资公司橡树资本（Oaktree Capital）的全资子公司在北京完成工商注册，预将申请地方资产管理公司牌照。此前境外资本投资我国不良资产市场受制于牌照，无法直接与持牌机构竞争，只能作为持牌机构的出货对象。短期来看，由于各地经济状况不同、受专业人才短缺和各地司法环境不同等客观情况的限制，即使国内地方资产管理公司拥有本土优势，大多数业务规模仍不算大，外资的全国性收购也不会一帆风顺。但从长远来看，外资直接参与一级市场的竞争，将对我国不良资产市场格局造成深远影响。

第二节　地方资产管理公司业务开展

一、组织机构

（一）董事会设置模式

地方资产管理公司董事会的建制多有不同，具体而言，大都在董事会的基础上，建立健全各专门委员会的建构，从而以专业化的支撑为公司中长期发展战略、业务发展及关联交易、风险管控薪酬管理、内部审计等重大事项进行研究并提出建议。

作为股东大会在公司治理层面的映射，地方资产管理公司的董事会承继了其股东大会的特点，董事会人员较少，很少能达到法律规定的13人上限。从董事会建设方面，基于专业性的需要，部分地方资产管理公司成立后便通过聘任外部董事/独立董事的方式提高董事会的决策水平，从目前各家机构聘任外部董事/独立董事的情况看，其工作经历主要为高校教授、其他单位企业经营管理专家等。地方资产管理公司董事会应当设立独立的审计委员会，审计委员会成员主要由非兼任高级管理人员职务的董事或监事担任。

例如，河南资产管理有限公司于2019年12月4日召开第一届董事会第十九次会议，审议通过了《关于聘任河南资产管理有限公司总经理（总裁）和2名副总经理（副总裁）的议案》，任期均为3年。河南资产管理有限公司表示，此次市场化选聘总经理（总裁），是根据《中华人民共和国公司法》及《公司章程》有关规定，按照市场化选聘程序，由8名董事和3名外部专家组成的考评组，对7位来自省内外金融机构的高管竞聘者进行现场面试、考评、推荐后产生。

（二）监事会制度安排

监事会应当包括股东代表和适当比例的公司职工代表，其中职工代表的比例不得低于1/3，具体比例由公司章程规定。监事会中的职工代表由公司职工通过职工代表大会、职工大会或者其他形式民主选举产生。

例如，北京嘉富诚资产管理有限公司监事会是按照有限责任公司相关法律组建的。2015年8月8日，公司股份制改造时，将监事增加至3名，公司董事、监事、高级管理人员较为稳定，股份制改造时高级管理人员增幅较大，系因公司根据《中华人民共和国公司法》对股份公司要求，完善了股份公司治理结构项下的高管职位，但公司的核心管理层仍保持稳定。

二、业务架构

从不良资产主业来看，地方资产管理公司不良资产业务主要分为处置类、重组类和创新类业务三大类型。一直以来银保监会仅对批量收购处置业务进行备案，且具体监管规则缺失、监管职责划分不明，相对宽松的环境使地方资产管理公司自由生长数年，形成了多种业务模式。从目前市面上地方资产管理公司机构开展的业务种类来看，大致可分为不良资产收购处置业务、资本市场重组业务、市场化债转股业务和融资类业务。以陕西金融资产管理公司为例，该公司的经营范围包括：收购或受托经营金融机构和非金融机构不良资产，对不良资产进行管理、投资和处置；资产经营与管理；对外投资与管理；企业并购与重组；金融机构托管与清算；财富管理、私募股权投资及咨询；资产及项目评估；财务、投资、法律及风险管理咨询与顾问等。

（一）不良资产收购处置业务

地方资产管理公司将批量收购处置业务作为主营业务开展，归结起来大概有三个特点：一是与各地市成立合资子公司，依靠地方政府各方面的资源，对地方资产收购与处置都大有裨益；二是与当地商行、农商行、农信社等建立总对总的业务关系，对于资产包收购业务影响重大；以再转让为主要处置模式的当下，低价成为资产包收购业务制胜的关键；三是搭建二级投资者生态圈，在地方资产管理公司去收包时便有大量投资人跟随甚至早就定好了下家，进而收购成功后快速转手完成处置，取得了很好的规模效益。

（二）资本市场重组业务

地方资产管理公司资本市场业务一般来说主要包括上市公司纾困、定向增发和一级股权投资三种类型。

纾困业务模式一般为债权和股权两种，债权即长期限的高质押率股票质押业务，股权即通过大宗/协议转让直接受让大股东股权，通过这两种途径，上市公司大股东获得流动性资金，解除濒临平仓的股票质押业务。也有地方资产管理公司会同时投资上市公司体外的配套资产或者要求大股东将部分套现资金返投回纾困基金、基金再投向上市公司相关的配套产业，这为日后上市公司的资本运作和纾困基金的退出留下操作空间。对纾困对象的选择，地方资产管理公司一般秉持“三优原则”，即优势行业、优质上市公司、优秀团队。而这类纾困公司一般选择余地也大，因此，能落地的纾困业务很多时候也是一个双向选择的过程，因而地方资产管理公司纾困的业务风格、专业度也颇为重要。地方资产管理公司纾困业务成功的关键因素主要有三个方面：一是自身的实力和服务水平，有需求不代表能抓住需求，因为是双向的；二是高效率，多为国资背景的地方资产管理公司授权决策体系一定要到位；三是创一代多讲合作，少谈利益。

地方资产管理公司的资本市场定向增发业务主要为配合当地招商引资，促进当地经济发展的同时取得较好的综合收益。一级股权投资业务因为与不良主业的相关性和协同性，多数地方资产管理公司均有涉及，甚至作为战略性业务进行布局。

专栏 6-1 知识链接

> “纾困”是一个蕴含着丰富内涵的词汇，狭义地讲，是指化解上市公司特别是民营上市公司的股权质押风险。更广义地来说，则是舒缓、缓解企业的经营困难，为实体经济“活血化瘀”，助力供给侧结构性改革深入推进。

（三）市场化债转股业务

地方资产管理公司成立时间较短，债转股业务对其属于创新类业务，作为地方资产管理公司的典型业务，通过股和债的平衡能够更好地匹配风险和收益。其中需要注意两点：第一是选择优质标的，从退出途径角度反向推断，上市退出是最好的，因此，有上市公司平台或拥有符合上市方向资产的企业更优质，像募集资金置换银行债务的这类项目，对接哪块资产需要进一步甄选；第二是平衡资金期限和资金成本，寻找低成本资金合作是关键。

（四）融资类业务：通道+配资+固收

因为低风险甚至无风险或者技术难度低且收益可观的特征，通道+配资+固收业务成为展业不久的地方资产管理公司的首选，但随着监管的不断加码，该类业务操作空间越来越窄，地方资产管理公司开始对该类业务进行收缩。通道业务中，部分非持牌地方资产管理公司，或者想跨区域收购资产包的地方资产管理公司，采用委托当地资产管理公司从银行收购资产，该类业务目前受到的限制较少，成为部分较为审慎的地方资产管理公司的主要业务。配资业务中，地方资产管理公司是资产的名义持有人，表面上看是地方资产管理公司进行的不良资产收购处置，30%保证金+资产名义所有权的低风险特征，使该业务广受欢迎。但该项业务的规模化开展有赖于活跃的不良资产投资人群体，经济落后地区地方资产管理公司或不具备该项业务开展的基础。

固定收益业务即融资类业务，多为房地产企业、政府平台和当地优质国企、上市公司融资。地方资产管理公司对该类业务多有布局，但操作模式已不似之前的委贷模式，而是通过非金“不良”债权的模式进行。

三、不良资产处置业务流程

地方资产管理公司的主要业务包括不良资产经营、资管及投资业务。其中，从业务收入构成来看，不良资产处置业务收入是地方资产管理公司的首要业务收入来源，资产管理和投资业务收入为第二大收入来源。不良资产处置是实现不良资产经营利润的核心手段，是地方资产管理公司通过投资于特定公司的不良资产，通过被动或主动管理等手段获得超高回报。

（一）传统收购处置不良资产模式（见图6-2）

此种方式下，地方资产管理公司通过公开竞标或协议转让方式承接不良资产包，处置手段包括二次出售（单户转让、打包转让）、债务人折扣清偿、债权重组、本息清收、破产清算、诉讼追偿等方式，收购处置模式业务周期通常为1—3年。

收购处置的盈利模式为获取不良资产债权清收收益以及再次买卖价差收益等。收购处置模式处置收益的实现与经济周期有较强的正相关性，若实体经济企稳复苏则有利于债权资产的价值回升，处置效率提升，收益存在较大上升空间。若经济下行则内部收益率趋于收窄。

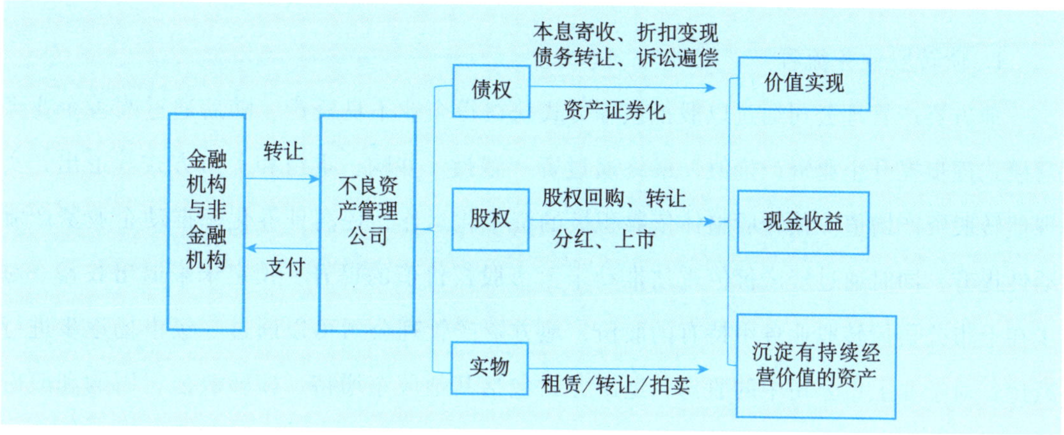

图 6-2 传统收购处置不良资产业务流程

（二）传统重组处置不良资产模式（见图 6-3）

此种模式下，地方资产管理公司与债权人及债务人三方达成协议，以确定合同权利义务关系。地方资产管理公司在向债权企业收购债权的同时与债务企业及关联方达成重组协议，约定还款金额、还款方式、还款时间、抵质押物与担保安排。采用重组方式处置不良资产的主要收益来源于重组过程中资产价值提升的溢价收益和企业经营咨询顾问费用。重组模式在风险可控的前提下可以追求较高重组溢价，地方资产管理公司的重估定价与资本运作价值提升能力是决定公司能否快速发展的核心竞争力。

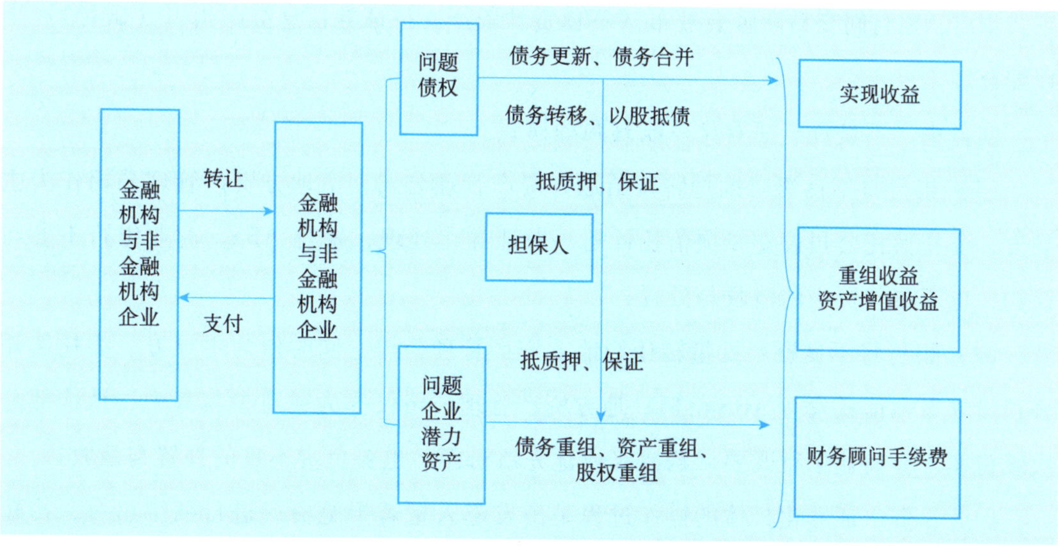

图 6-3 传统重组处置不良资产流程

（三）创新业务开展流程

1. 债转股业务流程

地方资产管理公司通过以股抵债等方式获得得企业不良资产，随后通过改善企业经营模式逐步提升企业资产价值，最终通过资产置换、并购、重组和上市方式等退出，实现债转股资产增值。债转股整体依靠积极的资本化运作，提高证券化率推动企业资产流动性提升，同时通过资产价值重估推动未上市股权价值的提升，锁定未来退出收益。对于在上市公司债转股业务中持有的股份，地方资产管理公司可以通过二级市场逐步进行减持；对于非上市公司中的股份，退出方式包括其他股东增持、债转股公司回购和股份转让。债转股盈利方式包括处置收益、重组收益、分红收入、投资收益以金融服务收入。债转股模式中，地方资产管理公司是否能有效提升债转股资产的证券化率，推动未来上市资产价格以及未上市资产评估价值提升，将决定地方资产管理公司在债转股业务中是否具有较强的市场竞争力。

2. 资产证券化

利用证券化方式处置不良资产在国内起步较晚，发展速度较慢，最早于 2005 年在国家开发银行和中国建设银行中试点施行，但数量少、规模小，并未引起重视，2008 年受美国次贷危机的影响一度被暂停。直到 2014 年，随着宏观经济下行压力陡增，商业银行不良贷款率与余额攀升，银行不良资产处置的压力与迫切性增强，监管层开始着手重启不良资产证券化业务，协助银行处置表内不良。2016 年 2 月，不良资产证券化业务试点正式重启，银行间交易商协会发布《不良贷款资产支持证券信息披露指引（试行）》予以配合。

实务中，不良资产证券化一般有两种模式。

（1）银行将不良资产批量转让给地方资产管理公司，由地方资产管理公司作为主导方，委托信托公司设立专项信托计划，做证券化处理，发行 ABS。商业银行不参与认购，也不参与资产的清收与处置；

（2）银行将不良资产批量转让给地方资产管理公司，同时作为主导方，委托信托公司设立专项信托发行 ABS 份额。地方资产管理公司仅作为通道参与其中，认购部分次级份额，而商业银行既要认购次级或优先级份额，也要负责不良的处置与清收。

因此，资产证券化具体的操作过程是由发起人把若干笔资产进行捆绑组合，构造一个资产池，然后将资产池出售给一家专门从事该项目基础资产的购买、发行资产支持证券的特定目的载体（SPV），SPV 以购买到的资产为基础发行债券，并委托发起人处置资产，资产处置形成的现金流用于向债券购买者支付债券本息（见图 6－4）。

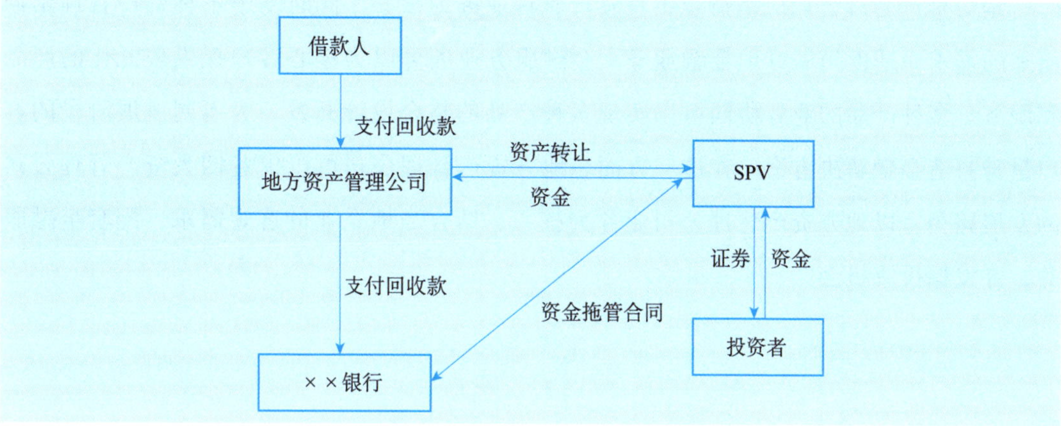

图 6－4　证券化方式处置不良资产流程

四、市场拓展

（一）市场分析

不良资产处理市场分为一级市场和二级市场。一级市场是指持牌地方资产管理公司直接从商业银行等金融机构购不良资产，是由持牌地方资产管理公司和商业银行等金融机构构成的交易市场。二级市场是指持牌地方资产管理公司与其他未持牌资产管理公司及其他投资者之间的交易形成的市场。目前，地方资产管理公司做得最多的业务是依靠垄断的地方资产管理公司牌照，从银行买断资产包，然后转手卖给民资资产管理公司或者其他投资者，赚取中间差价。

根据各地方资产管理公司的收入分布以及经营战略情况，目前可以将其分为三大类型：一是聚焦不良主业的资产管理公司，深耕区域业务。二是多元化布局的综合金融服务商，在投融资、基金管理等业务板块广泛布局，如浙商资产管理公司、江苏地方资产管理公司等。因不良资产业务具有较强的周期性，且变现时间长，对专业技术要求较高，拓展其他板块的业务有助于开拓新的利润增长点。但部分地方资产管理公司未综合考虑自身资源禀赋，盲目进行多元化，陷入业务能力不足、新开拓业务增长迟缓的发展瓶颈。三是在国有资本支持下的投资运营公司。由于大部分地方资产管理公司都与国有资本相关，而国有企业具有规模扩张的软约束，希望利用自身资源，通过地方资产管理公司不断投资，扩张新的平台。

（二）客户营销

地方资产管理公司应坚持以不良资产管理业务为核心，同时基于不良资产管理延伸出来的需求而适度拓展其他金融业务。金融服务业务可以为核心客户提供多元化的产品和服务。多种产品的业务协同可以实现多种产品的整合设计开发，为不同发展阶段的客户量身打造金融解决方案。在这一方面，地方资产管理公司可以借鉴四大资产管理公司的发展路径，以地方资产管理公司业务为核心，结合当地企业的客观需求，配套金融服务，并发掘投资机会。

（三）尽职调查

地方资产管理公司应按照国家有关规定和要求，认真做好不良资产的尽职调查。

一是通过审阅不良资产档案和现场调查等方式，客观、公正地反映不良资产状况，充分披露资产风险。

二是按照地域、行业、金融等特点确定样本资产，并对样本资产（其中债权资产应包括抵质押物）开展现场调查，样本资产金额（债权为本金金额）应不低于每批次资产的一定比例，以充分保障样本的代表性。

三是应认真记录卖方尽职调查过程，建立卖方尽职调查数据库，撰写卖方尽职调查报告。

专栏 6－2 知识链接

不良资产经营的“新时代”①

一、深耕主业，发掘投资新机会

在当前经济稳中有变、局面复杂的大背景下，坚定做精主业，做好国家金融稳定器和逆周期管理工具。把握不良贷款处置的市场机遇，帮助商业银行不良资产出清；把握国企去杠杆的政策机遇，积极开展市场化债转股；把握变危为机的特殊机遇，积极参与“三个鼓励”范围内企业的财务重组和破产重整。

二、聚焦问题，培育主业增长极

单独或联合第三方对问题企业进行重组，清理和整合企业债权债务及股权等关

① 资料来源：金融时报。

系，实施重组与并购的逆周期布局，探索以不良债为切入点的“债+股”夹层模式，恢复企业正常生产经营和偿债能力；实践产融合作的业务模式，寻找行业中的龙头，带着专业、人才、市场、管理和技术，一起出钱、出资产、出项目，合作重组危机企业，打造更多并购重组经典案例。

三、强化协同，打造“不良”大格局

依托地方政府支持，借鉴四大资产管理公司资金、人才、技术、经验、管理和创新的经验，对接地方资产管理公司的“地利、人和”优势，不断延伸主业产业链和价值链，构建“大资管”“大投行”“大协同”三位一体的战略发展方式，即以不良资产经营管理为核心，优化“大资管”体系；以并购重组为核心，壮大“大投行”业务；以完善平台协同发展战略为手段，实现综合金融“大协同”运作。

四、加强创新，探索业务新模式

以市场化原则推进不良资产化解模式，以基金化手段参与“去产能、去库存、去杠杆”，以合作化方式参与地方金融风险化解。在并购重组手段上，从传统的不良资产债务重组，逐渐发展为企业的财务重组、资产重组、股权重组，乃至产业重组；在运作对象上，从不良企业、问题企业，逐步延伸至正常企业、优质企业、龙头企业；服务模式由单一的资产处置扩展为依托银行、证券、保险、信托、租赁、投资、基金等金融工具箱的一揽子综合金融服务。

五、坚持分类，多措并举提质增效

积极践行重建与再生的不良资产运作理念，通过批转零业务，构建新型的不良资产上下游市场，将不良资产分拣，没有重组增值价值的转售给外围的投资者。能增值运作、具备重组可能的资产，不能简单“一卖了之”；把有价值的企业救活，继续对社会作出贡献，而不是简单处置搞死。

六、脱虚向实，激活不良一池死水

对一些本质没问题，仅仅因为资金链断裂出现流动性危机的项目，混合使用收购+处置+投资+融资、债与股的夹层和增信担保等，通过注资救助、削债收购、剥离重组、重整债务和冻结债务、协调政府支持、托管经营等方式积极参与运作。

七、聚力转型，善用手段促发展

在新的市场环境下“老业务要有新玩法”，不良资产的运作方式也要升级换代，如通过不良资产证券化、市场化债转股、互联网+不良资产等，实现“重资产”向“轻资产”转型。

八、找准角色，强化合作求共赢

特别注重与银行合作，当好收购人、发起人、发行人、管理人、投资人（次级）、增信人等，全程参与不良资产化解，做好转股、持有、运营、管控等相关工作。如全面深化与银行在不良资产处置、资金业务、债转股、债券投资、银行授信、资产管理等优势资源的整合和核心业务的合作。

九、以人为本，构建核心竞争力

加大人才引进力度，实现“引进一个人才，提升一个团队，开拓一片业务”。围绕主业经营，着力提升不良资产的获取、运营和处置能力，提升公司发现价值、实现价值、创造价值的专业能力。

十、科学风控，坚定不移守底线

调整风险偏好，实现经营风险可测、可控、可承受。建立资本约束机制，合理匹配资产负债规模，发掘主业突出、技术先进、前景良好的客户，实行行业准入负面清单管理，加强产品和业务准入管理。

第三节 地方资产管理公司与金融科技

一、金融科技在地方资产管理公司的应用

新技术的快速发展促进了金融科技的应用，云计算、大数据、人工智能、区块链等技术与地方资产管理公司业务快速融合，不断创造出新的业务解决方案。

具体来说，云计算为地方资产管理公司提供低成本、高效率的IT基础设施，在安全合规的前提下有力支持了业务快速上线的需求。大数据技术为地方资产管理公司带来海量的数据并提供价值挖掘的有效方式，进行更精准的预测，提高经营效率并降低获客成本。区块链技术以科技带来信任，简化了机构间的清算流程，降低了成本。尤其是人工智能技术的发展，为资管行业面临的痛点提出了很多解决方案，包括智能投研、智能策略、智能风控、智能投顾等，覆盖资管产业全链条，在降低成本的同时，

提升了整体效益。

（一）大数据应用

河北省资产管理公司开行业之先河，探索建立适合自身发展并带有一定前瞻性的“基于业务场景的财务账套体系”，将管理会计理念融入公司管理，通过业务财务一体化场景梳理，实施业务全生命周期对应的财务管理，打造价值创造型财务体系蓝图。随着大数据的发展，企业正迈进一个智能化的时代，因此，河北资管在账套体系设计过程中，同步设计、搭建了业财一体化的信息系统蓝图。同时，根据公司 5 年期战略规划，完成了 5 年信息规划，并以小步迭代方式完成公司信息化平台建设，有效推动公司战略落地。通过对业务系统、财务系统、协同办公系统、预算管理系统、资金管理系统等数据的集成，借助大数据实现对集成数据的深度挖掘与分析，并通过对可视化的数据推送，以“高管驾驶舱”等方式呈现给管理层个性化的定制管理分析，不断提升管理与决策效率。

公司基于大数据思维的业财融合账套体系建设，是实现业财融合的一次有益的探索与实践，不仅打破了传统会计思维局限，也使公司资源得到最有效利用，提高了资源配置效率，助力业务流程再造，也必将推动财务部门逐步从核算型财务向价值创造型财务转型，充分发挥财务对公司商业模式创新、资源保障、价值创造、风险防范等方面的决策支撑作用，为公司高质量发展赋能。

（二）人工智能应用

人工智能技术在另类数据处理、信息整合和信息检索上具有极高的效率。“36 氪”首发催米科技获得千万元级 Pre－A 轮融资，布局人工智能消费金融不良资产处置。催米科技成立于 2017 年 4 月，主要业务为通过人工智能、数据分析及精益运营为各类金融机构提供不良资产管理服务。目前其主要业务为：第一，不良资产处置，承接或者收购一些不良资产，然后基于自身的人工催收团队对这部分不良资产进行处置；第二，人工智能催收系统，基于合作客户的数据帮助客户搭建人工智能催收系统，涉及案件评估、分案以及运营等业务场景，帮助客户提高催收效率，构建催收体系；第三，贷中、贷后管理咨询业务，这项业务不仅涉及贷后催收，也会加入贷中的监测和风险预警。

目前催米科技正在与多家地方资产管理公司及不良资产方筹划成立不良资产投资基金。

（三）区块链

地方资产管理公司通过腾讯区块链技术及运营资源，连接核心企业资产端及金融机构资金端，帮助提升资金配置效率、提升流动性支持小微企业供应链，进而降低社会融资成本，支持实体经济。与此同时，以源自核心企业的应收账款为底层资产，通过腾讯区块链实现债权凭证的流转，又可以保证相关信息不可篡改、不可重复融资，可被追溯。该区块链技术准备应用到地方资产管理公司处置不良资产业务中。

（四）云计算应用

北京仁义鼎立科技有限公司开发的不良资产管理系统“牛资管”，应用了云计算、大数据、人工智能等技术，使用“牛资管”系统，不良资产管理企业可以快速完成资产的估值尽调、组报报价、融资测算、诉讼执行、回报跟踪、文档管理等工作。

对于不良资产管理公司来说，“牛资管”不良资产管理系统能够直接快速帮助公司减少人工成本、提高效率、增加营收。广东粤财资产管理公司使用“牛资管”系统后反馈，之前管理 40 户资产需要 8 个人，使用牛资管系统以后 4 个人就管理了 160 户资产。科技创新在金融领域带来的新技术、新应用、新业态，已成为不可阻挡的行业潮流。“牛资管”系统会根据行业的发展和用户的需求不断迭代升级，同时，未来公司也会不断探索科技与不良资产的融合发展之道，为我国不良资产行业发展作出更大的贡献。

二、地方资产管理公司发展趋势展望：金融科技视角

（一）优化业务流程

大数据技术有助于改善客户与地方资产管理公司之间信息不对称的情况，改变传统的信用评级方法。基于大数据分析的策略模型及流程优化，可实现降本增效。运用自然语言处理技术对催收录音数据进行结构化处理，为催收策略模型提供语料，经过机器学习，不断优化催收策略。优化催收业务流程，提高系统的响应能力，减少不良资产处置的时间周期。智能语音交互，减少人工成本。

基于云计算、人工智能、区块链以及金融应用等核心科技，结合业务场景，打造

智能销售方案、智能风控方案、智能产品方案、智能服务方案和智能运营方案等金融利器，帮助金融机构全面提升获客、风控、产品、客服、运营的能力。

（二）提高风险识别能力

第一，大数据技术有助于筛选潜在的客户风险因子，过滤掉相关风险。同时也有助于提升预测催收回款率的准确程度，从而提升信用风险定价精确度。

第二，人工智能可用于预测采取防御性和攻击性安全措施的风险。整个信贷业务流程应用可分为几个环节：贷前反欺诈及信用风险评估、放款后的贷中监控和逾期管理。同时人工智能决策引擎基于亿万级数据，进行风控建模，对信用度进行评估，这样在有数据有模型的基础上跑智能决策引擎，有效刻画出客户画像，识别防控信用风险。

第三，利用区块链等现代科技手段实行过程监管、功能监管，提高金融监管手段的预防技能和前瞻技能，既能有效防范已知的风险，更能提前感知风险和预测未知的风险，极大地提高风险识别能力，将一些点状分散风险消灭在萌芽状态，防止其演变为重大金融风险。

第四，运用云计算和大数据技术，基于对日常信息流的分析，金融机构可以有效判断客户信用等级与水平，显著提高风险识别能力和风险定价水平。

（三）降低经营成本

第一，利用大数据分析客户的需求并提供个性化产品，可降低运营成本和提高资源使用效率。

第二，人工智能可以通过使用自动化提高效率并减少错误，释放员工的高级任务时间，同时自动化客户服务的关键点，从而降低经营成本。

第三，通过区块链技术，不依赖可信任的第三方就能进行信息以及价值的传递。同时“区块链+供应链金融”，即通过区块链技术可以实现信用的记录和传递，如收款凭证的多级拆分等，以此为基础，构建可信赖的信用体系，使供应链普惠金融成为可能。

第四，通过云计算，企业数据中心的运行将与互联网更相似。这使企业能够将资源切换到需要的应用上，根据需求访问计算机和存储系统。因此，通过人工智能、区块链、云计算、大数据等技术，以及信贷工厂等流程优化来有效降低运营成本。

第四节　资产管理公司典型业务案例

一、案例一：传统债权转让案例

（一）案例背景

江苏省吴江锦福纺织有限公司为江苏吴江市重点招商引资项目，该企业的发展曾对当地经济、就业等作出重大贡献。因行业问题以及实控人经营战略问题，该纺机公司出现经营困境，导致大量负债到期无法兑付。江苏资产管理有限公司对该项目保持了持续关注，并在当地政府的邀请下，对该项目提供了优质的金融解决方案。

中行吴江分行于一季度向江苏资产管理有限公司发出邀请，拟向江苏资产管理有限公司转让该纺机公司的不良债权，债权总额 1 亿多元。担保方式为“保证 + 担保”。江苏资产管理有限公司受邀后，立即成立相关项目小组，对该不良债权进行充分尽调。当时债务人已停止经营，项目组考虑从其保证人及处置抵押物方面入手，实行清收。经调查发现以下情况。

1. 本笔债权项下其中一位保证人 A 为当地大型国有平台，该平台为纺机公司其及股东提供了多项融资担保，因此，当地政府密切关注并影响纺机公司的处置进展。

2. 抵押物性质为住宅用地，位于当地市中心，区位良好，价值较高，如顺利处置可以足额清偿债权本息。

3. 中行吴江分行的代理律所对标的债权相关情况十分熟悉。

（二）业务操作过程

鉴于上述情况，江苏资产管理有限公司项目组设计了联合清收的解决方案：经公司评审小组讨论决议后，我司以超过本金余额的对价向中行吴江分行买断上述债权，随后展开清收工作。

1. 江苏资产管理有限公司收购债权后，继续由中行吴江分行的名义进行清收处置，同时继续聘请原代理律所作为顾问机构，进行跟踪清收。

2. 保证人 A 作为大型国有平台，对自身资信情况极为重视。经多方沟通后，A 支付了较高额的保证金，并配合我司及中行吴江分行进行标的债权处置，特别是通过抵押物之变现偿付债务。保证人 A 的上述举动为本案的顺利推进并最终完成退出提供了强有力的保障，是本项目清收过程中非常重要也非常成功的一步。

3. 经过江苏资产管理有限公司、中行吴江分行、代理律所、保证人 A 等多方努力，债权转让 5 个月后，抵押物土地以 16.67 亿元的价格启动淘宝司法拍卖，最终以 26.33 亿元的价格成交（标的债权抵押物为整款土地一部分），成为当时淘宝司拍第一大单。

4. 最终江苏资产管理有限公司成功获得债权清偿，并实现相对可观的收益。

（三）案例评析

1. 充分利用地方平台资源

地方政府平台出于企业社会责任，有意愿帮助银行和企业共同解决问题，维护地方金融稳定；同时，引入地方政府平台企业，能够利用其良好的地缘优势、资源优势等，因地制宜、最大限度地提升不良资产处置效率，该项目最终创下当时（截至 2017 年 8 月）单体淘宝司法拍卖最高交易金额记录。

2. 充分利用专业机构力量

委托律所代理清收，相对隔断了资产管理公司从业人员与债务人直接接触，防范了不良资产从业人员可能因清收工作而引发的渎职问题；通过让出部分收益，委托知悉债权详细信息的律所，可以提高律所工作积极性，充分发掘多方位信息、协调各方关系，使债务清收效率大大提高。

3. 充分发挥地方资产管理公司综合优势

本项目的顺利推进，江苏资产管理公司充分利用了各项优势：在与中行吴江分行沟通对接过程中发掘了此项目，并开始实施；积极与社会投资人沟通对接，为项目的处置提供帮助；加强与地方政府沟通协调，商洽合作方案，通过收益互换的方式妥善解决该项目的收益分配；充分利用资产处置的资源优势，在司法对接、评估等领域提供综合服务。

二、案例二：资产证券化案例

（一）案例背景介绍

2018 年 11 月，“华融晋商资产管理股份有限公司 2018 年度第一期资产支持票据”

（代号：华融晋商 ABN001）成功发行。据 CNABS（中国资产证券化分析网）统计，这是首单由地方 AMC 成功发行的资产证券化产品。该单产品总规模为 15.62 亿元，其中优先级（优先 01—优先 04）规模 14.10 亿元，占比 90.27%，由合格投资者认购；次级规模 1.52 亿元，占比 9.73%，由发起机构认购。

表 6－2　2018 华融晋商 ABN001 产品信息①

项目	优先 A1 档	优先 A2 档	优先 A3 档	优先 A4 档	次级档
规模（万元）	11 000.00	77 000.00	3 000.00	50 000.00	15 200.00
分层比例（%）	7.04	49.30	1.92	32.01	9.73
评级	AAA	AAA	AAA	AAA	
预期到期日	2019/04/15	2019/10/15	2020/01/15	2020/10/30	2020/10/30
预期加权平均期限（年）	0.44	0.94	1.19	1.98	1.98
票面利率	固定利率	固定利率	固定利率	固定利率	—
利息支付频率	按季付息	按季付息	按季付息	按季付息	—
还本方式	到期还本	到期还本	到期还本	到期还本	—

（二）业务操作过程

增信措施：资产支持票据总发行规模为 156 200.00 万元，在考虑早偿及违约的静态情况下，基础资产产生的现金流入约 171 593.07 万元，基础资产未来现金流对资产支持票据形成超额覆盖；发起机构对优先费用、优先级本金承担差额补足义务。

根据募集说明书，基础资产为单一资金信托受益权，对应的底层资产为五笔信托贷款。其中，未偿信托贷款本金余额最大单户借款人余额为 40 000.00 万元，占资产池未偿信托贷款本金余额的比例为 25.60%。

（1）华融晋商作为发起机构/委托人，将其合法拥有的单一资金信托受益权委托给作为委托人/发行载体管理机构的建信信托，设立"华融晋商资产管理股份有限公司资产支持票据信托"。单一资金信托受益权对应的底层资产为华融晋商通过委托设立单一资金信托向 5 家借款人发放信托贷款形成的信托贷款债权。

（2）受托人以资产支持票据信托为特定目的载体发行资产支持票据；主承销商通过集中簿记建档、集中配售的方式向银行间市场的机构投资者发行上述资产支持票据。

（3）资产支持票据发行成功后，由主承销商将募集资金划转至受托人开立的发行收入缴款账户，由受托人根据《信托合同》将募集资金扣除发行费用后划付至发起机构。

（4）受托人与资产服务机构另行签署《资产服务协议》，由资产服务机构代为归

① http：//www.shclearing.com/xxpl/fxpl/abn/201810/t20 181 031_ 444 037.html.

集基础资产现金流，并于回收款转付日划付至信托账户。

（5）发起机构向受托人出具《差额补足承诺函》，承诺对信托财产不足以支付信托应付未付的税费、应由信托财产承担的其他费用，以及优先级资产支持票据的应付未付的预期收益及本金的差额部分承担差额补足义务，但发起机构按照《差额补足承诺函》履行差额补足义务后，若基础资产债务人按照基础资产合同履行还款义务，在获得受托人书面同意的情况下，资产服务机构可以将基础资产债务人偿还的款项直接支付至发起机构，但该笔款项的金额不得高于发起机构支付的差额补足款项的金额。

（6）本期资产支持票据将在中国银行间市场上市交易。上海清算所作为本期资产支持票据的登记托管机构，负责对本期资产支持票据进行登记托管，并向投资者转付由资金保管机构划入的到期应付信托利益。

具体交易结构如图 6－5 所示。

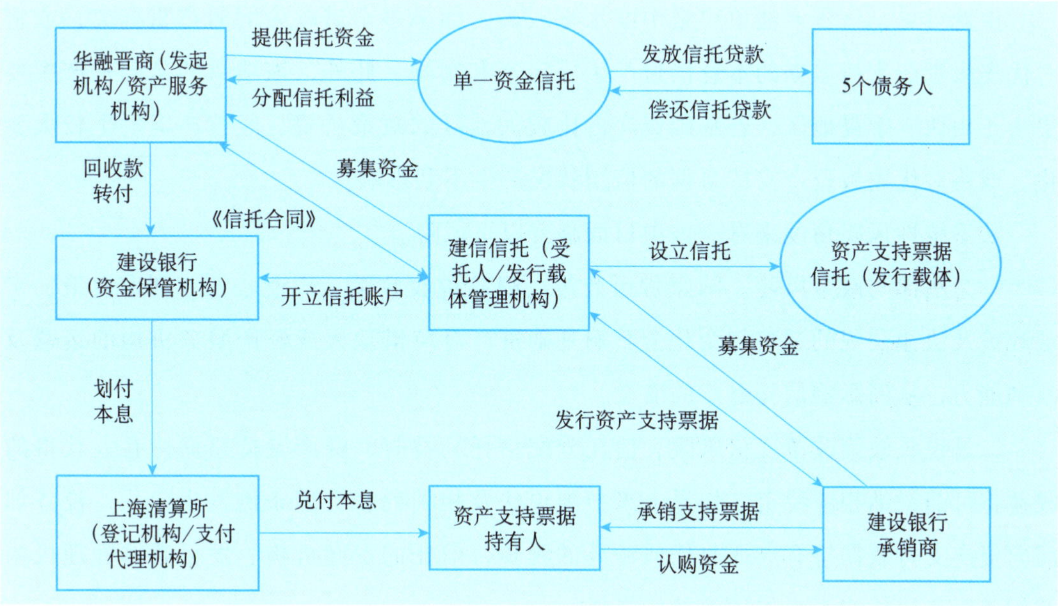

图 6－5 华融晋商 ABN001 交易结构

（三）案例评析

作为首单由地方资产管理公司发行的资产证券化产品，无疑具有重大的实践意义，开启了地方资产管理公司进入资产证券化市场的规范化操作先河，不仅为地方资产管理公司拓宽了业务范围，更重要的是意味着地方资产管理公司进入资产证券化市场取得了监管层的认可。

这一单 ABN 与地方地产管理公司传统的不良资产业务模式不同，在结构上有点类似于“非标转标”。根据募集说明书，5 位债务人的情况如表 6－3 所示。

表 6－3 借款人情况 单位：万元

序号	借款人名称	借款人行业	借款人所在地区	借款人实际控制人	入池借款本金金额	占比
1	宁夏远高实业集团有限公司	商务服务业	宁夏回族自治区	高红明	31 500	20.16
2	闻喜县刘庄冶宏远铜业有限公司	非金属矿采选业	山西省	高红明	36 000	23.04
3	山煤投资集团有限公司	商务服务业	山西省	山煤投资进出口有限公司	40 000	25.60
4	山西晋煤天源化工有限公司	化学原料和化学制品制造业	山西省	山西晋城无烟煤矿业集团有限责任公司	36 720	23.51
5	山西山安蓝天节能科技有限公司	科技推广和应用服务业	山西省	山西省工业设备安装集团有限公司	12 000	7.68

由此可见，该资产池单户集中度水平较高，如果多个借款人同时严重拖欠，或将对优先级资产支持票据的本息偿付产生一定不利影响。此外，该项目的基础资产主要集中于山西、宁夏地区，若基础资产占比较大地区的政策法规、经营环境发生较大变化，或将对优先级资产支持票据的信用状况产生不利影响。

从系统性风险角度来看，该项目面临着以下风险。

一是法律与政策风险。国家货币政策、财政税收政策、产业政策、利率政策、宏观政策及法律法规的调整与变化会影响基础资产对应借款人或资产服务机构的运营及盈利能力，从而影响信托财产的安全。

二是税收政策改革变化风险。信托分配信托利益时，资产支持票据持有人获得的收益将可能缴纳相应税负。如果未来中国税法及相关税收管理条例发生变化，税务部门向资产支持票据持有人征收任何额外的税负，信托的发起机构、发行载体管理机构及相关服务机构均不承担任何补偿责任。

三是市场风险。市场风险包括经济周期风险、利率风险、通货膨胀风险等，市场风险除将引起资产支持票据的市场价格波动外，还会影响基础资产项下的借款人、资产服务机构的经营状况及履约能力，从而影响信托财产的收入。

四是不可抗力风险。在资产支持票据存续期间，若发生政治、经济与自然灾害等方面的不可抗力因素，可能会对资产支持票据资产和收益产生不利影响。

因此，如何管理或规避以上风险，发行更多的证券化产品，或许成为地方资产管理公司未来思考的方向之一。

三、案例三：管理公司+基金模式

（一）案例背景介绍

四川发展资产管理有限公司作为四川省级地方资产管理公司，定位于维护地方金融稳定、支持地方经济健康发展，其在不良资产管理、企业重整、兼并重组、债务重组、综合性金融服务等方面有着专业优势和资源渠道，一直关注地方政府性债务难题破解、地方重点产业发展、重大项目建设等地方经济发展情况，并积极推动与地方政府的合作。四川发展资产管理有限公司专注于当地政府性债务结构改善、银行不良资产收购，以及重点领域、重大项目和重点企业的综合性金融服务等业务，助力地方政府通过市场化手段破解地方债难题，推动经济转型升级，为地方政府解围，为金融机构解难，为中小企业解困。

在经济下行的形势下，四川各地的实体经济面临了严峻考验，许多企业出现了债务危机。四川发展资产管理有限公司开始尝试与各级地方政府及其平台公司以“管理公司+基金”模式，为地方引入增量资金。2015年7月，四川发展资产管理有限公司与眉山政府综合性投融资公司——眉山发展合作建立眉山产业发展基金与基金管理公司。

川金象公司主要从事化工原料、化肥的生产与销售，主导产品为三聚氰胺和硝基复合肥两大类，具备年产27.5万吨三聚氰胺、185万吨硝基复合肥的生产规模，是全球最大的三聚氰胺生产企业和国内领先的硝基复合肥生产企业。由于行业产能过剩、产品售价下跌、原材料价格上涨等原因，2014年川金象公司主营业务亏损9 000余万元，资金较为紧张。2015年，由于部分项目贷款到期，川金象公司出现资金周转困难，拟对外寻求流动性支持以偿还部分债务。四川发展资产管理有限公司与眉山发展达成共识，以基金化模式为川金象公司提供流动性支持，帮扶眉山产业龙头企业渡过短期困难。

（二）业务操作过程

本项目的关键在于如何搭建平台，利用基金结构化的模式达到为企业输血的目的，使之成为能活跃眉山当地金融市场、持续为当地企业服务的优质平台。

1. 双方合作原则

（1）平等互利原则。基金以投资人自愿参与为前提，以相互间平等合作为基础，以利益共享、风险共担为宗旨。通过基金运作与持续发展，最终实现投资合作“双赢”或“多赢”的格局。

（2）市场化原则。遵循行业规范与惯例，基金管理公司应努力探索制度创新，积极引入市场化的激励约束机制，坚持机制激励与制度约束相对应，明确界定权利与责任，建立科学、规范的投资、管理和退出规范及流程。

（3）优势互补原则。四川发展资产管理有限公司与当地政府合作，将四川发展资产管理有限公司的资金募集、财务咨询、资本运作、资产管理、协调省级政府及银行的优势与当地政府的项目、政策、资源协调优势结合起来，后续还将视情况引入具有丰富经验、良好行业口碑及资源优势的行业标杆机构或金融机构，如四大资产管理公司、银行、券商、大型地产商、创投机构、上市公司以及产业基金等，将上述合作者的渠道资源和运作经验再次相结合。

（4）风险防范原则。建立、健全外部监管和内部控制机制，按风险类别制订防范措施，规范工作程序，有效防范和控制基金的出资风险、筹资风险、投资风险、运作风险，以及项目的社会风险和道德风险。

2. 项目运作模式

（1）川发资管与眉山发展设立合伙制基金 + 管理公司，基金与基金管理公司注册地为眉山，该基金主要用于投资眉山地区市政建设、基础设施、企业股权投资及债务重组、银行不良资产收购等方面。

（2）基金管理公司注册资本 100 万元，川发资管持股 70%，眉山发展持股 30%。

（3）合伙制基金首期规模 10 001 万元，其中，川发资管作为有限合伙人（LP）实缴出资 7 000 万元，眉山发展作为有限合伙人（LP）实缴出资 3 000 万元。基金管理公司作为普通合伙人承担基金日常管理责任。

（4）基金用途：基金以委托贷款方式向川金象发放 1 亿元借款，专项用于川金象及其子公司到期部分债务的替换和转贷，以及生产流动性资金支出。

（三）案例评析

1. 整合资源优势，实现互利共赢

本着支持当地经济社会发展的目标，充分发挥各自的资源优势，以市场为导向，积极推进多元化合作模式，拓宽合作渠道，坚持优势互补、共同发展的合作精神，建立全方位、积极、稳固的合作关系，实现互利共赢。

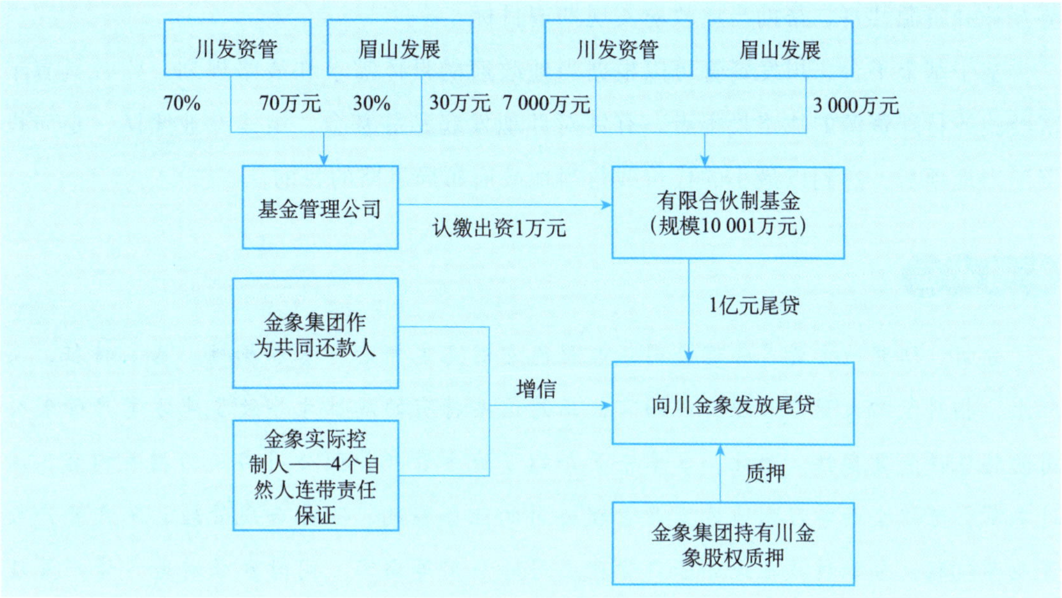

图 6－6　项目运作模式

2. 改善负债结构，降低融资成本

因历史原因所致，目前各地普遍存在部分存量地方政府债务和企业债务融资成本过高和融资期限不合理的情况。川发资管可利用自身及股东四川发展集团的金融资源、专业优势和公信力，通过结构化安排，募集到低成本资金，对当地存量高成本债务进行置换，降低财务成本。

3. 统筹存量债务，减轻偿债压力

目前，地方政府债务期限与项目建设到形成经济效益的时间存在“错配”，是当前存量地方政府债务面临的主要问题之一。川发资管和地方政府合作，搭建创新平台，统筹存量地方债，通过置换或重组方式，调整负债期限，平衡还款来源与债务到期时间，并在债务期内灵活选择偿还本息方式，实现存量地方债有序清偿。

4. 利用金融杠杆，促进地方经济发展

川发资管与地方政府双方以市场运作方式，由当地政府指定平台共同设立的基金管理公司发起募集资金，引入外部资金投资于当地项目，可将地方政府可用财力放大，发挥出比直接投资或债权融资更为高效的经济作用。

5. 搭建创新平台，优化资源配置

川发资管与地方政府指定平台公司合作设立的基金管理公司，将作为当地政府与外部专业机构多元、高效的信息交流平台和资源整合平台。合作各方可以在基金层面进行信息互换和资源互补，通过共同参与市场化项目的研判和创新，最大限度做到优势互补和资源共享，帮助当地政府实现期望目标。

基于基金平台，川发资管可以根据当地政府的具体需求和战略规划，联合具有丰富经验或特殊资源的战略投资者，有针对性地发起私募基金，组建专业团队，定向投资于当地项目，达到以最小的代价践行当地政府布局思路的目的。

本章小结

分析、研究地方资产管理公司不能脱离它的基本概念、基本属性、基本特征，实际上，相对于四大资产管理公司而言，正是这些特有的属性才导致了地方资产管理公司的特殊性和复杂性。为此，本章全面介绍了地方资产管理公司实践的相关内容，通过本章，可以全面学习到地方资产管理公司的业务架构、业务合规管理、不良资产处置业务流程、金融科技在地方资产管理公司的应用等内容。同时本章对地方资产管理公司与四大资产管理公司进行了对比，以及从助力供给侧改革、优化地方国有资产结构、整合区域性资源推动当地产业升级等方面对地方资产管理公司的发展意义进行了深入分析，以加深对地方资产管理公司的认识。

本章重要概念

地方资产管理公司　四大资产管理公司　金融资产投资公司　金融不良资产　传统重组模式　债转股　资产证券化　ABN

本章思考题

1. 请简述地方资产管理公司的发展历程。
2. 与地方资产管理公司相关的全国层面的监管政策有哪些？
3. 请简述地方资产管理公司与四大资产管理公司的区别。
4. 地方资产管理公司成立的背景是什么？
5. 地方资产管理公司的主要业务包括哪些？
6. 地方资产管理公司具有哪些经济功能？
7. 如何促进地方资产管理公司进一步发展？
8. 金融科技给地方资产管理公司经营带来哪些影响？如何评价这些影响？

本章参考文献

[1] 王彬．地方资产管理公司治理与发展 [M]．北京：法律出版社，2018 年版．

[2] 郭志国，张晓艳，戚悦．资管新规下地方资产管理公司发展战略探析 [J]．财政科学，2018 (09)：92 - 99.

[3] 王刚．地方资产管理公司监管框架 [J]．中国金融，2017 (15)：60 - 62.

[4] 褚娜．地方 AMC 处置商业银行不良资产研究 [D]．安徽大学，2019.

[5] 郭志国，贾付春．地方 AMC 市场化债转股推进路径研究 [J]．金融发展研究，2017 (09)：86 - 88.

[6] 姜宝军．银保监会出"新规"：AIC 将与 AMC 共同处置不良资产 [J]．中国经济周刊，2018 (28)：84 - 85.

[7] 魏蓉蓉．地方版 AMC 融资模式探索 [J]．会计之友，2017 (03)：75 - 78.

[8] 徐志军．资产管理公司不良资产重组业务内部控制优化探究——基于风险管理的视角 [J]．中外企业家，2019 (20)：57.

[9] 韩健．优化地方资产管理公司内审制度的思路 [N]．中国审计报，2019 - 06 - 19 (008).

[10] 熊俊杰．信达资产管理公司不良资产处置创新方式案例分析 [D]．广东财经大学，2017.

[11] 倪剑．地方资产管理公司的定位与监管研究 [J]．上海金融，2015 (01)：49 - 53.

[12] http：//www. shclearing. com/xxpl/fxpl/abn/201810/t20181031_ 444037. html.

[13] A Study on Prevention of Non-Performing Assets of Chinese State-Owned Commercial Banks [J] . Yihao HUANG. Canadian Social Science . 2015 (7).

[14] Bad banks：the urban implications of asset management companies [J] . Michael Byrne. Urban Research & Practice . 2015 (2).

[15] The strategic role of Engineering Asset Management [J] . Khaled El-Akruti, Richard Dwight, Tieling Zhang. International Journal of Production Economics . 2013 (1).

风险管理篇

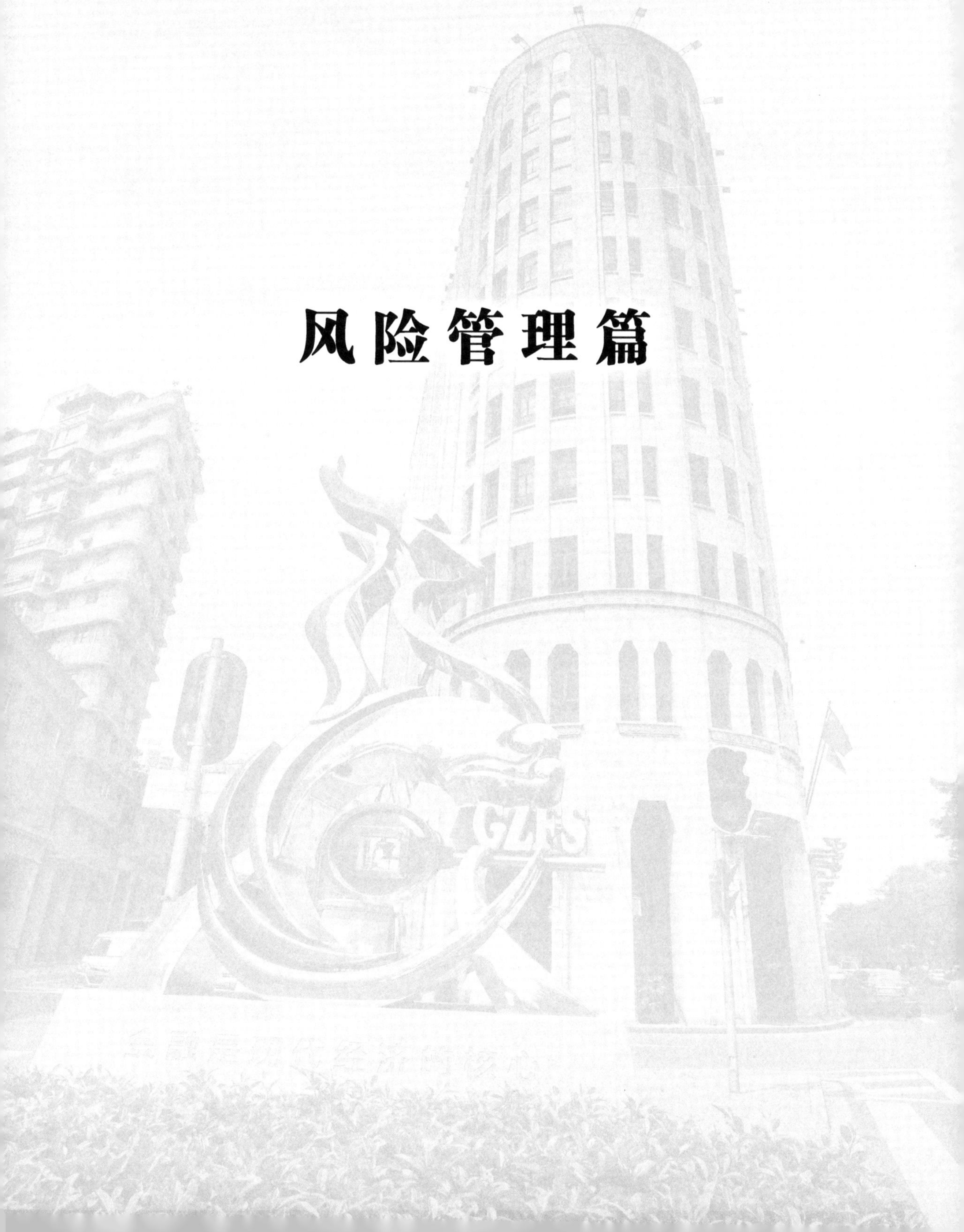

第七章　投资与增信类民间金融风险管理

本章导读

经济的迅速发展对金融业而言是一把双刃剑，在给金融业发展提供无限机遇的同时，也增加了金融风险爆发的概率和潜在损失程度。投资与增信类民间金融在很大程度上拓展了中小微企业的融资渠道，但在实践中也存在很大的风险且风险不易控制，甚至会引发区域性金融风险。因此，在看到投资与增信类民间金融对社会经济发展带来的益处的同时，也要注意相关金融风险的防范。

本章学习目标

了解投资与增信类民间金融风险概念，熟悉并且掌握投资与增信类民间金融风险的特征，了解民间金融风险的种类以及民间金融风险管理的框架。重点学习投资与增信类民间金融风险管理框架，了解风险管理目标和原则、风险管理的组织结构、风险管理系统和风险管理的一般流程。全面掌握投资与增信类民间金融风险管理中的金融脆弱性理论、风险传导理论以及风险控制理论。掌握风险控制理论，能够将其应用于实际问题的解决。

本章知识结构图

- 投资与增信类民间金融风险管理
  - 投资与增信类民间金融风险管理概述
    - 一、投资与增信类民间金融风险概念
    - 二、投资与增信类民间金融风险特征
    - 三、投资与增信类民间金融风险种类
    - 四、投资与增信类民间金融风险管理框架
  - 投资与增信类民间金融风险管理理论
    - 一、金融脆弱性理论
    - 二、风险传导理论
    - 三、风险控制理论

第一节　投资与增信类民间金融风险管理概述

一、投资与增信类民间金融风险概念

一般而言，所谓金融风险，是指在资金融通和货币资金的经营过程中，由于各种事先无法预料的不确定因素带来的影响，使资金经营者的实际收益与预期收益发生一定的偏差，从而产生实际损失或获取超额收益的机会和可能性。金融风险与一般意义上的风险概念是有很大区别的。从内涵来说，金融风险的内容要比一般风险的内容丰富得多；从外延来看，金融风险要比一般风险的范围小得多，前者仅限于发生和存在于资金融通和货币资金经营过程中的风险，而后者则包括发生和存在的一切风险。由此可知，金融风险是金融行为的结果偏离其期望结果的可能性，是金融行为结果的不确定性。它是一种特殊的经济风险，是可以选择和测算的，金融风险的实质是金融资金直接发生损益的可能性和不确定性。

由于金融活动处于所有经济活动的中枢地位，因此，金融风险对整个经济活动的影响就更加敏感、更加巨大，甚至由此带来的一些群体性波动和群体性事件，往往引起社会局部甚至大面积的“不稳定”，因而从政府企业到全社会，往往都对较为严重的金融风险十分敏感。

二、投资与增信类民间金融风险特征

（一）双重性

投资与增信类民间金融风险具备双重性，其风险的双重性是站在融资担保机构的角度来说的。对于为民间金融提供融资担保的机构而言，其面临的风险具有双重性。

首先，其面临来自被担保对象，也就是企业的风险。我国很多中小企业的规模比较小，经营管理的水平比较低，风险抵抗以及管理的能力比较弱，难以提供可供抵押的担保品。因此，一旦被担保的中小企业在生产经营过程中出现问题，其引发的风险同样会传递给融资性担保机构。这种风险是融资性担保机构面临的主要风险，即代偿风险。其次，投资与增信类民间金融风险机构面临的风险还来源于合作的银行等金融机构。在融资性担保的过程中，其中的风险往往大多数由融资性担保机构承担，银行所承受的风险大大降低。因此，银行缺乏动力对申请贷款的中小企业进行严格的信用评估、资格审查以及风险管理等工作，从而加大了融资担保机构的风险。

（二）风险与收益不对称性

在正常的市场经济活动中，风险是与收益成正比的，高风险往往伴随着高收益，而低风险也意味着较低的收益。然而，对于增信类民间金融机构而言，其所担保的对象往往都是信用级别比较低、风险防范能力比较弱的中小企业，加上信息不对称现象比较严重，这种特殊的情况决定了融资性担保机构承担的风险与获得的收益的不对称。按照我国制定的融资担保机构的收费标准，融资担保费用一般只能收取担保总额的 2%—4%。

（三）可控性较差

投资与增信类民间金融机构的服务对象往往都是资金实力比较差、难以达到银行贷款标准的中小企业，为这些企业提供融资性担保具有很大的风险。一旦贷款期限结束中小企业无法按期还贷，融资性担保机构必然要承担起代还债务的责任。首先，我国的投资与增信类民间金融机构一般缺乏专业的风险管控能力，对于中小企业信用级别以及偿债能力难以进行有效的甄别；其次，中小企业由于其自身的限制，在经营发展的过程中面临很多的不确定性因素，难以对其风险进行有效的预测和控制。这些都使投资与增信类民间金融风险的可控性比较弱。

三、投资与增信类民间金融风险种类

以融资性担保公司和商业保理公司为例。

（一）融资性担保风险种类

1. 融资性担保机构自身的风险

首先，中小企业融资性担保机构自身面临操作风险。融资性担保机构面临风险与收益不对称的难题，在这种背景下，担保机构一旦自身的运作能力以及风险管理能力不过硬，就会带来很大的操作风险；一些融资性担保机构在运行的过程中还存在着违规操作的风险，一些机构违规操作挪用客户的保证金进行高风险投资，一旦出现资金链断裂情况，不仅会给客户带来很大的损失，还会使担保机构自身面临巨大的风险敞口，北京的中担事件就是这种情况的典型案例。

其次，中小企业融资性担保机构还面临较大的管理风险。我国的融资性担保机构数量众多，其内部管理水平不高，管理制度以及内部控制制度往往存在缺陷，监督机制不完善，这些都会带来一定的风险。

2. 来自中小企业的风险

融资性担保风险主要来源于中小企业带来的风险。首先，来自中小企业的风险一般为道德风险。中小企业为了获得融资性担保机构的担保从而取得银行贷款，往往会通过财务造假等行为来欺瞒担保机构，骗取担保获得银行贷款，这给担保机构带来很大的风险。其次，中小企业存在一定的投资风险。一旦中小企业作出错误的投资决策和行为，势必给担保机构带来巨大的风险。最后，中小企业还存在着一定的经营风险。一旦中小企业经营管理不力，出现亏损或者资金链断裂的状况，无法偿还银行贷款，也会给融资性担保机构带来很大的风险。

3. 来自贷款银行的风险

融资性担保机构还有很大的一部分风险来自贷款银行。贷款银行在选择贷款对象时，如果不对贷款对象的信用等级、还款能力以及经营状况等进行严格的审查，或者在贷款审批的过程中没有严格履行程序，都会给融资性担保机构留下很大的风险隐患。目前，在我国的银保关系中，贷款银行还缺乏风险共担的意识以及风险分担机制。

在实际的贷款过程中，银行往往会要求融资担保机构承担所有的风险，造成权利与义务不对等，使融资性担保机构承担的风险非常大。

（二）商业保理风险分类

1. 市场风险

市场环境变化不可避免地给商业保理公司带来一定的风险。具体而言，商业保理公司所面临的市场风险主要体现在以下几个方面：一是汇率风险。如果商业保险公司的业务范围包含跨国贸易，则汇率变动就会对商业保理公司产生影响。如在开展国际贸易的过程中，当商业保理业务结算货币不是卖方所在国货币时，则卖方需要承担一定的汇率风险，而在卖方申请保理业务之后，则卖方所承担的汇率风险就会转嫁给商业保理公司。二是利率风险。商业保理公司所提供的贸易融资有固定的期限与固定的利率，虽然利率变化不会对商业保理公司的融资收益产生直接的影响，但却会导致商业保理公司的资金运营成本产生波动，即当商业保理公司的资产与负债所具有的利率敏感性存在一定差异，当利率变动时，商业保理公司就会承担不同程度的利率风险。三是产品质量风险。在买方与卖方之间，如果没有按照协商制定完成的合同履行自身义务，如产品质量存在缺陷、没有按期交接货物等问题，也会导致商业保理公司面临一定的风险。

2. 信用风险

由于我国商业保理公司以中小企业为主要客户，而我国当前的中小企业不仅存在技术力量与管理工作相对薄弱的问题，也存在对自身资信与信用管理欠缺重视的问题，正因为如此，信用风险成为商业保理公司面临的主要风险之一。具体而言，我国商业保理公司面临的信用风险主要包括以下几个方面：一是买方信用风险。如买方因为自身经营管理问题而无力支付资金，导致单方面终止保理合同的行为；因为找到其他条件更好的供应商而恶意拖欠或拒绝支付货款的行为等。面对这种问题，如果商业保理工作没有追索权，则将面临一定的经济损失。二是卖方信用风险。当市场中的商品产生变动时，卖方同样能够找到条件更好的合作者，在此背景下，卖方可能出现单方面终止合同的情况。另外，卖方利用空头发票或者提前出票等方式，对商业保理公司资金进行骗取，这种欺诈行为同样会给商业保理公司带来损失。三是卖方与买方为了获得经济利益而通过合谋诈骗的方式骗取商业保理公司资金，这种风险不仅具有较强的隐蔽性，而且给商业保理公司带来的风险与损失也更大。

3. 操作风险

商业保理工作面临的操作风险主要是由于自身问题而带来的经济风险，如工作流程不完善或者欠缺科学性、人力资源管理工作成效有待提升等，都容易导致商业保理工作在某个业务环节出现问题，并埋下风险隐患。具体而言，商业保险工作中的保理业务流程主要包括以下 5 个部分：一是商业保理公司需要对申请保理业务的客户开展调查、谈判，并制定完善、科学的保理合同。二是在商业保理公司对保理业务进行受理的过程中，需要将业务受理状况、应收账款与债券转让状况等向买方传达。三是开展销售分户账管理，并针对相关工作进行有效的风险管控。四是对买方，卖方信用作出评估，并对坏账担保额度等内容作出审查。五是针对保理业务开展过程中的争议问题进行分析处理。通过了解保理业务开展流程可以看出，操作风险产生的原因主要体现在以下几个方面：一是客户选择不当。二是商品本身特点决定了不适合开展保理工作。三是商业保理公司工作人员对各类票据的真实性及还款路径等没有能够作出有效的控制。四是保理业务中存在的争议问题没有得到根本性的解决等。

四、投资与增信类民间金融风险管理框架

（一）风险管理原则

投资与增信类民间金融在风险管理方面须要遵循的原则包括风险分散、风险识别、风险匹配、风险化解和风险补偿的原则。

1. 风险分散原则

风险分散和资产配置对于金融机构来说，可以在收益相同的情况下，承担更小的风险，对担保公司也不例外。在年度新增和存量担保业务量给定时，可经济合理地将担保业务分散到多个《业务指引》规定可积极介入的行业，并在行业内对单户企业的担保额相应分散，进行行业和客户的分散。担保业务中，对单个客户的总量控制和比例控制并行，如融资担保余额上，要求单户企业及其关联企业金额上限不超过 4 000 万元，比例不超过担保公司净资产的 10%，融资担保责任余额上，对单户企业及其关联企业提供的融资性担保责任余额不超过担保公司净资产的 15%，避免风险过度集中、单户大型企业的代偿造成公司重大损失，也符合业务倾向中小企业融资的政策要求。

2. 风险识别原则

通过宏观经济研究和行业研究，以及详尽的授信尽职调查，全面掌握客户的资产

负债、经营情况及资金用途，还原客户的真实资信状况；通过系统辅助及各级评审工作，评估风险程度，准确识别风险，打好保前工作的基础。

3. 风险匹配原则

从公司战略高度明确担保机构自身风险偏好程度，并围绕风险偏好制定各类制度予以明确，使与公司风险偏好一致的项目得以承保；同时，明确公司担保以短期流动资金贷款担保为主，对中长期贷款担保谨慎介入，严格审核项目可行性，增加资产流动性；防止承保的流动资金贷款用于长期项目，避免期限错配的风险。

4. 风险化解原则

公司保后要注意加强保后监管，及时掌握客户和融资项目的变化，关注抵质押物的法律状态、权属、物理状态，有重大事件发生及时上报，及时采取措施，如增加或替换抵质押物、增加保证反担保、与银行协商提前中止贷款等；与各金融中介服务公司，如会计师事务所、律师事务所、资产管理机构、评级机构、资产评估机构、银行、同行业公司进行交流合作，信息共享，及时化解处置风险。

5. 风险补偿原则

风险补偿分为内部补偿和外部补偿，内部补偿是指按照监管及公司制度要求，提取年度担保费收入的50%作为未到期责任准备金，提取年度担保额的1%作为担保赔偿准备金；外部补偿则为充分利用国家融资担保体系等，建立外部资金补偿机制，争取政府的政策支持，在业务承保前满足政策性产品的要求，风险发生后能够获得补贴资金、联保、再担保的风险分担、地方政府、国家融资担保体系等的损失补偿。

（二）风险管理的组织结构

1. 职能型组织结构模式

职能型组织结构模式是指投资与增信类民间金融机构的经营管理按职能部门划分，风险管理部门与其他职能部门平行，负责投资与增信类民间金融的风险控制。职能型组织结构模式具有如下优点。

一是能够促进投资与增信类民间金融机构组织实现职能目标；

二是确保部门内规模经济的实现；

三是促进组织深层次的技能提高。

但是职能型组织结构模式具有如下缺点。

一是风险管理部门对外界环境变化反应较慢；

二是可能会引起高层决策缓慢、投资与增信类民间金融机构各风险管理部门之间超负荷运行等问题；

三是部门间缺少向协调和缺乏创新，对组织目标的认识有限。

2. 事业部型织结构模式

事业部型组织结构模式是指投资与增信类民间金融按业务种类划分为不同的事业部，对相关业务进行专业化经营，形成相应的利润中心。此种模式适用于资产规模较大、经营业务种类较多的机构。事业部型组织结构模式具有如下优点。

一是整个组织能够快速适应外界环境的变化，实现跨职能部门的高度协调，各事业分部容易适应并应对不同的产品、地区和顾客；

二是有利于决策的分权化；

三是风险部门设在各个事业部内部，有利于各个事业部有针对性地对本部门所面临的风险及时监督和控制。

但同时事业部型组织结构模式具有如下缺点。

一是不具有职能部门内部的规模经济；

二是各产品线之间缺乏协调，从而导致产品线的整合与标准化变得困难，并且不利于机构对整体经营风险的控制。

3. 矩阵型织结构模式

矩阵型组织结构模式分为两种。

第一，投资与增信类民间金融按照业务种类纵向划分为以业务为主的利润中心，便于各部门根据各自业务特点进行专业化经营；按职能部门的分类横向划分，通过投资与增信类民间金融机构的职能部门对各业务部内部的相关职能部门进行横向控制和管理，有利于该类机构对总体经营风险的控制。此种模式适用于资产规模较大、从事投资与增信类业务种类素多的民间金融机构。

第二，以地区为标准设置纵向的利润中心，以职能标志对各部门的相应职能进行横向控制。

矩阵型组织结构模式具有如下优点。

一是风险管理部门设在事业部内部，接受事业部的领导，一方面有助于对各事业部具体业务经营风险的控制和化解；另一方面、有助于各事业部在经营中实现利润追求与风险控制之间的平衡。

二是各事业部内部的风险部门要接受总部风险管理部门的领导，既有利于得到总部在风险控制上的技术和信息支持，也有利于总部对整体经营风险的把握和控制，保证整个公司经营的稳健性。

但是矩阵型组织结构模式具有如下缺点。

一是容易导致风险内部控制管理人员卷入双重职权之中，降低其积极性；

二是该模式下的投资与增信类金融机构风险管理要求管理人员具有良好的人际关系技能和全面的内部控制方面的培训，经常的会议和解决问题发生的冲突会耗费大量的时间和精力。

（三）风险管理的系统

投资与增信类民间风险管理系统是以系统的观点来看待风险管理，并按照其在风险管理过程中体现的职能划分为不同的子系统；风险管理组织体系，是经济主体在实际运作民间金融风险管理系统时的内部组织与外部组织表现形式。

1. 监控系统

监控系统是指随时监督投资与增信类民间金融公司承受的风险动态情况，督促各部门严格执行有关规章制度和风险管理政策，严格执行相关的风险管理程序，将风险管理工作落到实处。随机监督即从动态上把握经济主体的金融风险状况，严密观察并控制风险的变化。这就是金融风险管理监控系统的主要职能。

监控指标可以很好地观测该类金融公司的金融风险状况，如资本充足率、单项资金的占比以及流动性比率等。金融科技的发展使投资与增信类民间金融风险的监控更为便利，通过电脑联网就可以使被监督的金融机构的风险监测部门便捷地了解到各部门的关键数据，随时监督各业务部门经营状况。

2. 衡量系统

投资与增信类民间金融风险管理的衡量系统是指用来估量每项交易中金融风险的大小和影响，为风险管理的决策提供依据的系统。可见，投资与增信类民间金融风险管理衡量系统是整个风险管理系统的基础，准确、有效地衡量风险才能使管理链条顺畅运行，精准地击中风险目标。

一般而言，风险的衡量都采用定量方法，投资与增信类民间金融机构以一定的数字和概率数值来表现风险及其发生的可能性大小。通过开发建立与相关业务经营相适应的风险管理模型，可以得出各类投融资风险的衡量数据，从而进一步进行风险管理操作。利用模型来计量金融风险的所得结果便于风险信息的理解和传递。

3. 决策系统

投资与增信类民间金融风险管理的决策系统是指为整个风险管理系统提供决策支持的系统。它既要负责设计和运用整个机构金融风险管理系统，制订防范金融风险的各种规则和指导方针来规范业务运作，指导业务人员开展金融风险防范活动，又要根据具体的风险特征和状况研究制订金融风险管理的最佳策略，制订防范或化解金融风险的各项具体措施和安排，并发出指令，责令各个部门实施。

投资与增信类民间金融风险管理决策系统担负的是整个金融风险管理系统的设计和运用，是整体系统的核心部分。通过制订各种防范和处置金融风险的规则、指导方针等来规范经济主体自身的业务运作，指导业务人员开展各项金融风险管理活动。通常还需要经济主体根据所遇金融风险的具体特征和状况来研究管理的最佳策略，确定防范和化解金融风险的各项具体措施和安排，并指挥各业务职能部门执行决策。

第二节　投资与增信类民间金融风险管理理论

一、金融脆弱性理论

金融脆弱性是指金融制度结构出现非均衡导致风险积聚，金融系统丧失部分或全部功能的金融状态。金融脆弱性最早起源于明斯基的“金融不稳定性假说”，其认为金融系统具有内在的脆弱性，其中金融脆弱性是指企业经常进行高负债经营的特点决定了金融系统具有更容易失败的特性；伯南克的“金融加速器理论”也认为金融系统内存在周期性变化特征。因此，金融脆弱性的显现通常伴随着金融危机的发生，当金融运行系统被金融创新、金融自由化、金融全球化等一系列因素激发时，金融脆弱性就会呈现出来，具体表现为金融危机不断爆发。“脆弱性”的概念是 20 世纪 70 年代由吉尔伯特·怀特在生态学研究中首次提出的，目前被广泛应用于灾害学、金融学、经济学、社会学等诸多领域。其后，学术界又对金融脆弱性的定义进行了很大程度的扩展。广义的金融脆弱性是指一种趋于高风险的金融状态，泛指一切融资领域中风险的急剧增大，具体包括传统信贷市场上的脆弱性和金融市场上的脆弱性两大类。

主流的金融脆弱性定义实质上描述了金融系统的一种内在不稳定属性和状态。因此，金融脆弱性是与金融风险和金融危机存在密切联系又不完全等同的概念。从逻辑链条看，金融脆弱性是由金融风险发生和金融主体对风险作出反应的情况共同决定的，金融脆弱性积累到一定程度后，如果不能得到有效的应对和处置，则可能引发金融危机，资产价格大幅下跌，阻碍实体经济发展，而金融危机反过来又会进一步加剧金融脆弱性。

二、风险传导理论

风险传导，从狭义上理解，主要是指单个企业组织在激烈的市场竞争条件下，受内外部环境的约束，导致企业在经营过程中的某个环节产生不确定性，而这些不确定性会借助某些介质传递到企业经营活动的特定环节，最终使企业经营目标产生偏离或出现意外。从广义上来讲，风险除了在企业内部进行传导以外，还会在具有利益相关性的企业之间进行传导，甚至会按照某种路径沿着利益链条传递给所有利益链群体，从而使风险在外部的相关企业之间循环。

民间金融公司发生财务危机，首先是风险在企业内部进行传导的结果，其次该风险不仅会对其自身产生影响，还会在整个系统内产生影响，引起集体性的财务危机，同时会牵涉实体经济及投资者，甚至会对正规金融体系造成一定的冲击。

（一）从众行为理论

从众行为是从心理学角度出发来解释泡沫经济，它认为决策人基于信息不对称，难以准确地预计事物未来的发展趋势，只能选择依据他人的行为来做决策。在这种行为被不断强化的过程中，会产生同样的心理，认为这种行为是理性的，导致从众行为的发生。民间金融公司在筹资过程中，绝大多数投资人受到高额利息回报的诱惑，在对投资风险缺乏了解的前提下，往往根据他人的投资行为就认为其投资是没有风险或者风险很低，盲目地进行投资。在缺乏法律法规的严格监控下，民间金融公司大量进行债务筹资，无疑加大了其自身的财务风险。①

（二）“囚徒困境”理论及合成谬误“囚徒困境”

该理论主要反映的是在某些关键时刻个人的最佳行为不一定是团体的最佳行为。

① 彭艳梅：《民间金融公司风险传导机制研究》，载于《商业会计》，2019。

现实中的挤兑行为可以有效地用“囚徒困境”理论来解释。“囚徒困境”主要源于信息的不对称，在对对方的行为产生不确定而无法达成一致意见时，迫使每一方都作出最有利于自己的选择，然而整体的选择结果却并非最理想的。当民间金融公司产生暂时性的支付困难时，投资者便认为该公司已经陷入了支付困境，那么对于投资者而言，最明智的行为就是加入挤兑，这种行为无疑进一步加剧了公司的财务危机。如果所有的投资者能够达成统一的认识，不急于去进行提款行为，将有可能提高他们的共同利益。但是投资者基于对对方的不信任，不太可能达成一致的认识，所以单个投资者的理性行为就是趁公司还有支付能力时，抢在其他投资者前面去先提款。对个人来说，这种行为是理智的，但是从集体角度来说，无法保证集体的行为也是理性的。民间金融公司之间存在复杂而密切的关系，就有可能出现连锁性的崩溃，这就是合成谬误。①

三、风险控制理论

风险控制是指风险管理者采取各种措施和方法，消灭或减少风险事件发生的各种可能性，或者减少风险事件发生时造成的损失。

（一）风险控制的基本原则

1. 风险—收益原则

投资者对风险和收益都有一定的要求，风险与收益相匹配是投资行业一条基本的准则，低收益要求低风险，高收益要求高风险。风险投资是一种高风险的投资活动，因此，高风险投资者一般需要获得高收益作为高风险的回报。

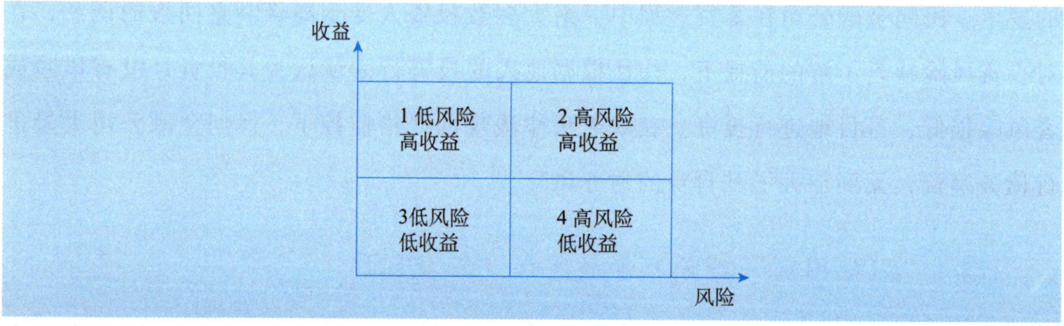

图 7－1　风险—收益组合

① 彭艳梅：《民间金融公司风险传导机制研究》，载于《商业会计》，2019。

2. 成本—收益原则

按照经济学原理，成本—收益原则是指获得的收益应该大于为获得该收益而支付的成本。风险控制中的成本—收益原则是指在风险控制的过程中风险控制带来的总收益应该大于为消除或者降低风险而支付的总成本。成本包括现实成本和机会成本。现实成本是指为了消除或者降低风险而实际支付的费用，如为帮助风险企业拓宽市场而参与风险企业的后续管理，由此引起风险投资家的额外劳动而需要多支付给风险投资家的工资薪金等。机会成本是指为了消除或者降低风险投资的风险而损失的预期收益，如为降低风险而选择风险相对较低的风险企业，则有可能损失了高风险的高收益。

收益包括有形收益和无形收益，有形收益即现实意义上的收益，如因风险控制使损失降低的那部分收益。无形收益多是获得良好的声誉，从而有助于吸引更多的潜在合作者。

（二）风险控制的总体策略

风险控制的策略大体上分为风险回避、风险转移、风险分散、风险自留和损失控制。

1. 风险回避

风险回避是指由于考虑到损失的存在或可能发生，在投资决策中，投资主体主动放弃或回避实施某项可能引起风险的项目。这是一种事前控制的方法，它将可能发生的风险完全消除，将损失出现的概率保持在零水平。但是，风险回避存在一定的局限性。一方面，它将风险完全回避，必然失去了与风险相对等的收益，违背了风险投资追求高风险高收益的宗旨；另一方面，只有在对风险事件的发生、对损失的严重性完全把握的基础上，风险回避才具有积极的意义，如果对风险尚无把握，风险回避的方法就毫无意义。因此，风险回避存在一定的消极意义。

2. 风险转移

风险转移是指风险投资机构将风险投资的部分风险或全部风险转移给其他主体承担。风险转移是在已知未来可能会存在不可避免的风险条件下，以一定的代价来换取风险的部分或者全部转移。风险投资是一种风险投资活动，在投资的过程中必然存在一些风险，如技术风险、市场风险、管理风险等。在无法避免风险的情况下，在筹资阶段或者投资阶段如实行联合开发、联合投资等方式，使风险损失在多个参与主体之间分摊，同时，也分摊风险投资的增值收益。也可以采取保险的方式，向保险公司支付一定的保险费用，将风险投资未来的损失转移给保险公司。

3. 风险分散

风险分散是指通过组合投资将风险分散，“鸡蛋不能放在一个篮子里”。马科维茨（Markowitz）经过大量观察和分析，于1952年提出投资组合理论，他认为若在具有相同回报率的两个证券之间进行选择的话，任何投资者都会选择风险小的，这同时也表明投资者若要追求高回报必定要承担高风险。同样，出于回避风险的原因，投资者通常持有多样化投资组合。马科维茨从对回报和风险的定量出发，系统地研究了投资组合的特性，从数学上解释了投资者的避险行为，并提出了投资组合的优化方法。按照组合投资理论，风险分散就是指风险投资机构通过科学、有效的投资组合，如选择不同规模的项目组合、不同行业的投资组合、不同成长阶段的投资组合等，使整体投资风险得以分散。

假设目前风险投资机构存在两种投资选择，风险企业A和风险企业B，假定它们各自的投资收益率分别是R_A和R_B，风险资本的配置比率分别是W_A和W_B，则该投资组合的投资收益率R：

$$R = W_A R_A + W_B R_B \tag{7-1}$$

其中，

$$W_A + W_B = 1 \tag{7-2}$$

也就是说，在投资组合下，投资收益率等于投资各项目企业的加权投资收益率。

但在风险分散中应当注意以下两个问题：

第一，如果一个项目或项目组合的收益率超过风险投资的总体平均收益率，即投资组合的收益率大于风险投资机构要求的投资报酬率，这就是一项有效的组合投资决策；

第二，选择的项目企业组合只有不在完全正相关的情况下，可以起到风险分散的作用，即和的相关系数$\rho_{AB}<1$时，才能起到分散风险的作用。

4. 风险自留

风险自留是指在风险无法回避也不可能转移，或者为了获得高收益而甘愿承受能够承担的风险时，风险投资机构自己承担风险和风险损失的财务后果的一种技术措施。

风险自留在理论上是一种主动承担风险的行为，它是风险投资家在对风险投资带来的收益和承受的风险可能造成的后果及对自身的实力有充分把握的基础之上作出的一种决策。有时，为了获得高收益，自留一部分风险是必须的。它促使风险投资家认识到，为了获得预期收益必须承担的一定的风险损失，事先应做好充分地准备，努力将风险损失降低到最小程度，这也可以称为风险的主动防御。风险自留具体可采用将损失计入成本、借款补偿、建立风险基金等方式。但是，如果风险投资家没有充分认识到风险的严重程度，没有进行良好的风险控制而造成风险自留，这是一种被动的自留。因此，在风险自留的决策过程中，一定要尽可能多地分析可能发生的状况，采用多种方法模拟各种风险因素大小变化可能引起的后果，从而控制对风险投资有重要影响的风险因素。如采用敏感性分析法、决策树法、人工神经网络法等数据挖掘的方法，找出对风险有重要影响的因素，并进行严密的观察和控制。

5. 损失控制

损失控制是指在对风险投资的风险因素进行充分辩识和分析的基础上，事前对风险进行预测和控制，降低风险发生的可能性和风险发生后的损失程度。损失控制是风险防范中最积极最主动的处置风险的措施。主动地预防与积极地实施补救，比单纯地采用回避、转移更具有积极的意义。因为风险回避是一种消极的防范措施，违背了风险投资追求高风险、高收益的宗旨。转移风险只是将某些风险转嫁给他人，并未能在全社会完全消除或减少风险损失。风险分散可能将利润同时分散。风险自留立足于损失后的财务补偿，相对损失控制而言，可以说是一种被动地承受风险后果的方法。

本章小结

本章系统讲述了投资与增信类民间金融风险的概念以及风险的特征、种类以及风险管理框架，重点介绍了风险管理框架。此外，从理论方面说明了投资与增信类民间金融风险管理的必要性，并重点介绍了风险控制理论。

本章重要概念

金融风险　价格风险　信用风险　流动性风险　经营或操作风险　风险管理的组织设计体系　金融风险度量　风险报告

本章思考题

1. 投资与增信类民间金融具有哪些风险特征？
2. 为什么说增信类民间金融风险具有客观性和特殊性？
3. 金融风险有哪些种类，请分条阐述。

4. 如何理解增信类民间金融风险的双重性？

5. 风险管理常见的组织模式有哪些？

6. 金融风险评估系统具有什么含义？

7. 如何理解融资性担保公司的风险传导机制？

8. 常见的风险管理理论有哪些？

9. 假如某一商业保理公司委托你对一融资项目进行风险点识别，你打算从哪些方面开展？请列出必要的风险识别步骤。

本章参考文献

[1] 王玉静，王亚楠．金融脆弱性理论研究综述［J］．经济研究导刊，2019(23)：152－154.

[2] 常鑫鑫，周强龙．金融脆弱性、风险管理体系与金融期货市场关系研究［J］．中国证券期货，2019（03）：4－8.

[3] 彭艳梅．民间金融公司风险传导机制研究［J］．商业会计，2019（12）：50－52.

[4] 冉俊敏．风险投资中的风险控制理论研究［D］．西南财经大学，2010.

[5] 陈曦．XT融资担保有限公司风险管理体系优化研究［D］．西北大学，2019.

[6] 彭艳梅．民间金融公司风险传导机制研究［J］．商业会计，2019（12）：50－52.

[7] 冯如意，徐攀，黄紫薇，卢楠，陆颖超．中小企业担保融资创新研究［J］．价值工程，2019，38（15）：14－16.

[8] 陈东芹．中小企业融资信用担保机制研究［D］．西华师范大学，2018.

[9] 方先明，孙利．民间金融风险：形成、传染与演化［J］．中央财经大学学报，2015（07）：28－34.

[10] 张大凡．构建中小企业融资性担保风险防控机制探析［J］．金融经济，2013（24）：94－95.

[11] 臧博，何永新．中小企业融资性担保风险防控机制研究［J］．经济法论丛，2011，20（01）：182－20.

第八章　投资与增信类民间金融风险管理实践

本章导读

随着经济的高速发展，世界经济呈现一体化趋势，我国的经济也得到了空前的发展。在这种大背景下，可以说对金融行业而言是一把双刃剑，在给金融业发展提供无限机遇的同时，也增加了金融风险的发生几率。投资与增信类民间金融在很大程度上拓展了中小企业的融资渠道。但在实践中，也存在很大的风险且不易控制，导致一些地方中小企业资金链断裂，进而引发区域性金融风险，影响社会稳定。投资与增信类民间金融在对社会带来益处的同时，也要注意防范其带来的风险。

本章学习目标

首先，了解融资性担保公司、商业保理公司、投资公司、地方资产管理公司面临的风险特征及面临的主要风险，全面掌握面临的风险的特征，同时学习融资性担保公司、商业保理公司、投资公司、地方资产管理公司风险管理目标和原则、风险管理的一般流程及措施等。其次，了解融资性担保公司、商业保理公司、投资公司、地方资产管理公司的金融风险管理实践，学习风险管理的典型案例掌握融资性担保公司、商业保理公司、投资公司、地方资产管理公司风险管理实践等内容。

本章知识结构图

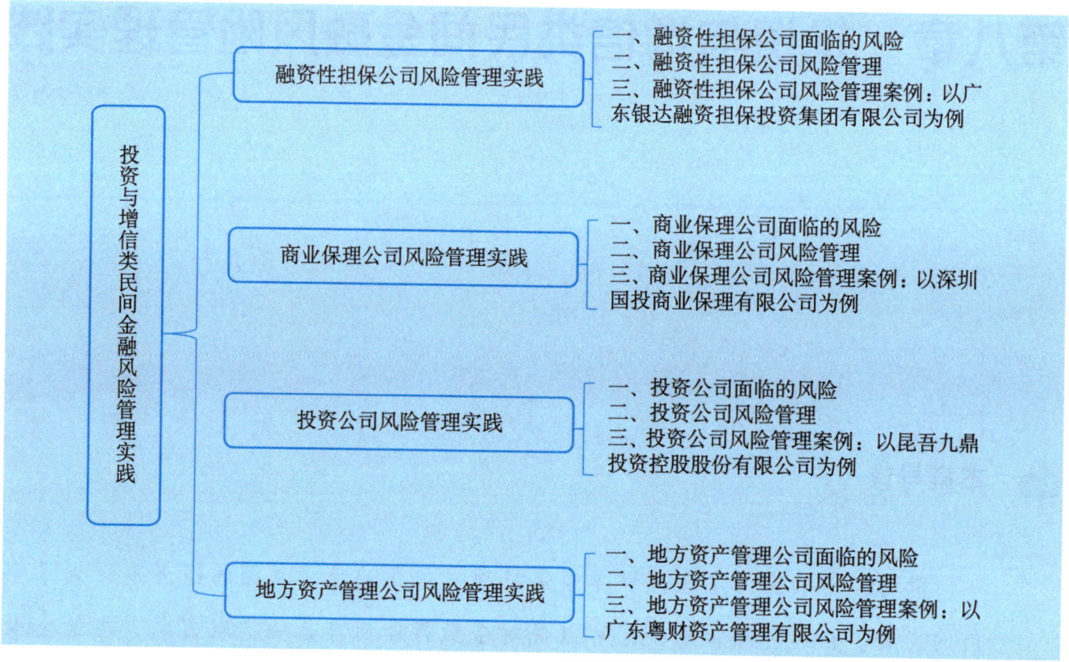

第一节　融资性担保公司风险管理实践

一、融资性担保公司面临的风险

（一）融资性担保公司面临的风险特征

融资担保公司面临的风险特征是由其行业及目标客户的特殊性决定的。只有充分了解融资担保公司面临的风险的特征，才能在业务开展和担保公司经营中有效地识别、经营、化解风险。

1. 高发性

融资性担保公司一直处于一个两难的境地，首先它们面对的客户都是本身行业在金融机构审批中分类较低的企业、轻资产初创型企业或者担保措施较弱的企业。总的来说，这类企业从银行授信审批的角度来看都是存在瑕疵的企业，也正是因为银行认为其风险较大难以把控，因此引进担保公司以进行风险转嫁。而担保公司面临这部分客户的时候，担保公司从业人员的风控水平整体上不如其他专业的金融机构从业人员，因此对于这部分客户的风险管理愈加困难。但是真正没有瑕疵的企业又不需要担保公司介入，因此担保公司就一直面临着这样“明知山有虎，偏向虎山行”的两难选择。最终大多数担保公司为了生存，会选择一些难以把控风险的企业进行增信，这也就导致融资担保风险的高发性。

2. 特殊性

在融资担保业务中，每个客户都有其独特的地点，正如现在流行的“定制化”理念。一个担保公司如果能够把风险管理做到极致，那也一定是融资方案的“定制化专家”。正是由于每个业务的担保对象所处行业、金额、期限、反担保措施的不同，导致了每一个担保业务都是独一无二的个体，因此这也决定了融资担保风险具有特殊性。只有针对每个业务都抓住其个性化的特点，制定出符合客户要求也能满足风险管理要求的融资方案，才能够使担保公司长久经营下去。

3. 不对称性

利差是有放贷权的金融、类金融机构的利润点，而担保公司的利润点和收入来源则是担保费。根据财政部《中小企业融资担保机构风险管理暂行办法》（财金〔2017〕77 号）第七条的规定：“担保机构收取担保费可依据担保项目的风险程度实行浮动费率，为减轻中小企业负担，一般控制在同期银行贷款利率的 50% 以内。”但是据有关研究，针对中小企业融资的担保费一般在 2%—2.5%/年，有的甚至更低。而这相对于承担 100% 甚至更多的风险的担保公司来说是不对等的。如果按照一笔业务收取每年 2% 的担保费，不考虑提取拨备、税收、罚息、各项费用等因素的话，50 笔业务中只要出现一笔不良业务，至少从处置完之前来看，等于全部白做。而当多个项目出现风险时，担保公司也会面临极大的流动性压力，虽然针对所有担保业务都会按照标准计提准备金，但是出现系统性风险时，仍然会出现极大的流动性问题。总而言之，融资担保风险的最大特征就是收益和风险之前的不对称性。[①]

4. 被动性

众所周知，在现行的法律法规下，从民事权利的相互关系上可将权利分为主权利和从权利。主权利是指在互有关联的两个以上的民事权利中，可以独立存在的民事权利，从权利是指凡是以其他民事权利的存在为前提或依靠其他权利而存在的民事权

① 吕汝弘：《融资性担保公司风险管理研究》，苏州大学，2018 年。

利。而在当前的信贷业务中，在普遍情况下，主权利是债权，而保证、抵押权、质押权以及附属于主债权所产生的利息等都是从权利。由于在法律关系中，从权利是从主权利派生出来的，其存在和灭失都由主债权决定，并与主债权保持着一致性，因此也决定了融资担保风险的被动型这一特点。主债权人可以在发现债务人经营或者经济方面存在预警信号时行使不安抗辩权，通过要求债务人提前清偿、对于选择是否代偿、何时代偿都具有主动性。而担保公司在业务实践中，虽然有时候能够提前发现企业的预警信号，但是很难采取措施。一般而言，目前最常见的就是与债务人协商调整反担保方案，要求其提前归还部分借款（不具备强制性）或者与主债权人协商沟通提前代偿，但是在这些过程中都已经错过了最佳时机，在实践中也经常会由于这一期间的耽误而导致最终处置权的相对被动，造成更大的损失。因此在融资担保风险上，被行动也是一个非常显著的特点，并且直接影响到担保公司的损失程度。

5. 多样性

融资性担保公司面临的风险与各个主体和环节都息息相关，国家宏观政策导向、银行信贷政策改变以及债务人的经营风险等都会导致担保风险的爆发。而在这些因素中，据有关研究发现，以苏州为例，由于债务人的经营风险导致的坏账加权平均占比在 70% 左右，由于外部市场环境、国家宏观政策导致的坏账加权平均占比在 10% 左右，银行由于授信政策改变而导致的坏账加权平均在 15% 左右，剩余的 5% 为其他因素导致的坏账。因此债务人的经营风险是融资担保风险的主要来源。此外，由于操作风险、评估风险以及受到房地产价格波动的影响，往往使担保公司承担更大的风险。因此，融资性担保公司面临的风险的多样性也是导致该行业风险较为难把控的另外一个重要因素。

6. 末端性

融资担保公司作为风险的被转嫁者，专业性担保公司作为金融、类金融机构的主要风险缓释工具已经被越来越多的机构认可。而在整个金融活动的资金链上，融资性担保公司已经是风险缓释的最后一环，很难再找到转嫁方。因此在风险发生时，通常担保公司只能从事先设定的反担保措施及借款人、反担保人的财产线索作为立足点，争取最大程度降低风险敞口，就算有反担保方及再担保机构，融资担保公司仍然是风险的最终承担者及第一当事人，这也就是融资担保风险的末端性。

（二）融资性担保公司面临的风险分类

融资担保公司在运作过程中涉及的主体较多，包括被担保公司、合作银行、法律中介和监管机构，因此风险的来源广泛，风险种类较多。其中最主要的包括担保对象行业风险、违约风险，公司自身的内部控制风险、员工道德风险，以及银担合作风险和法律政策风险。

1. 担保对象风险

2018 年 11 月末，由担保机构担保的债券在保余额为 6 159.58 亿元。如此庞大的数据背后是融资性担保公司承担着来自在保客户的行业风险、违约风险、信息不对称风险。

2. 行业风险

不同行业面临着不同的经营风险，且都具有较强的专业性，而融资担保公司也并非熟悉和掌握所有行业的经营特点。在过去的快速发展中，各大担保机构为了拓展业务，占领市场，在一定程度上过分追求被担保企业的数量，因而在保客户涉及各行各业。这些企业受市场环境的影响程度不同，有的发展过剩，需要在经济结构调节中予以淘汰；有的资金链补充不及时，承担高额负债，最终宣布破产；有的沦为夕阳产业，只有依靠借新债还旧债，苟且偷生。

3. 违约风险

近 10 年来我国经济增速放缓明显，近两年 GDP 增速已降至 7% 以下，达到 6.7%。经济明显处于下行趋势，实体经济发展受阻，面临各种经营压力。中小企业在该形势下生存艰难，资金流动性变差，转而加大对融资担保公司的担保需求。但是中小企业本身盈利能力较弱，信用水平和风险意识均较低，加上经济大环境影响，融资担保公司面临的违约风险显著加剧。

具体表现在，一方面，越来越多的中小企业为应对改革发展需要转型升级或者技术升级，对贷款的资金需求加大，但是自身规模限制它们很难从银行直接获得贷款。于是担保公司会吸纳这些新客户，包括一些经营亏损的企业通过多方力量获得了贷款担保。另一方面，当前互联网金融爆发式发展，P2P 平台提供多种金融服务，融资环境复杂多变。被担保企业往往不是简单地从一家银行或担保公司获得贷款，它们可通过多种途径满足融资需求，而往往这些负债信息并不显示在企业征信中，因此融资担保公司面临较大的不对称风险。如果担保公司在业务发展中一直处于被动状态，那么长久积累的不对称风险就会转化为在保对象的违约风险。

（三）融资性担保公司面临的主要风险

作为融资担保的主体，公司本身自然是最直接的风险来源。融资担保公司在开展业务时，主要面临内部控制风险，也就是公司担保项目的整体把控风险，包括保前调查风险，保中审核风险，保后监督风险等。作为融资担保公司，不可避免地会面临担保风险。另外，员工是公司组成的单位，员工的道德风险也是融资担保公司面临的主要风险。

1. 内部控制风险

（1）保前调查风险。全国每年新增中小企业近百万户，提交贷款担保申请的企业更多，如果融资担保公司不进行保前调查，筛选优质客户，那么担保公司的风险将会难以想象。现实情况中，业务经理拿到客户申请资料后，会根据以往经验，或者同行业数据，对比客户提供的数据资料，进行初审判断，省去了现场调查步骤。可是一般情况下，客户提供的资料多有水分，很难把握其真实经营情况。在保前调查过程中，我们可以搜集客户更多的非财务信息，以便准备全面地了解客户情况。由此可见，保前调查是内部控制的基础环节，也是内控风险的源头。

（2）保中审核风险。一般情况下，融资担保项目需要先申请，然后通过公司内部审核通过，才可批准担保。但是对于一些国有及国有控股融资担保公司，存在某些特殊项目，包括长期合作客户、托关系客户等。有的项目在时间紧迫情况下，不需要评审会审核，仅通过简易审批流程，就可以获得担保资格；有的项目在上会期间，迫于上级领导情面，不得不通过审批；更有甚者，未过会后二次申请即可通过审批。这些流于形式的项目审核程序，只会加大保中审核风险。

（3）保后监督风险。融资担保项目通过审批，完成放款，并不是就结束了一笔业务，保后监督职责更加重要。业务经理由于业务繁忙，无法时刻关注在保客户的变化情况。可是市场环境复杂多变，中小企业的经营状况不佳，资金流向无法限制，风险随时都会爆发，保后监督的职责有待落实到位。

2. 担保风险

担保风险是信用风险的一种具体表现形式，是指信用担保机构在担保业务运作过程中，由于决策信息的不充分和相关的各种主客观因素的不确定性，而使担保机构在实际担保业务的运作过程中遭受损失的可能性。担保机构经营的是风险，提供的服务是信用，在商业银行、信用担保机构、中小企业三方交易的信用链条中，涉及两个信用环节，包含了两个信用环节的信用风险，即中小企业信用风险和信用担保机构自身的信用风险。中小企业信用风险也称代偿风险，包括抵押物风险、质押物风险以及第三方信用风险，这通常体现为信用担保机构的项目风险，是信用担保机构所面临的最主要也是最直接的风险；担保机构自身的信用风险也称破产风险或流动性风险，是指信用担保机构发生代偿时，因没有足够的流动资金来满足代偿造成的信用支付风险，体现为信用担保机构的整体风险，需要通过机构的整体风险评价与控制确保担保机构具备平衡模式，给予商业银行债权足够的经济保护，建立良好的信誉。

3. 员工道德风险

目前国内融资担保公司监管体制并不健全，因此担保行业的有序发展更多依赖从业人员的自我约束。但是受融资担保公司体制影响，员工道德风险时有发生。一方面表现在高级管理人员对融资担保项目的审批干预过多，有时候业务并不能按照公司的项目审批流程严格执行。这将导致不急需融资担保的企业获得过多的融资担保，资源配置不协调。另一方面表现在决策者对业务的偏好存在差异，有过投资公司工作经历的管理人员会更加偏向投资业务；而有银行从业经历的决策者则会更偏向于为银行服务，疏远中小企业的利益。另外，近些年，融资担保公司招聘大量新员工，大部分为应届毕业生，这些从业人员没有统一的考察机制和上岗标准，社会实践经验不足，担保业务能为有限，风险识别能力较弱，综合素质较低，隐含较大的道德风险。

4. 来自市场环境的风险

融资性担保公司面临的风险，除了来自担保对象和担保公司本身的发展，很大部分来自外部市场环境的变化，这里将具体论述银担合作风险和法律政策风险。

（1）银担合作风险。为了控制风险水平和不良率，银行倾向排斥部分较弱的中小企业的贷款，银担合作渠道受阻，融资担保公司授信额度有所降低。部分银行甚至停止和担保公司合作，这将使融资担保公司腹背受敌，银担合作风险大大提升。

（2）对担保公司的资质要求。利率市场化背景下，信贷市场环境复杂，互联网金融快速发展，银行不得不严格把控市场风险。在中小企业融资担保业务方面，银行一方面为了保证合作收益，另一方面为了规避风险，提高对融资担保公司的资质要求。许多银行只选择国有或国有控股担保机构，或者政策性融资担保机构，而将民营担保公司拒之门外。但是根据数据显示，2016 年安徽省融资担保行业拥有机构 350 家，其中不到 150 家融资担保公司属于国有或国有控股。根据银行的资质要求，半数以上的担保机构将会面临合作风险，生存压力骤然加大。

（3）缴存保证金。融资担保公司实质经营的产品是风险，本身属于轻资产行业，在与银行合作中往往处于弱势地位。一般情况下，担保公司为中小企业的信贷申请提供担保保证，只收取低额担保费，本身面临的信用风险很大。但是合作银行要求收取担保公司每个担保项目20%左右的保证金，便于在中小企业后期违约时保证一定的还款来源。这样的要求无形中提高了担保公司的经营成本和担保能力，也限制了担保和银行的合作发展。

5. 法律政策风险

政策性融资担保和民营担保的界定并不是很清晰，各类型担保机构的市场定位混乱，经营业务范围没有明确规定，担保费率制定和担保放大倍数更是随意性较强。这些现象一方面会导致担保行业无秩序发展，另一方面会加剧风险积聚，损害各参与方合法权益。

二、融资性担保公司风险管理

（一）担保前风险识别

融资担保风险的识别是指在项目风险事件发生之前，通过感知、判断和列举等各种系统性的方法，提前认识到潜在可能发生的风险事件及引起该风险事件的原因。风险的识别可以通过多种方式去实现，例如，可以通过感性认识和历史经验来感知，可以通过外部信息渠道通过信息交换来发现，也可以通过各种客观资料的分析来得出。从现在担保公司的实际运营中来看，风险识别通常会通过以下几种方法去实现：首先是通过受保客户的财务状态分析，对企业的资产负债表、损益表、现金流量表及相关会计凭证的采集和数据分析，通过横向同行业比较以及受保企业近几年来的自身纵向比较，来发现受保企业所存在的风险；其次是通过风险专家调查列举法，通常由担保公司的风险管理部或审批部指定项目风险尽调人员在项目全过程进行风险的识别和枚举，并进行分类后以书面形式进行列示，而在这环节中涉及的面较广，不仅仅停留在受保企业本身的风险，也会涵盖行业、政策等其他方面的风险因素；然后还可以通过分解分析法，通过将一个项目分解为众多小环节，通过针对细化的各个环节和指标进行分析评估，从而识别出其中的风险；最后也是重中之重，贯穿始终的一个识别方法就是生产流程分析，运用在担保业务中就是担保流程分析，从整个担保公司的运营再到担保项目的全过程，均通过流程控制、流程分析去找出各个环节中可能存在的风险，这也是识别风险相对而言最为周全的方法，但是通常这个方法需要耗费极大的人力物力财力，因此除非一些特殊情况，正常情况下不会广泛运用。

（二）担保中风险追踪

这属于灵活性较大的技术性问题，不太好给出固定的模式，这里仅概述部分原则。其一，明确目标原则。保后跟踪在保后不同阶段有不同的目标，放款后的前几个月里，主要是考察企业的经营和分期还款情况，后几个月里主要是了解企业的到期还款能力和二次需求情况。其二，有的放矢原则。考察企业，应根据不同的企业事先做好准备，列出调查计划，在跟踪检查中才能有所重点，避免走马观花式的走形式或过场。其三，外松内紧原则。跟踪和检查的重要区别在于跟踪要避免被发现，而检查则没有太多被发现的顾忌。因此担保公司项目经理或其他人员到企业，不可事先过早通知企业做好准备，但也不能作为不速之客突然出现在企业老板的办公室里，这里的提前量要把握好度。在企业现场，可以装作漫不经心，但一定要心细如发，不放过任何一丝痕迹，不忽略任何一个细节。其四，及时报告原则。无论是保后跟踪中发现的正面信息还是负面的信息，都应当根据担保机构内部管理制度，及时撰写并提交保后跟踪报告。尽管有时报告的结论仅为“企业生产经营情况一切正常”，但这也好过没有进行保后跟踪给担保机构上下造成的忐忑不安。对于企业出现的重大突发事件或者企业生产经营面临着的重大困难，更要及时向担保机构有关部门和高层报告，以便尽早采取应对措施，防范风险于未然。

（三）担保后风险评价

融资担保公司的风险爆发最常见的表现就是担保代偿，也就是当受保人无法正常履约归还债务的时候，由担保公司承担保证责任代为清偿被担保本息的情况，而控制风险的本质是如何降低代偿率以及如何最大程度地减少代偿损失。一般而言，风险评估的方法主要分为定性和定量两种，定量分析一般是指针对可以被量化的数据进行分析，如资产负债率、销贷比、利润率、流动比、速动比、应收账款周转率、存货周转率及销售增长率等指标，通过这些定量数据与同行业平均水平及龙头进行横向比较，然后将受保人历年数据进行纵向比较。一方面可以看出受保人的生产能力、流动性、盈利能力和在所处行业中的竞争力水平、市场份额等情况，另一方面也可以通过纵向比较看出企业的发展情况及未来的发展趋势，通过对财务数据的对比分析，从而进一步发现项目的风险大小。定量分析法则是通过将一些难以量化的因素进行分析和评估，如企业经营者的学历及从业经验、产品质量、品牌效应、政策倾向、企业声誉、资金用途、还款来源、行业规划等，这些都是无法通过量化的数据进行分析的，更多地需要担保从业者的执业经验和感性认识来评估。但是也有一些较为常用的分析法进行评估，如5W分析法、5C分析法及5P分析法等，这些分析法主要也是针对担保业务中的一些要素进行设计的，5W分析法是指谁是借款人、借款原因、还款时间、反担保措施以及还款方式，其他几种分析方法也都采用了类似的理念，通过从不同角度出发，对项目的风险进行评估。

此外，对于项目风险的评估，目前国内也正在向西方经济发达国家看齐，利用国家信用体系建设的契机，采用评级法、评分法等方式对企业的项目进行分类评级。评级法目前在国内债券市场较为常见，主要是针对不同项目以AAA、AA+、AA……等级别进行对风险评判的依据，供投资人、担保人、管理人等各参与者参考，目前国内根据发行市场不同主要有大公、中诚信、鹏元、新世纪、联合等评级机构具备评级资格，而这些机构提供的评级报告也得到了市场较为普遍的认可。评分法主要是银行、证券公司、担保公司等金融、类金融机构依据自身情况根据自身客户结构制定的特定化标准的分类评级方法，根据项目的不同风险系数和公司对于不同风险的抵御能力，将项目进行风险评估的模式。

（四）再担保

再担保是一种特殊的担保形式，有其特有的设立条件和实践意义。再担保不同于共同担保、重复担保和反担保。可以设立再担保的主担保仅限于保证、抵押和质押，再担保的方式有保证再担保、抵押再担保和质押再担保三种。再担保人享有主担保人享有的一切抗辩权，同时也享有专属于再担保人的抗辩权。再担保人在承担再担保责任之后享有向债务人和主担保人的追偿权。再担保其实就是社会信用体系建设的一种制度设计，是用再担保这一新兴金融工具来完善担保体系和防范金融风险的探索创新，可以部分转移担保机构承担的风险，国际经验证明再担保体系的形成可以直接有效地帮助小微企业信用担保机构分担风险。

我国的信用担保机构已经形成规模，但规模效应还不够充分。目前，担保机构基本没有分散风险的路径，只能依靠风险自留机制，必须提足留够风险准备金。如果采取减少预提留风险准备金的办法，无疑是杀鸡取卵。再担保机制可以以风险分担的方式帮助信用担保机构减轻保证责任压力，以市场化的运作提升其信用担保能力，以业务支持的方式帮助其实现专业化经营。从我国信用担保行业长期发展的角度，建立和完善再担保机制具有必要性。再担保机制的构建有制度和客观需求上的必要性，也有政策和法律环境方面的可行性。

再担保根据担保责任的承担不同，可以分为一般责任再担保、连带责任再担保和按份责任再担保。

1. 一般责任再担保

一般责任再担保是指担保人无法履行担保责任时，由再担保机构承担担保人无力偿付部分的再担保形式，最为常见。再担保合同中通常会约定再担保公司承担担保责任的前提条件，主要包括：一是主债务人不能履行债务；二是经司法裁决并经强制执行主债务人和担保人全部财产；三是主债务人和担保人以其全部资产破产清算完毕后仍不能按约定履行担保债务；四是法律规定承担一般保证责任的条件成就。只有前述条件全部满足，再担保公司才向债权人承担一般保证责任，补充清偿相应债务。

2. 连带责任再担保

连带责任再担保是指在债务人不能履行债务时，债权人可以要求担保人代偿，担保人不能代偿且特定条件成就时，债权人可要求再担保机构就担保人不能履行部分承担代偿责任的再担保形式。连带责任再担保是理论上的分类，在实践中并不多见。连带责任再担保不同于普通的连带责任保证，债权人必须先向担保人要求履行保证责任，只有在担保人无力偿还且符合特定条件时，债权人才能要求再担保公司承担连带责任。该特定条件可能是经过特定时间或履行特定手续。连带责任再担保能够有效保护债权人的利益。

3. 按份责任再担保

按份责任再担保是指债权人有权要求担保人、再担保机构按比例承担担保责任。如安徽省推出的“4321”模式，即由融资担保公司、再担保公司、银行、当地政府按照4：3：2：1的比例承担贷款损失风险。2016年7月4日，国务院融资担保部际联席会议办公室印发了《关于学习借鉴安徽担保经验推进政银担风险分担机制建设的通知》，号召各省、自治区、直辖市融资担保机构监管部门学习安徽担保经验、推进政银担风险分担机制建设。

再担保机构一般面向各类担保机构提供机构再担保、项目再担保、一般再担保、分保、联保等服务。主要业务产品有由公司、地方担保机构、银行等金融机构、地方政府部门多家共同建立风险比例分担的合作关系的“双赢保”、一家担保公司牵头，多家担保机构参与，依据同一担保协议，按照约定的期限和条件，共同为同一借款人提供担保的“担团保”、为支持超出担保能力或者缺少融资通道的担保机构或项目提供信用通道、信用额度等的“联合保”等。再担保机构具有“增信、分险、引领、规范”功能，再担保体系在服务民营、小微和涉农企业、服务实体经济的放大效应和杠杆作用，构建中小微企业综合融资服务平台，推动融资担保业持续健康发展起了重要作用。

三、融资性担保公司风险管理案例：以广东银达融资担保投资集团有限公司为例

（一）公司简介

成立于2000年的广东银达融资担保投资集团有限公司是一家将信用评价、信用担保和信用管理相结合的大型中小企业融资服务机构，目前集团注册资本10.4亿元，总资产30亿元，是广东省内首家注册资本超过10亿元的商业担保公司。银达担保集团拥有着良好的股权结构和优秀的股东背景，包括国际知名投资基金赛富亚洲、国有股东广东粤财创业投资有限公司等，形成了以政府资金为引导，社会资本为主体，市场化运作，股份制建设的公司治理结构。

银达担保集团已与国内外近30家金融机构建立了密切的合作关系，为数千家中小企业和上万名私营小业主、创业者提供了各种类型的担保，累计担保金额达600亿元人民币。今日的银达已成为全国资产规模最大、综合实力最强、业务品种最齐全、风控水平最高和最受银行和中小企业信赖的大型专业担保集团之一。银达担保集团作为广东省信用担保协会的执行会长单位，以及全国中小企业信用担保机构负责人联席会议的主要发起人之一，曾被我国权威信用评级机构评为AAA-信用等级，是广州市唯一一家被评选为“全国十大最具影响力中小企业信用担保机构”的融资担保机构，获得“全国中小企业信用担保机构三十强”等多项荣誉。

（二）银达担保集团风险管理

1. 开拓创新，严控风险

近年来，当担保行业在全省甚至全国范围内步入“寒冬期”，银达担保集团依然交出了靓丽的答卷：在行业整体发展停滞不前，一部分担保机构退出市场之时，银达担保集团严控风险，稳健经营，逆市增资，公司注册资本达10.4亿元，成为广东省商

业担保机构注册资本最大、综合实力最强的大型专业担保机构之一。银达担保集团坚持不断创新，不断进行担保品种创新，优化担保品种组合，创造出以“国有资本为引导，以社会资本为主体，完全按市场化机制运作”的行业领先的“银达担保模式”，充分整合社会、政府、企业、金融机构等各方资源，通过打通信用担保上下游业务链，构建完善的立体式风险管理体系，打造科学、健康、可持续发展的盈利模式，构建出一条适合我国信用担保机构可持续发展之道。运作理念国际化、资源整合的全球化、服务创新的本土化，为银达担保集团带来无往而不胜的独特优势，形成强大的合力。

2. 柔性适应，动态监控

制定科学规范的业务操作流程和业务制度来防范风险。从业务操作的合规性，业务制度的先进性、完善性，项目调查、评估、审批的严密性、科学性多方面防范风险。银达担保集团对各项业务的开展进行全面动态风险监控，建立了风险预控、风险预警、风险监管、风险处置、风险后评价等完善的风险监管体系。

银达担保集团始终贯彻“审保分离、风险独立”的原则，建立了“业务部门 A、B 角自控、业务部门与风控部门前后台互控、审计部门监控”的横向内部控制体系；成立了风险评审委员会，采用权限内项目分级审核批准、超权限项目分级审核后集体评审的纵向审批制度；建立了由业务部门、风控部门、法律部门、审计部门、保全部门和高级管理人员共同参与、对担保业务的保前、保中、保后进行全过程多角度评价、监督和管理的制度，形成了科学的决策系统和风险防范体系。

（三）银达担保集团风险管理案例评述

广东银达融资担保投资集团有限公司经过多年实践，建立了一套科学、严谨的组织架构和专业化、规范化的风险控制体系，从根本上保证了业务决策的科学性，有效防范了风险，保证了各项业务稳步健康地发展。

专栏 8－1 知识链接

再担保与担保、保险的区别

由于再担保与再保险在运作机理方面存在很大的相似性，因此实践中两者容易被混淆。例如，有人认为：“再担保是为担保人设立的担保。当担保人不能独立承担担保责任时，再担保人将代替担保人向债权人继续剩余的清偿，以保障债权的实现。”同时又说：“再担保与保险有相同的地方，均是对担保或保险的担保或保险。

当风险产生，保险人无力理赔时，由再保险人承担向投保人的继续理赔。”这种观点自相矛盾，完全是由于对再保险的误解而导致的对两者的混淆，因为“再保险合同的缔约双方都是保险人，其仅在再保险人和原保险人之间产生法律上的权利义务关系，即再保险合同对于被保险人不能发生约束力”。

再担保是再担保人与担保人之间给予分散和转移担保机构风险，提高担保机构担保放大倍数和外部信用而设计的一种双方法律关系，再担保人与主债权人和主债务人之间不发生直接的法律关系。再担保虽然名为担保，但从其法律关系性质上说，并不是一种法律关系。担保是指法律为确保特定的债权人实现债权，以债务人或第三人的信用或者特定财产来督促债主人履行债务的制度。担保的基本功能在于保障债权的实现。再担保的主要功能则在于分摊担保机构风险，提升其信用放大倍数。因此，再担保是再担保人与担保人双方之间的法律关系。再担保人与债权人并不发生直接的法律关系，不向债权人直接承担代偿责任。

第二节　商业保理公司风险管理实践

一、商业保理公司面临的风险

（一）商业保理公司面临的风险特征

商业保理公司的保理业务风险根植于供应链违约风险，主要指卖方供货不确定性和买方还款不确定的风险，其生成原因既有外生原因（如自然灾害、政策不确定性、市场不确定性、社会信用机制缺失等），也有内生原因（如信息、经营、制度、运输、利益分配等不确定性），设计应收账款质量风险、信用风险、法律风险与操作风险等几个方面。

（二）商业保理公司面临的主要风险

1. 宏观环境风险

在世界经济复苏缓慢和需求疲弱、欧元区的主权债务危机持续发酵、国内去杠杆、去产能过剩、调结构、促经济换档转型”等市场化改革任务繁重的复杂背景下，中国经济正从高速增长步入中高速增长的“新常态”。在商业保理业务开展过程中，要充分考量宏观环境因素对于商业保理客户的潜在影响，尤其要规避经营状况已经出现严重问题的保理客户。

2. 政策与市场环境风险

全国性与地方性法律法规、行业政策变动可能对商业保理公司或保理客户经营情况造成负面的影响。此外，在市场经济条件下，受供求关系、价值规律和竞争机制等因素影响，产品价格会围绕价值上下波动，市场环境变化亦影响到保理客户的经营。例如，2007 年国内某农产品企业向欧洲某国家买家出口葵花子，合同金额为 100 万欧元，某商业保理公司为该笔涉外贸易提供了时间为 60 天的有追索商业保理服务，然而，货物到港后，由于葵花子市场价格大跌，海外买家拒绝按照原先约定的价格支付钱款致货物滞港。国内农产品企业因无法回笼资金而导致未能在约定期限内偿还本金。

3. 行业周期风险

周期性行业，一般都会经历一个由成长到衰退的发展演变过程，即我们通常所称的行业周期。一般地，行业的生命周期可分为四个阶段，即初创期、成长期、成熟期和衰退期。周期性行业对宏观经济的敏感度较高，当经济处于上升期，行业扩张；经济衰退时，行业景气度也随之下降。商业保理公司对交易对手进行风险评估时，也需要考虑交易对手所处行业的整体运行状况，因为行业景气度的下降可能导致买家在应收账款到期后仍不付款。

4. 买卖家双方的道德风险

区别于融资租赁，作为贸易融资的商业保理没有融资“标的物”作为载体，因而可能存在合同双方相互串通，虚买虚卖，不存在真实的交易关系，目的可能是为了套取保理商的资金，也可能是为了套取银行的贷款，给保理商造成较大风险。此外，卖家产品质量低劣、制假售假、合同欺诈；买家利用欺骗/故意隐瞒等手段恶意骗取货物或者恶意违约均是潜在的道德风险因素。

5. 买家的经营与财务风险

受宏观经济、行业、市场及客户自身管理的直接或交叉影响，使买家未来的财务或非财务状况出现恶化。财务风险表现为：客户现金流状况恶化、总资产中流动资产所占比例大幅下降、固定资产剧烈变动、无形资产占比过高、流动负债或长期负债的异常增加、不断降低或迅速增加的销售额、对短期负债的严重依赖等。非财务风险则表现为：关键的人事变动、冒险参与企业并购与重大对外投资、超出公司管控极限的过度增长、失去一批长期合作的大客户、出现重大的法律诉讼或突发事件等。

6. 利率风险

随着央行利率市场化改革的积极推进，央行也逐步扩大了存款利率的上浮区间。2015 年 2 月 28 日，央行宣布自 3 月 1 日起对称降息 0.25 个百分点，并将存款利率上浮扩大到 1.3 倍。随后多家商业银行迅速反应，第一时间将各期限存款利率调整至最新状态。当前，存贷款息差收入是我国银行业最主要的盈利来源。随着利率市场化的进一步推进，商业银行吸揽资金竞争加剧，特别是通过理财业务吸收的资金成本整体相对较高，且随着利率市场化的加速推进，商业银行尤其是股份制商业银行纷纷提高存款利率。可以预期的是，未来商业银行为了维持其净利息收入的稳定增长，很有可能逐步对不同类型的客户群体进行差异化定价管理，以平衡资产和负债之间的利率差异。由于商业保理公司的资金来源要要源自商业银行，而随着利率市场化逐步放开，商业银行通过市场化定价将资金成本转嫁给信贷客户，增加了商业保理公司利率风险管理的不确定性。针对利率风险，保理公司应通过强化管理，制定严格的利率风险管理政策并建立科学的利率风险测算和监控系统，确保保理业务期限结构与币种结构及其所承受的利率风险水平得到有效控制。

7. 汇率风险

汇率风险又称为外汇风险，即因汇率变动而给保理公司蒙受损失的可能性。由于各国货币政策的差异以及国际大宗商品价格的波动不仅影响了全球各国的股市、债券等资产价格，而且也可能导致国际金融市场汇率陷入剧烈波动与震荡。对保理商而言，汇率风险不容小觑，商业保理公司的资产端与负债端均有可能受汇率风险影响。

8. 市场竞争风险

随着中国金融改革与创新的步伐加速，商业保理公司将在资金成本、业务模式、风险管控、营销手段/渠道、产品创新、客户体验、服务能力等诸多方面与传统银行、互联网金融等新兴金融机构相互竞争。来自互联网（如阿里巴巴、腾讯、百度等互联网巨头）、运营商（如中国移动、中国联通、中国电信）以及垂直行业的领先者们纷纷参与金融创新，利用自身在流量、数据、服务能力等方面的优势，通过大数据的风险管控手段、无缝多渠道的销售、创新的产品设计与定价，为客户提供更加个性化服务，从而实现“以客户为中心”的普惠金融模式。面对激烈的市场竞争，商业保理公司应充分发挥产业链整合优势与金融服务延伸的特质，始终以服务于产业为导向，借助股东背景和自身优势，从银行、互联网金融等新兴金融机构的成功经验中汲取营养，以开放式思维把握机会并控制好风险。

9. 法律风险

法律风险包括两个方面，一方面是保理业务自身存在的法律风险，另一方面是保理业务指向的标的，即基础合同存在瑕疵产生的法律风险。由于我国目前尚未出台商业保理法，现行的法律、法规和相关政策对保理业务的覆盖面又太窄，由于很多新思路、新模式没有法律的依据和合理合法的解释在实施过程中又困难重重，一旦遇到矛盾和纠纷，只能适用《中华人民共和国民法通则》《中华人民共和国合同法》等基础法律，这必然会增加保理公司业务开展过程中的法律风险。因此，在保理合同中应当明确约定除了适用国内相关的法律之外，在国内法律没有明确规定的情况下，可以适用商业惯例，在商业惯例不好判断时，可以参考《国际保理业务惯例规则》和《国际保理公约》的规定，以此作为对国内保理业务中交易习惯的认定，调整保理合同双方之间的民事法律关系，从而维护保理商的权益，此外，保理商还可以在保理合同中约定，发生纠纷时，选择中国国际经济贸易仲裁委员会处理。

10. 不可抗力导致的风险

指保理客户因战争、动乱、空中飞行物体坠落或其他不可归责于其自身原因的事由导致的爆炸、火灾、水灾，以及六级以上台风、暴雨、地震等不可抗拒的自然灾害，使保理客户的生产与经营活动受到重大影响，导致其无法履约还款的风险。保理商可以通过购买保险来转嫁风险，如信用保险、保证保险等，但是在购买保险时须与保险公司明确哪些不可抗力属于保险人的免责范围。

二、商业保理公司风险管理

商业保理要想发展得更好，除了监管的规范和引导之外，保理企业自身的风控建设也很重要。面对日益复杂的外部经济环境和企业融资困难的大背景，做好风控是第一要务。商业保理企业要完善内控，建立风险管理架构，健全内部风险管理体系，完善管理制度和管理手段，提高自身风险控制能力和管理水平；应该充分利用现代金融科技以提升运营效率、降低运行成本，创新商业模式，助力解决风控难题；还应建立风险分散机制，健全行业信用约束机制，夯实风控建设，助力商业保理发挥出金融与实体经济结合、产业升级和扩大内需的功能。

（一）风险管理架构与风险偏好

1. 风险偏好体系的组成

风险偏好体系由上至下包括风险偏好、风险容忍度及风险限额三个组成部分。

风险偏好是指公司在实现其经营目标的过程中愿意承担的风险水平。风险偏好是公司对风险的基本态度，为战略制定、经营计划实施以及资源分配提供指导。

风险容忍度是指在公司经营目标实现的过程中针对既定风险水平出现的差异的可接受程度。风险容忍度是风险偏好的具体体现，一般采用定量与定性相结合的方式确定，与风险偏好保持一致，并涵盖所有风险类别。

风险限额是对风险容忍度的进一步细化，公司应在设定的风险容忍度范围内，根据不同风险类别、业务单位、产品类型特征等制定风险限额。

2. 风险偏好体系与业务运营的关系

风险偏好体系与商业保理公司业务运营的紧密衔接主要体现在以下几方面。

风险偏好作为风险偏好体系中的最高层级，不仅代表了股东对资本安全性的基本要求，也体现了公司平衡收益与风险的基本要求，是其制定发展战略的重要决定基础之一，因此在风险管理体系中居于宏观主导地位。管理层根据设定的风险偏好，可直观地评估在不利情景下相关业务条线（资产端）对财务状况的整体影响，以此为业务战略的制定（资产端）以及企业融资期限/结构（负债端）提供指引。

风险容忍度作为风险偏好体系中的第二层级，较之风险偏好更接近经营层面，并与各个业务部门的实际风险特征紧密相关。明确风险容忍度是商业保理公司对其风险偏好进行进一步量化与细化，为业务部门风险管理工作提供指引的重要手段。针对不同业务条线及相关风险类别的特点，公司设定其承受风险的最高限额，以此引导各项业务在日常运作中合理平衡经营的安全性与盈利性，包括但不限于：指导业务部门确定业务范围，决定是否进入、停止或退出业务活动以避免或减少风险损失。

风险限额作为风险偏好体系中的第三层级，是商业保理企业基于前、中、后台的业务特征，对风险容忍度的进一步分解与细化，从而达到提升其风险管理指导意义，增强可操作性的目的。通过设定风险限额明确风险监控指标并以此将风险容忍度具体落实到各个业务环节，从而实现对业务运营相关风险的实时监控。业务部门在监控风险的同时，负责收集风险信息并及时反馈到公司管理层，实现自下而上的风险汇总，为公司风险偏好、风险容忍度的修订提供信息基础。

（二）建立风险管理架构

商业保理企业应从自身实际情况出发，结合监管机构要求，设计适合自身业务发展的风险偏好体系，以此引导公司建立风险管理架构，各业务部门明确风险管理职能，识别、评估、管理关键风险，并运用定量与定性等手段设定风险容忍度与风险限额。

企业风险好体系的建设主要包括：搭建风险管理架构；设立战略目标；确认风险特征以识别、评估风险敞口；确定风险偏好；确定风险容忍度并设定风险限额。

1. 建立风险管理架构

依据《商业保理企业管理办法（试行）》的相关要求，商业保理企业应建立风险管理的“三道防线”，构建从董事会、管理层到全体员工全员参与的管理架构，以此保障风险偏好的传导和运行。

第一道防线主要由公司的各业务部门组成，负责在业务前端的日常运营中识别潜在风险，并负责评估、应对、监控与报告风险等一系列工作。在董事会和管理层既定的风险水平范围内，各业务部门需要将对风险与收益的衡量纳入其日常经营活动之中，并根据业务发展的实际状况及发展规划，制定符合董事会和管理层既定风险偏好与风险容忍度的风险限额，以便对业务风险状况进行监控。各业务部门还肩负着收集风险信息、对风险偏好和风险容忍度的制定提出反馈意见的责任，协助公司决策层对风险偏好与风险容忍度按需进行修定。

第二道防线主要由公司风险管理部门组成。其中，风险管理部门的工作独立于各业务部门，其职能主要包括：参与制定公司的风险管理制度、流程、方法与工具，协助管理层草拟风险偏好陈述、为战略规划部门初步拟定或按需调整战略方向提供风险数据及风险分析结果；制定重大风险事件和重要业务流程的判断标准或判断机制；为各业务部门围绕风险偏好开展的工作提供支持，协助业务部门评估、控制与监督反馈相关风险。

第三道防线由公司内部审计委员会构成，负责对公司风险偏好体系的建设情况、风险偏好传导及风险容忍度和风险限额执行情况，以及各类业务风险识别和内部控制建设进程进行评价，鉴定上述工作的效率效果，确认是否符合了监管机构和公司内部规定和标准，并在最大程度上保证了公司整体战略的实现。内部审计委员会的主要职责还包括对评价工作中发现的缺陷进行反馈，并监督相关部门的改进。

2. 设立战略目标

在设定公司的战略目标时，应充分考虑到相关风险因素。根据董事会与管理层在实现经营目标的过程中可承受的风险种类、风险程度，设定战略目标及相应的风险管理计划。通过保证战略目标和风险管理计划的一致性，从而有助于公司在实现经营目标的过程中有效管控风险。

3. 确认风险特征以识别、评估风险敞口

商业保理公司应通过准确描述和分析现有的风险特征，协助董事会及管理层对其各个业务部门与业务条线在业务操作和经营流程中所承担的风险状况，确立全局观念，为风险偏好、战略目标、资本配置的决策制定提供理论依据。

度量风险敞口就是辨认主要风险的大小。商业保理企业在识别风险特征的基础上，通过定性和统计分析等不同方法，从业务条线、产品条线、风险类别及经营地域等多种维度去评估风险敞口，为风险容忍度与风险限额的判断与量化工作奠定基础。

4. 确定风险偏好

公司董事会在决策风险偏好时应综合考量多种因素，包括但不限于公司各业务条线的业务特征、风险管理文化建设与风险管控、风险管理信息系统开发现状等。

5. 确定风险容忍度并设定风险限额

风险容忍度是风险偏好的具体体现，通过将公司既定的宏观战略目标转化至涵盖各个风险类别的最低与最高风险限额，风险容忍度的制定为各业务部门经营业务种类、范围和规模条件等决策设置明确的风险标准，以此协助公司各业务部门将风险偏好融入日常经营管理的行为之中。风险限额是公司在既定的风险容忍度框架下将风险容忍度进一步拆分到各个业务部门，并根据每一个业务部门的业务特征制定具体的风险限额，形成风险限额管理体系，从而实现风险管理“看得见，管得住”的目标。

（三）加强企业内部风险文化建设

商业保理公司应努力塑造良好的风险管理文化，培育员工树立正确的风险管理理念，增强员工风险管理意识，将风险管理意识转化为员工的共同认识和自觉行动。商业保理企业可以通过各项创新举措，为企业的风险管理文化建设提供良好的土壤，并将风险管理文化融入企业文化建设的全过程中。例如积极开展风险管理知识和理念的宣传和学习，建立风险问责机制，督促员工从自身角度自觉地开展风险管理和控制工作，变被动为主动，将风险管理转化为员工的自发行动，从根本上保障良好的企业风险管理文化氛围。

（四）商业保理风险管理“四大支柱”

信用风险、操作风险、流动性风险与市场风险是商业保理企业的四大关键风险，也是风险管理工作的重中之重。

商业保理“钱生钱”的运营模式通俗地说就是使资金承担一定的风险，得到与风险相对应的回报。商业保理企业风险管理既有来自企业自身的内部需求，同时也有来自监管机构的外部需求。然而，无论是企业自身需求，还是监管机构对于风险管理的监管要求，两者的目的同出一辙，即为企业长期健康发展保驾护航。

商业保理企业的经营既要“抬头看路”又要“低头拉车”。首先是“抬头看路”的顶层设计，包括制定科学有效的公司治理、管控体系与经营策略，以风险为导向兼顾价值，确定企业全局性、长远性、方向性的经营战略。其次是针对信用风险、操作风险、流动性风险、市场风险“四大支柱”的科学管理，以定性与定量相结合的方式，通过设定风险容忍度与风险限额，覆盖风险识别、评估、管理与监控的全流程风险管理体系，这也是我们俗称的“低头拉车”。最后，企业还应通过内控体系建设、制度流程建设与信息系统规划与实施来夯实企业风险管理的“地基”，以确保风险管理的有效“落地”。

专栏 8－2 知识链接

担保合同无效的法律责任[①]

担保合同被确认无效时，债务人、担保人、债权人有过错的，应当根据其过错各自承担相应的民事责任，即承担《合同法》规定的缔约过失责任。根据《担保法司法解释》规定：“①主合同有效而担保合同无效，债权人无过错的，担保人与债务人对主合同债权人的经济损失，承担连带赔偿责任；债权人、担保人有过错的，担保人承担民事责任的部分，不应超过债务人不能清偿部分的1/2。②主合同无效而导致担保合同无效，担保人无过错则不承担民事责任；担保人有过错的，应承担的民事责任不超过债务人不能清偿部分的1/3。③担保人因无效担保合同向债权人承担赔偿责任后，可以向债务人追偿，或者在承担赔偿责任的范围内，要求有

① 资料来源：程翔，房燕：《担保理论与实务》，北京邮电大学出版社，2014 年版。

过错的反担保人承担赔偿责任。”

但为了保证债权人的利益，主合同解除后，担保人对债务人应当承担的民事责任仍应承接担保责任。但是，担保合同另有约定的除外。另外，如果法人或者其他组织的法定代表人，负责人超越权限订立的担保合同，除相对人知道或者应当知道其超越权限的以外，该代表行为有效。

在主债权债务合同无效导致担保合同无效的情形下，虽然不存在履行担保义务的问题，但债务人、担保人或者债权人并非不承担任何法律后果。根据《民法通则》第六十一、《合同法》第五十八条的规定，合同无效后，因该合同取得的财产，应当予以返还；不能返还或者没有必要返还的，应当折价补偿。有过错的一方应当赔偿对方因此受到的损失，双方都有过错的，应当各自承担相应的责任。同样的道理，在主债权债务合同无效，担保合同被确认无效的情况下，如果债务人、担保人或者债权人对合同的无效有过错的，应当根据其过错各自承担相应的民事责任。这里的“相应的民事责任”指当事人只承担与其过错程度相当的民事责任。例如，担保同无效完全是由债务人的欺诈行为导致主债权债务合同无效造成的，则过错完全在债务人，责任应完全由债务人自己承担。

导致担保合同无效的原因很多，主债权债务合同无效导致担保合同无效只是原因之一。在主债权债务合同有效的情况下也有可能无效。例如，担保合同中社会公共利益或者国家利益无效，担保合同因债权人与债务人的恶意串通而无效，等等。也就是说，判断担保合同是否有效，不能仅以主债权债务合同是否有效为标准，还要看担保本身是否有《合同法》第五十二条规定的情形。在主债权债务合同有效，担保合同无效情形下，债务人、担保人或者债权人对担保合同无效有过错的，也应当各自承担相应的民事责任。在这种情况下，如果是债务人为担保人的情况下，不发生问题，只是主债权失去担保，其对担保合同无效有过错的，应当对债权人承担过错责任；如果第三人为担保人的，担保人不再承担责任，但担保人对担保合同无效有过错的，其对债务未能履行的部分，承担相应的过错责任。最高人民法院在关于担保法的司法解释中就规定，主合同有效而担保合同无效，债权人无过错的，担保人与债务人对主合同债权人的经济损失，承担连带赔偿责任；债权人、担保人有过错的，担保人承担民事责任的部分，不应超过债务人不能清偿部分的1/2。

三、商业保理公司风险管理案例：以深圳国投商业保理有限公司为例

（一）公司简介

深圳国投商业保理有限公司（简称“国投保理”）是一家注册在深圳前海的商业保理公司，注册资本2.17亿元。国投保理以风控为核心，围绕上市公司、大型企业集团等核心企业开展反向保理业务，优化产业经营，提升资金运转效益，实现产业发展高端化。目前公司已与众多上市公司达成战略合作，共同开拓保理+实业的产融格局。自成立以来，国投保理凭借良好的品牌声誉，获得了业界的广泛认可，荣获“2014年商业保理最佳风险控制奖”“2015年中国金融品牌500强”“2016年创新商业保理企业奖”，是商务部中国服务贸易协会商业保理专委会常委单位。

（二）国投保理风险管理

深圳国投商业保理有限公司业务流程的基本环节主要为申请立项、考察评审、收益权转让、放款、应收款回款、溢价回购。深圳国投商业保理有限公司以项目风险可控、合规经营为选择项目和设计方案的首要原则，并配备多重信用保障，最大程度地维护各方利益；完善的风控体系为客户解决问题的同时最大程度地规避风险。

B公司是一家生产各种零部件的厂商，主要为我国生产厂家供货，由于行业特性以及买家的强势地位，买家向B公司提出的付款周期为3—6个月，付款周期较长，公司必须补充流动资金，随着销售收入的增加，营运资金在生产各环节中占比随之增加，造成B公司流动资金紧张，为保证B公司的正常生产经营周转，满足市场需求，该公司希望可以融资来专门用于满足买家的采购需求。但由于B公司成立时间较短，受自身的积累和融资担保影响，融资较为困难。

基于客户这种情况和需求，国投保理向客户提出了国内保理解决方案。具体操作为：B公司发货后，向国投保理提交产生的所有应收账款文件，并转让给国投保理，国投保理确认账款后，向B公司提供融资。之后，国投保理负责应收账款的管理和催收。同时，若买家资质良好，国投保理还对这部分买家的应收账款提供信用风险担保服务，如果到期买方无力付款，国投保理将做担保付款。

国投保理给B公司带来如下好处：一是有效缓解了B公司的营运资金压力，加快资金周转，缩短资金回收期，增强竞争力；二是买方的信用风险转由国投保理承担，收款

有保障；三是B公司将未到期的应收账款立即转换为销售收入，优化了财务表结构；四是资信调查、账务管理和账款追收等由国投保理负责，节约B公司的管理成本；五是成本较低，手续简便，B公司可随时根据买方需要和运输情况发货，把握商机。

（三）国投保理风险管理评述

在商业保理公司经营管理过程中，不可避免地面临一些风险，而对这些风险作出有效的管控，则是推动商业保理公司取得可持续发展的重要保障。国投保理风险合规部紧紧围绕公司发展战略，牢固树立“稳健发展、防御控制优先”的风险管理理念，坚持原则性与灵活性相结合的风控原则，在有效实施风险管理的同时，促进了公司业务经营的持续、稳健发展。使商业保理工作在完善自身风险管理工作机制、提升自身风险管理工作能力的基础上，为风险管理工作成效的提升构筑保障。

专栏8-3 知识链接

保理融资如何做好尽调?

秉承正确的原则、充足的准备、高质量的问题，是尽调最终取得好效果的根本保证。

一、尽调需准备以下内容

（1）通过企查查、天眼查、启信宝等平台查询，内容可能包括但不限于：工商信息、股东结构、关联企业、董监高、司法信息、重大不良舆情；

（2）查询企业官方网站、微信公众号、官方微博等，分析企业基本情况；

（3）通过获取的项目资料和上述查询信息，对企业基本情况及经营概况进行分析；

（4）项目经理和风控经理应详细审阅和分析项目资料，进行财务情况分析；

（5）项目经理负责对本次贸易合同对应的应收账款真实性及其是否已被登记进行查询；

（6）根据公司提供的发票信息，在该阶段进行发票初步验真工作；

（7）项目经理应根据项目实际情况、被尽调主体的所属行业及具体业务情况，选取《尽调报告模板》，并据此在久金保区块链系统中裁剪、新增拟定本次尽调的“尽调要点”；

（8）风控经理应根据项目实际情况、被尽调主体的所属行业及具体业务情况，选取《风控报告模板》，并据此在久金保区块链系统中裁剪、新增拟定本次尽调的“风控要点”。

二、尽调行前确认准备以下两方面

1. 项目经理应书面通知被尽调主体以下事项：

（1）尽调时间与地点；

（2）确认被尽调企业的接待人/联系人、企业高管、企业各关键部门负责人，并要求其在接受现场尽调时准备好个人身份证原件和工作证原件；

（3）给被尽调方发送《附件1：××公司尽职调查准备事项及资料清单》，告知尽调流程及准备工作事项；

（4）要求被尽调方按照《附件1：××公司尽职调查准备事项及资料清单》所提及的纸质盖鲜章的文件清单提前进行准备，以便在我方尽调人员达到现场后直接提交。

2. 要求被尽调方提前准备的原件

（1）营业执照；

（2）公司章程；

（3）审计报告；

（4）资质证书（高新、行业资格、等级证书、生产经营许可、特许经营等）；

（5）专利及知识产权（专利、各类著作权、无形资产）；

（6）办公地点证明（租赁的提供租赁证明、自有的提供房产证明）；

（7）法人、实控人身份证；

（8）企业征信报告。

三、作为重点工作，项目经理应进行如下现场分析

1. 卖方分析

（1）主营业务产品服务/板块情况了解，以列表的形式展现并做分析；

（2）主营业务真实性分析；

（3）采购情况；

（4）销售情况；

（5）行业分析；

(6) 竞争优势分析；

(7) 企业发展规划：企业未来3—5年的发展规划；

(8) 企业管理情况总体评价/管理规范性。

2. 基础贸易合同真实性

(1) 基础贸易总体情况；

(2) 原件核实；

(3) 通过查询招投标方式核实基础贸易合同的真实性。

3. 应收真实性

(1) 应收总体情况；

(2) 核实应收明细；

(3) 卖方支付给上游供应商的货款结算情况；

(4) 物流信息核实；

(5) 卖方生产、施工现场与库存情况核实；

(6) 付款条件与工程进度核实；

(7) 发票真实性确认。

4. 应收账款期限的确定

5. 买方现场勘察与核实

(1) 与买方财务部核对应收、应付情况，并查看对方账务情况；

(2) 合同等凭证核实；

(3) 现场查验。

6. 贸易纠纷与付款条件满足情况分析

7. 买方回款周期分析

8. 买方付款决策程序与支付方式

9. 合法性分析

10. 可转让性分析

11. 完整性分析：审查保理申请人转让的应收账款是否完整，且申请人对标的应收账款享有全部所有权。

12. 转让的唯一性分析：保理项目是否确权并在中登网登记，是否存在将该笔应收账款转让给第三方或为第三方提供质押担保。

13. 卖方企业最近2年中登网登记查询：该企业在最近2年内是否被其他金融机构登记。

14. 企业债务情况

（1）以列表形式展现企业外债情况；

（2）以“还款日”列表的形式分析企业债务集中度。

15. 收集金融市场和保理行业对融资方的评价

四、作为重点工作，分控经理应进行如下现场分析

1. 公司基本情况

包括主要资产及重大项目、重大项目、关联方及关联方交易情况、重大负债及或有负债等进行分析。

2. 公司经营概况

调查公司近3年的销售规模、公司当前的订单规模统计分析说明、经营情况总体评价。

3. 公司财务状况与指标分析

（1）纳税申报表查验；

（2）审计情况；

（3）财务指标分析；

（4）资产负债表分析；

（5）现金流量表分析；

（6）盈利能力分析；

（7）运营能力分析。

4. 偿债能力分析

（1）增长情况；

（2）历史交易情况列示；

（3）债务人回款控制情况说明；

（4）偿债能力。

5. 现金流分析

（1）按借款银行维度分析长短期借款情况；

（2）按到期时间统计维度分析长短期借款情况；

（3）对外担保情况分析；

（4）资金模型分析；

（5）流动资金缺口；

（6）特别关注：资金异常情况，比如频繁到账等；

（7）分析公司借款是否由房产抵押等硬保障。

6. 风险综述

（1）债务集中到期情况核查；

（2）表外负债；

（3）经营能力下滑及公司经营风险；

（4）贸易真实性风险；

（5）大环境、经济周期风险；

（6）行业风险；

（7）产品与业务市场扩张风险；

（8）实控人的风格带来的风险；

（9）资金链断裂风险；

（10）信用风险；

（11）欺诈风险。

五、访谈对象的选择

表 8－1 不同类别下访谈对象的选择

类别	访谈对象
企业的股权结构、治理和关联公司	根据企业情况，可由企业法人/实控人、总经理或分管投融资的高管、董办负责人、财务负责人面谈，具体的访谈人员可由企业确定
企业管理与经营	根据企业情况，可由企业法人/实控人、总经理或分管投融资的高管、HR、财务负责人面谈，具体的访谈人员可由企业确定
本次融资在企业内部的决策程序	根据企业情况，可能由法人/实控人、总经理或分管投融资的高管接受访谈
基础贸易合同、应收真实性访谈	财务、销售、采购、生产、存储、交付部门负责人

六、尽调的最终目标

以证伪的尽调指导方针，通过贸易真实性的核查、被尽调企业的基本情况摸底，充分揭示本项目可能涉及的合同欺诈风险、贸易真实性风险、企业持续经营风险、企业信用风险、企业现金流风险、企业偿债能力风险等，尽可能地对项目作出否定性结论。

第三节　投资公司风险管理实践

一、投资公司面临的风险

投资公司面临的风险，从来源上看可分为内部风险和外部风险，内部风险主要是指由投资公司自身经营管理、投资决策、激励约束等内部管理环节出现各种各样的问题而诱发的风险，外部风险主要是指由投资公司之外的其他公司、利益相关者、政府、自然灾害等间接因素导致的风险。

1. 财务风险

由于投资公司产投资、资本运营的特性，决定了其对投资较大，涉足领域较宽，产权链条较长，掌握和控制的金融资源较多，财务的安全性至关重要。在投资公司银行信贷规模迅速扩张、担保关系日益复杂、资金链条日益紧张的情况下，财务风险高度膨胀，呈现以下特征。

投资链条过度延伸形成的财务风险。投资公司多为母子公司管理体制，或控股或参股于各个项目公司，而受专业技术能力限制，项目公司的经营权主要由项目发起单位行使，同时由于项目合作方和项目公司融资能力有限，为加快项目进展，投资公司不得不利用自身信用或其他控股公司信用担保。这些数额巨大的担保，像一颗颗定时炸弹，一旦项目公司出现问题，投资公司与所投资各公司之间的产权纽带关系决定了各被投资单位的债务风险最终会影响投资公司收益甚至财务的安全性，因担保而引发的投资公司对被投资单位有限责任的扩大化以及债务风险的不确定性都有可能形成投资公司不可控的风险。与此同时，随着投资公司对外担保的不断扩大，财务报告不断披露担保事项，信用等级评价会随着担保数额的增长而呈现下降趋势，再筹资能力降低，筹资成本相应升高等，将极大地影响投资公司在资本市场上的形象。

财务杠杆放大而形成的财务风险。受规模扩张的诱惑，投资公司往往致力于资产规模的扩大，而伴随着资产规模的不断扩大，贷款规模也呈现不断增长态势，投资公司在依靠贷款促进规模扩张的趋势作用下，不断地开展对外投资活动以消化所贷资金，在非强制利润目标导向下，所投资项目存在相当程度的盲目性，这种投资容易转化为不良资产，其通常表现为闲置资产、半截子工程、积压存货等；盲目扩张、不良资产，使投资公司投资收益率持续降低，资产负债率不断上升，资金链条逐渐绷紧，在财务杠杆作用下，一旦某个子公司出现经营困难或财务危机，都有可能引发连锁反应，使资金链条断裂，陷入财务困境。

2. 营运风险

营运风险主要包括两类：一类是指日常经营过程中，由于意外或自然原因造成损失的风险，属于纯粹风险；另一类是指由于经营管理漏洞，使交易决策出现故意的错误或者非故意的失误，从而为整个机构带来损失的风险，属于投机类风险。投资公司营运风险显现以下特征。

信息失真形成的决策风险。投资企业与被投资企业存在较大的信息不对称，在投资并购过程中，对投资方而言，最大的风险来源于收购方与出让方、目标公司的信息不对称，而在上市公司收购过程中，这种不对称性更加突出。信息的不对称最终演化的风险就是通常所说的并购当中的陷阱——债务黑洞的陷阱、担保黑洞的陷阱、人员负担的陷阱、无效乃至负效资产的陷阱、违法违规历史的陷阱、输血成本超过承受极限的陷阱等。

公司治理落后、管理能力低下形成的风险。投资机构所投资的企业，存在由于内部治理结构不完善、制度不规范、经营管理效率低下、经营成本得不到控制，影响盈利、缺乏为股东创造价值的经营理念等问题；同时，一些创业者存在道德风险，特别是当技术出资方是经营管理者时，往往会出现人为提高经营成本，或者采用转移资产等方式获取私利的现象，加大风险。

政企不分形成的投资风险。为解决政府难题而被动投资所形成的风险也不容忽视，特别是国有投资公司与政府存在着千丝万缕的关系，有的直接控股，有的间接控股。政府为解决推进经济、解决就业、稳定社会等方面的问题，不可避免地出现“拉郎配”、压指标等方式，对资不抵债、扭亏无望的企业进行重组，同时给投资公司作出不切实际的许诺，有时会将投资公司拖入绝境。

3. 战略风险

投资公司普遍面临的战略风险主要是对企业影响深远的政策风险和行业风险。

政策风险是因国家宏观政策变化而带来的企业资产价值变化、持续获利能力或业务增长速度下降的风险。对于一般的投资公司来说，政策风险具有防范手段少、防范效果有限的特点。

与投资公司利益相关政策的发布，通常会直接影响投资公司对投资项目的选择、投资架构的设计和投资收益的实现。例如，商务部等六部委于2006年9月8日颁布生效的《关于境外投资者并购境内企业的规定》，使该规定生效前未能完成离岸公司对境内权益收购的公司的红筹上市之路成为一条天堑，投资公司对这部分股权的退出变得遥遥无期，资产价值大幅贬值。为了应对投资机构“突击入股”，证监会加大监管力度，从2010年4季度开始在实际审批层面，对申请受理前6个月增资的股份，限售期从1年增加至自工商登记日起锁定3年；申请受理前6个月从控股股东或实际控制人处受让的股份，限售期从自上市日起锁定1年增加至3年。审批政策的改变致使突击入股的投资机构的投资期限大大延长，年化投资收益率很可能大幅下降，且选择投资入股的时间也将提前。

行业风险是指竞争环境、经管环境、行业发展阶段、行业成本构成等影响行业企业经营的不确定因素。

4. 投资风险

投资风险是指投资公司无法实现预期投资收益的风险，是投资公司面临的最主要的运营风险。按照投资程序，可细分为尽职调查风险、谈判风险、合同风险、决策风险、项目管理风险等，任何一个环节的风险发生都可能导致投资失败。

尽职调查风险是指由投资人员不称职、激励偏差等原因导致尽职调查结果不能准确反应项目的实际状况，误导投资决策机构的风险。尽职调查风险是谈判风险、合同风险、决策风险等投资风险的诱发因素。因此，投资公司应加倍关注，从源头控制投资风险。通常投资公司采取制定完善的操作规程、选聘合格的投资人员，实施有效的激励机制引导及多专业人员联合尽职调查等方式来降低尽职调查风险。

谈判风险指由于遗漏或错误地放弃重要谈判条款而导致投资意图不能实现的风险。投资公司通过前期的尽职调查全面掌握了项目的基本情况。设计好交易方式和交易结构后要与被投资方展开谈判，通过谈判获得保障投资收益和投资意图得以实现的投资条件。此时，谈判人员是否做好充分的准备及谈判技巧成为决定谈判成败的重要因素。

合同风险是指由于合同条款对投资条件约定不明确，或合同条款无效等原因不能有效保障投资公司权益的可能性。规避合同风险要求投资公司聘用合格的法务人员或法律中介机构，并确保其了解项目背景和谈判细节，确保谈判结果在投资合同中完整体现。对于签订投资合同时未预见到的问题，应及时与被投资方协商并签订补充协议。

决策风险是由于主客观等多种不确定因素导致决策活动不能达到预期效果的可能

性。决策依据信息不充分、不正确，决策机制不健全是导致决策风险的主要客观因素；决策者能力不足、不能勤勉尽责及其道德风险是导致决策风险的主要主观因素。

项目管理风险通常由项目监管不到位，战略引导及管理输出缺失引起：由于项目管理方为投资公司制定再投资及投资退出策略提供重要依据，同时也为投资公司提供实现战略意图的审查程序，因此将直接影响投资决策和投资收益。

5. 退出风险

退出风险是指在投资公司投资时面临的退出时间、方式及实现收益的不确定性。退出投资是投资公司实现投资收益的主要手段。投资公司通常在投资时就与所投资公司控股股东通过协议安排为自己预留一条退出渠道，即通过控股股东承诺回购股权的方式退出，回购价格通常是投资公司的出资额加上一定的资金成本。但投资公司一旦使用这一渠道退出，就意味着这项投资失败。

6. 其他风险

其他风险主要指由于某些突发性事件，如地震、台风、洪水等自然灾害，以及战争、重大工伤事故、经济危机、交通事故等引发的风险。

二、投资公司风险管理

（一）建立健全内部控制制度

制度带有根本性、全局性、稳定性和长期性。针对投资公司可能出现的盲目决策、盲目投资，应当下大力气完善内部控制制度，构建起对主要负责人监督、财务监督、决策监督“三位一体”的内部控制体系，将投资冲动限制在理性的轨道中；同时，建立有效的投资决策激励与约束机制，加大对投资失误责任的追究力度，做到“决策科学、责权明确”。另外，加强对被投资单位的管理，一方面要选择具有管理经验和协调能力的骨干作为产权代表，按照股权比例和产权代表角色定位，参与被投资企业的管理，确保资产的保值增值；另一方面，要建立产权代表定期汇报制度，使被投资公司全方位处于母公司监控之下，保证投资人的合法权益不受到侵蚀和损害。

（二）强化风险意识

美国微软公司提出的“微软公司距离破产永远只有28天”；小天鹅公司的“末日

管理”；海尔倡导的“战战兢兢，如履薄冰”的生存理念等，这些企业都具有强烈的危机意识、风险意识。因此，投资公司应“居安思危”，密切关注与企业有关的产品、经营、财务、战略的各个环节的变化情况，及时发现潜在的风险，超前决策，争取主动。

（三）构建风险预警及应对机制

风险产生的原因是多种多样的，但其发生往往是有先兆的，如果企业有一套行之有效的风险预警监测机制，管理人员就可以根据预警信息，及时采取有效的防范措施，从而避免风险的发生或减少风险造成的损害。对于资金不足的企业，或前景基本不看好的企业，应该时刻关注其财务状况；对已经或者即将支撑不下去的企业，投资公司及时采取休眠、合并、清算等方式停止亏损；对尚存在发展前景的企业，要密切关注其财务情况，防止创业者损害投资者的利益，在市场开拓方面为创业者提供有效的帮助，同时为其寻找技术、市场、资本方面的战略合作伙伴；对于发展前景较好但缺乏资金的项目，应积极帮助联系贷款担保获得银行贷款，也可追加投资。

三、投资公司风险管理案例：以昆吾九鼎投资控股股份有限公司为例

（一）公司简介

昆吾九鼎投资控股股份有限公司（简称“九鼎投资”）是在上海证券交易所上市的私募股权投资与管理机构。九鼎投资是综合性金融与投资集团—九鼎集团旗下控股成员企业。九鼎投资总部位于北京，在中国大陆、欧洲、美洲等地设有上百家分支机构。九鼎投资在消费品、医药医疗、农业、装备制造、化工、新材料、TMT、新能源、环保、矿产 10 个领域均有专业的投资团队进行长期研究、跟踪和投资，并在部分领域设立有专业基金，在 10 个领域均有大量的成长期和成熟期项目的投资。九鼎投资累计投资项目超过 100 家，目前已上市企业及处于上市在审中企业超过 40 家。曾于 2011 年、2012 年、2015 年三度获评清科“中国最佳 PE 机构”，并连续 9 年获评“中国 PE 机构十强”。曾于 2011 年、2012 年、2015 年、2016 年度四度获评投中“中国最佳 PE 投资机构”，连续 8 年获评“中国最佳 PE 投资机构五强”，并连续 6 年获评“中国最佳中资 PE 投资机构”。

（二）九鼎投资风险管理

总体来看，投资中的风险控制是个系统性的工作，与投资前的项目开发、投资中的风险控制、投后管理等各个环节都密切相关，要求“投、控、管”三位一体。九鼎投资的整体风控，可以理解为一个“倒金字塔”模型。在“倒金字塔”的最底层是项目开发体系，通过尽可能多地接触项目来保证优秀项目的来源；在倒数第二层，在接触过的企业中，大概只有15%的比例会进入现场尽职调查和评审阶段；在最顶层中，大概仅有1.4%的企业可以通过投决并拿到投资。投资后，这1.4%的企业还会在投后管理团队的支持下继续发展。这样，九鼎投资的风控体系就形成了投资前的项目开发、投资中的风险控制、投后管理的“投、控、管”三位一体模式。

1. 投资前的项目开发

具体来看，九鼎投资遴选投资项目时，主要从表层（财务）、中层（业务）、底层（团队）三个层面来分析判断一个企业。如果把企业比作一棵树，那么财务数据就相当于最表层的枝叶，业务和产品是位于中间层的树干，而团队及公司治理则为处于最基底层的树根。因此，企业的财务数据只是表象，是业务流程的结果，其根基在于企业的治理结构和团队构成。这三个层面，并不是互相隔离的，在实际尽调中，相互穿插非常重要。九鼎投资的风控工作始终坚持这三层分析的有机统一，在业务分析中寻求财务表现，在财务数据中回溯业务动因，同时在业务、财务的有机统一中评价团队及企业的未来。

（1）底层结构（团队）选择。九鼎投资一般将公司治理模式分为几种主要模式。众星捧月型，即一个大股东加零星的小股东，共同构成一个团队；小股东对大股东存在制约监督机制，这是一种较为良好的治理结构。经营团队型，有几个能力强的大股东组成一个团队，共同创业。一股独大型，如典型民营企业只有一个大股东，其他股权忽略不计。平均主义型，主要存在于国有改制企业，每人持股数量极度分散。九鼎投资在选择所投企业时，会优先选择前两种治理结构的企业，或者将不符合条件的企业改造为前两种。在企业团队方面，九鼎投资特别看重企业家的“事业心”。一个优秀的企业家做企业的意愿要远远超越赚钱本身，热爱所从事的事业并追求成功要胜过盈利。企业家只具备事业心还不够，企业家还要具备智慧和勤奋等能力。根据观察，在较长的时间内，勤奋的创业者总是能打败不勤奋的创业者。

（2）对中层（业务）进行分析，降低风险。九鼎投资一般会从外部和内部两个维度对公司业务进行分析。业务的外部分析比较宏观，一般包括企业所处的行业环境和周期波动。九鼎投资相对关注处于行业增速较快的企业。周期波动包括需求和供给两端，需求周期波动直接导致市场容量变化，而供给波动则影响企业的利润率。

业务的内部分析是指竞争视角。对一个企业进行内部分析的核心要点在于，要判断企业是否具备竞争优势。首先要对企业面临的竞争全图进行研究，关注企业所在的细分领域的市场份额，摸清都有哪些企业参与了竞争。同时，要研究企业与其竞争对手相比有哪些及竞争优势，从而分析其发展潜力。

（3）表层（财务）风险防控。研究发现，PE 行业的失败案例中，大约有 80% 都源于投资项目的财务造假，仅有 20% 左右源于市场环境变化等偶然因素。在这方面，九鼎投资拥有一套完善的防造假系统。

首先是财务预警体系，九鼎投资编制有“造假 33 条”。如果在尽职调查中，发现企业满足一定数量的预警条件，应加以警惕，结合丰富的实践，目前已经将“造假 33 条”拓展至 50 条左右。

其次是常规核查体系。第一，要根据常识和企业的商业行为规律预估报表，同时分析预估报表与企业实际报表的差异原因，核查原始单据，进行资产负债表、利润表、现金流量表的相互钩稽印证等。第二，要将业务访谈与财务数据进行相互印证，九鼎投资对客户、供应商、竞争对手、行业专家等外部访谈的数量等都有最低数量的要求，必要时甚至会追查到客户的客户。第三，各种内外部访谈数据要与行业及企业的财务数据进行比较分析，做到差异原因分析的量化。

最后是校核体系。常规核查的结果要能经得起反向推敲，比如，是否符合商业及行业规律，是否和竞争优势带来的收益相匹配，是否能从行业地位及行业的上下游得到佐证等。九鼎投资内部有一条被称为投资的“牛顿定律公式”，即超额回报 = 竞争优势。没有竞争优势的超出常识的持续性的高额利润，一般而言，主要是两种情形，一是有账外资产或者未付代价的资产支持，二是财务有水分。资本市场诸多造假案例及九鼎投资尽调的许多项目都印证了这点。

2. 投资中的风险控制

（1）九鼎投资的风控团队搭建。九鼎投资风控团队最大的特点是队伍自建。九鼎投资的财务尽调工作一般不会外包，这样做的好处是可以保证效率和质量。同时，风控团队内部分工相对专业化，这使风控人员不仅具有财务特长，也能够精于业务。九鼎投资的风控人员大都来自四大或国内知名会计师事务所，具有 4 年以上的从业经验。

按照过往九鼎投资接触100家企业、详细尽调10家、投资1家的比例，风控人员拥有丰富的实践机会，同时大量过往尽调案例的培训也是九鼎投资风控人员能够快速成长、独当一面的保证。此外，为了促进团队的成长，风控部门定期对已投项目进行复盘，不断进行经验及方法上的总结。

风控体系在人员的道德品行方面是零容忍，并制定了严格的奖惩体系及监督机制。相关人员的工资奖金等激励安排不与项目是否投资挂钩，而是与项目的尽调质量、财务预测挂钩；业绩不达预期时还有负激励，在这样的机制下形成了客观公正反映项目真实情况的风控文化。

（2）风控工作开展。九鼎投资风控工作贯穿于项目立项、尽职调查、评审、投决、投资、投后各个环节。立项主要是根据预研报告决定是否展开现场尽职调查。尽调主要从业务和财务两方面展开，包括识别关键点、内外部访谈，准备尽调报告等方面内容。项目尽职调查报告完成后进入两轮评审环节。初审中，九鼎投资会组织深入探讨，全面分析项目价值及风险，并结合评审结论决定是否需要补充尽调。如需补充，项目组会重返现场对上一轮评审中的关键问题进行补充尽调，并修改完善尽调报告，只有这样方可进入第二次评审环节。这一环节再次对项目价值、风险进行定性定量分析、讨论交易结构和关键交易条款，并提交方案至投资决策委员会，最后投资决策委员会对项目整体进行回顾、讨论和决策。投资环节专职法务人员会对交易的各项条款进行专业把控，投资完成后，风控定期对已投项目进行复盘，并根据复盘情况对企业发展提供合理化建议。

3. 投后风险防范

九鼎投资传统1.0版本的投后管理主要有增值服务、日常管理、协议执行、退出管理四块内容。每个已投企业都设置了投后专员，主要从产业整合、业务提升、团队优化、金融服务这四个方面给已投企业提供增值服务，持续提升企业价值，日常管理和协议执行主要是按照企业日常经营发展需要和投资协议要求积极履行股东职责。此外，九鼎投资也会向控股企业派驻经营管理团队深入介入企业的运营。退出管理中，九鼎投资以IPO上市、新三板挂牌为主要方式，并灵活运用并购、借壳、回购等手段。为了全面推动实施九鼎投资的“龙头计划”，九鼎投资的投后管理内容也从最初的1.0阶段全面升级至2.0阶段。九鼎投资提出的投后管理2.0内容则实现了全面升级，其核心内容是围绕企业对外融资和并购投资两项内容提供全方位的服务。

防范投后风险一是确保企业发展方向与发展节奏不出现重大失误，做好对企业长远发展方向的把控；二是在企业内部管理、并购、融资等方面给予专业化建议并协助实施；三是尽可能快地推动企业与资本市场对接以期借助资本的力量实现快速发展。

（三）九鼎投资风险管理评述

在投资公司经营管理过程中，不可避免地面临一些风险，需要对这些风险作出有效的管控，才能推动投资公司的可持续发展。九鼎投资建立了“三位一体”风险控制管理体系，在投资前的项目开发、投资中的风险控制、投后管理等各个环节都对风险进行管理，做到“投、控、管”三位一体。不断提高风险管理能力，推动公司实现可持续发展。

第四节 地方资产管理公司风险管理实践

一、地方资产管理公司面临的风险

地方资产管理公司面临的主要风险有信用风险和市场风险，其他风险还有操作风险、集中度风险、流动性风险、信息科技风险、合规风险等。

（一）信用风险

信用风险是债务人或交易对手未能履行合同所规定的义务或信用质量发生变化影响金融产品价值，从而给债务人或地方资产管理公司持有人造成经济损失的风险，具体包括违约风险、结算风险等具体形式。从机制设计上看，以地方设立资产管理公司的方式处理辖内不良资产存在问题。虽然表面上是减轻中央财政压力和风险化解责任，但地方银行的一个风险隐患就来自融资平台，由地方国资经营公司或类似公司出面成立新的资产管理公司处理不良资产，难免有左右手互搏之嫌，可能使银行不良资产的处置过程更加不透明，使地方性银行作为地方政府经济扩张的工具更加便利，金融风险不仅未有效化解，反而继续积聚，增加信用扩展的风险。

（二）市场风险

市场风险是由于金融资产价格商品价格在内的市场价格波动而导致地方资产管理

公司表内、表外头寸遭受损失的风险，具体表现为利率风险、股票风险、汇率风险和商品风险等，市场风险来源于属地经济体系，具有明显的系统性分散特征，难以通过分散化投资完全消除。对于地方资产管理公司而言，市场风险系由市场价格的不利变动而导致表内和表外业务发生损失的风险，在交易和非交易中均存在市场风险。对于地方资产管理公司，风险主要集中在利率风险（具体包括期限错配风险、收益率曲线风险、基准风险）、股票价格风险和商品价格风险。

一是利率风险。其中重新定价风险即期限错配风险，是资产、负债和表外业务到期期限和重新定价期限之间存在的差异，重新定价的不对称性使地方资产管理公司的收益或内在经济价值会随着利率变动产生变化，并由此引发风险；收益率曲线风险是因重新定价的不对称使收益率出线的非平行移动，对地方资产管理公司的收益或内在经济价值产生不利的影响而形成的风险；基准风险是在利息收入和利息支出所依据的基准利率变动不一致时所引发的对地方资产管理公司收益和内在经济价值产生不利的影响。

二是股票价格风险。即地方资产管理公司在开展股权质押/股票质押或以自有资金投资票时，因价格的不利变动所引发的风险。

三是商品价格风险。即地方资产管理公司因开展业务所持有的各类商品的价格发生不利变动而给公司带来损失的风险。

（三）操作风险

操作风险是由人员、系统、流程和外部事件所引起损失的风险，该风险具有非营利性，不能为地方资产管理公司带来盈利，但却能引发操作风险和信用风险。

（四）集中度风险

集中度风险是指地方资产管理公司在开展业务过程中，基于资源禀赋而过度集中于某项业务、某个客户或某类行业，或将给地方资产管理公司带来重大损失或导致地方资产管理公司风险轮廓发生实质性变化的风险暴露。

（五）流动性风险

流动性风险是地方资产管理公司无法为负债的减少或资产的增加提供融资而造成损失的风险，具体包括资产流动性风险和负债流动性风险。资产流动性风险是指资产到期不能如期足额收回，进而无法满足到期负债的偿还及其他融资的需要；负债流动性风险是地方资产管理公司过去筹集的资金，由于内外因素的变化而发生不规则波动，对其产生冲击并引发相关损失的风险。流动性风险形成的原因复杂且广泛，属于综合性风险。

（六）信息科技风险

信息科技风险（简称 IT 风险），《新巴塞尔协议》提出，IT 风险是指任何由于使用计算机硬件、软件、网络等系统所引发的不利情况，包括程序错误、系统宕机、软件缺陷、操作失误、硬件故障、容量不足、网络漏洞及故障恢复等。《商业银行信息科技风险管理指引》则认为，信息科技风险，是指信息科技在商业银行运用过程中，由于自然因素、人为因素、技术漏洞和管理缺陷产生的操作、法律和声誉等风险。

（七）合规风险

合规风险包括但不限于因监管措施和解决民商事争议而支付的罚款、罚金或惩罚性赔偿措施所导致的风险敞口，具体包括外部合规风险和监管风险。

二、地方资产管理公司风险管理

（一）信用风险的管理

1. 信用风险的识别

地方资产管理公司主要收购金融机构和非金融机构不良资产，往往需要借助财务分析的路径，才能更好地识别信用风险，即通过分析企业的经营成果、财务状况以及现金流量情况，达到评价企业经营管理的管理业绩、经营效率，进而达到识别企业信用风险的目的。在具体操作方式上，主要包括财务报表分析（通过识别和评价财务报表风险、经营状况、资产管理状况、负债管理情况）、财务比例分析和现金流量分析。

其中，财务比率分析主要是分析盈利能力比率、效率比率、杠杆比率、流动比率等。而现金流量表的分析主要是分析经营活动的现金流、投资活动的现金流和融资活动的现金流。

在分析企业现金流量时，应当全面考虑所有与信用风险相关的信息，通过完整的现金流入和流出的总量分析、结构分析和趋势分析，揭示出借款人的财务健康状况，以判断还款来源和还款可能性。

在财务分析的基础上，还要统筹考虑管理层风险、行业风险、生产与经营风险、宏观经济及自然环境等多维因素，才能真正做好信用风险的识别。

2. 信用风险的计量

信用风险计量是现代信用风险管理的基础和关键环节，信用风险计量经历了专家判断法（长期在一线业务骨干在承担信用风险过程中逐步发展并完善起来的传统信用分析方法，主要考察与债务人相关的声誉、杠杆和收益波动性等指标，以及与市场相关的经济周期、宏观经济政策、利率水平等指标）、信用评分模型到违约概率模型三个主要发展阶段。现在对于信用风险的计量主要依赖于对借款人和交易风险的评估，主要是从客户评级维度和债项评级维度两个方向展开。

3. 信用风险监测与管控

信用风险的监测是风险管理流程中的重要环节，是信用风险管理者通过各种监控条件，动态捕捉信用风险指标的异常变动，并将这些变动信息结合市场环境的变化进行调整。在宏观层面，需要进行行业风险分析（主要考察经济周期、财政货币政策、国家产业政策和法律法规等）和行业经营风险分析（主要侧重于分析市场供需、产业所处发展周期、行业分布、产业垄断程度、产品替代性、整体行业的经营及财务状况等），并细化到行业财务方面深入把握行业的盈利能力、资本增值能力和资金运营能力，进而深入地剖析行业发展的潜在风险。

通过对个体信用信息和行业前景信息的收集、整理、分析和传递，进行风险监测和预判，结合现实情况，结合信用风险的类型、规模和概率，选择实施具有针对性的措施和方法，将风险损失降到最低程度。在具体操作上，通过风险规避、风险抑制、风险分散和风险转移等手段降低风险损失程度及由此带来的不利影响。但鉴于信用风险的客观性和不可避免性，在信用风险发生后应及时进行补偿处理，运用资本、利润、抵押拍卖收入等方式弥补公司在信用风险上的损失。

（二）市场风险的管控

1. 市场风险的计量

对于市场风险的计量，首先要有基础计量数据，即对各类业务敞口（债券、外汇、行生品）归集，金融工具和产品进行估值。其次是进行敏感性分析，用以衡量单个或若干市场风险因子发生小幅（简单）变化时的风险水平，在此基础上，进行风险价值的测试和分析，以一个标准统一的指标简洁清晰地表示各类风险因子的风险水平，最终进行压力测试，用以识别和管理严重/极端但仍有可能发生市场风险隐患变化下的风险水平，是对风险价值的有效补充，用于限额管理、风险监控以及市场风险应急管理。

其中，风险价值测试与分析作为市场风险管理的核心环节，是在一定的持有期和给定的置信水平下，利率、汇率等市场风险要素发生变化时可能对某项资金头寸、资产组合或机构造成的潜在的最大损失。整体而言，风险价值分析是一个对所有风险因子总体变化的总体风险测量。国际标准的风险价值计量防范主要有参数法、历史法和蒙特卡洛法，三大方法各具特色，并存在一定差异。

2. 市场风险管理

针对市场风险，主要采取的风险管理的方式有设置各类风险敏感性指标、风险价值限额和资本限额。设置损失评估触发机制和止损触发机制。其中，在风险规避措施上，主要有反向操作、德尔塔对冲和伽玛对冲；限额管理方面，则需根据市场风险，设置不同类型不同层次的限额，常见的限额包括交易限额、风险限额和止损限额等，限额可以分配到不同地区、业务单元或业务人员，还可以按资产组合、金融工具和风险类别进行分解。

（三）其他风险管理的方式及路径

1. 操作风险管理

针对不完善或有问题的内部程序、人员、系统以及外部事件所造成损失的风险，进行主动识别、评估、控制或缓释、监测和报告的过程，借助操作风险管理的相关工具可以对操作风险进行有效地管理。

2. 集中度风险管理

对于集中度的控制，可以采用投前集中度控制和投后集中度管理两种类型。其中投前集中度控制是在投资前的决策、审批及组合优化过程中，利用单一风险集中度指标设置集中度限额指标及投资分散规制来控制。由于投资集中产生的非系统化风险。在投前分析及组合优化过程中，利用组合综合集中度指标、行业相关性分析进行集中度分析，调整业务布局。投后集中度管理方面，主要是在投资的持续管理过程中，通过定期监控各类集中度指标，行业相关性分析来揭示并预警投资组合的集中度风险，为退出规划、后续投资组合调整等提供分析数据。在进行项目退出变现决策和审批过程中，通过各类集中度指标分析进行业务布局的调整。

3. 流动性风险管理

流动性风险是地方资产管理公司虽然拥有清偿能力，但无法及时获得充足资金或无法以合理成本获得充足资金应对资产增长或到期债务支付的风险。对于流动性风险，其管理方式主要有比例管理、静态的到期日缺口管理、现金流缺口管理、动态的到期日缺口管理等。

其中，比例管理是某一时点通过对流动比率、速动比率等指标设置额度进行制，这一方法更侧重于对特定时点存量资金的管理。静态的到期日缺口管理是假定地方资产管理公司在没有任何增量业务开展且客户均是按照合同约定期限履行合同，地方资产管理公司将时间轴切割成不同的时间段，将每个时间段要到期的资产和负的余额进行比较，研究各时间段的资金缺口，借以对流动性风险进行管理和控制。但这种方法的前提性假设条件在实操层面很难实现，所以这种分析方法不能全方位地反映公司的现金流变化，更不能对未来现金流进行精准的分析，从而影响了公司对长期流动性风险的有效控制。因此，在静态的到期日缺口管理的基础上引入因利息收支引起的现金流变动的分析，就成为现金流缺口管理，这一管理方式对于固定利率分析较占优势，但对于 LIBOR 等浮动利率的计算只能采用估算的方式。动态的到期日缺口管理则是根据公司业务持续开展的现实情况，将现金流的变动视为一个动态且连续的过程，合格展业环境、货币政策和财政政策等政策因素，对行业发展前景、业务发展情况进行相应的预测，并进行流动性风险的预测及有效应对。

4. 信息科技风险管理

至 2018 年 4 月，虽然地方资产管理公司拥有独立业务核心系统的单位只有 5 家，但从未来发展趋势来看，若想真正及时响应市场需求，发挥地方资产管理公司在不良资产清收化解过程中的作用，系统建设势在必行，因此对于信息科技风险的防范和控制也同样重要。其中，既要有单位系统建设、信息科技风险各项控制措施的实施，做好项目开发、系统运行维护、安全控制、外包管理、基础环境搭建等基础工作，还要实施信息科技的风险评估，监控信息安全威胁和不合规事件的发生。

在实际操作层面，一方面，要强化技术管控，针对地方资产管理公司的物理环境、网络、系统、应用、终端和数据等信息资产，采取物理隔离、身份认证、访问控制、安全加密、系统加固等安全技术措施予以保护；另一方面，还要强化制度建设，统筹考虑业务流程的合规性和安全性，包括流程制度、业务要求、岗位约束等。同时在明确信息科技风险管理的组织架构及各主体（如部门、人员等）职责的基础上建立高效的沟通、评价和奖惩机制。

5. 合规风险管理

地方资产管理公司以收处不良资产为主业，其合规风险是因未能有效遵循法律法规，受到的法律制裁、监管处罚、财务损失或声誉受损。合规风险的管控主要侧重于主动避免违法违规的事件发生，或采取适当措施纠正已经发生的违规事件。合规管理虽然不能直接增加公司的利润，但是可以增强公司在金融市场上的持续竞争力，增加盈利空间和机会，间接为企业创造价值。相较于其他金融机构和非金融机构，合规风险管理对于地方资产管理公司而言将是一项长期的系统性工程。

为保证合规风险的有效落地，需明确股东会、董事会、监事会和高级管理层“三会一层”合规治理分工，形成合规管理的制定落实和监督的相互分离、相互制约机制。在此基础上，结合监管导向和政策趋势，对既有法律法规进行有效的梳理，深挖、对比和整合，作为指导业务开展的基础，确保各项业务开展事前合规审查、事中合规检查、事后合规评估，打造合规监控的全流程覆盖。

三、地方资产管理公司风险管理案例：以广东粤财资产管理有限公司为例

（一）公司简介

广东粤财资产管理有限公司（以下简称“粤财资产公司”）经广东省人民政府第十届99次常务会议审议批准，于2006年9月14日注册成立，现注册资本人民币30亿元，是广东省人民政府授权经营单位——广东粤财投资控股有限公司的全资子公司。2014年，经广东省人民政府批准，并获中国银行业监督管理委员会首批核准开展广东省范围内金融企业不良资产批量收购处置业务。作为广东省人民政府下属的专业资产管理平台，致力于化解地方金融风险，先后管理和处置了广东省金融机构以及全国商业银行和股份制银行等驻粤金融机构剥离的不良资产。截至2018年12月底，公司累计管理资产规模约为1 637亿元，有效地化解了金融机构和地方金融风险，促进了地方经济发展，同时也创造了良好经济效益，彰显了“专业、高效、创新、进取”的品牌形象。近年来，为顺应市场发展变化，广东粤财资产公司持续培育不良资产主业的核心竞争力，全力打造公司的专业特色和核心优势，着力提升“资产收购、资产处置、资产

经营”三大业务功能，利用母公司旗下信托、担保、股权投资、实业等业务板块平台，统筹各种资源，致力于发展成为不良资产收购处置专营化的地方资产管理公司。

（二）粤财资产公司风险管理

1. 粤财资产公司内控战略

不良资产处置是个高危行业，因此广东粤财资产管理公司在创立之初就把风险控制作为企业发展战略的重要一环，提出了如下战略。

（1）高起点：就是要以国内国际同行、同业务类型的优秀企业作为参照物，来对资产公司进行规划、管理、运营和监督。

（2）规范化：规范化运作，既是公司高起点的要求，也是资产公司业务性质决定的。通过规范运作，达到专业化、高效率、高效益的目标，并有效防范商业风险和道德风险。

（3）建一流：一流的企业要靠一流的人才，一流的人才要聚合为一流的团队；要靠一流的机制吸引人才、留住 人才、发挥人才的特长；通过一流的人才、一流的机制产生一流的管理，通过一流的管理来达到一流的效率、产生一流的效益体系。

2. 高效科学的决策机制和风险控制体系

粤财资产公司按现代企业法人治理的要求设立董事会、监事会和经营班子，成立董事会领导下的资产处置决策机构及纪委领导下的监督机构，建立了“二审查三审批一监督”风险防控体系，充分发挥集体决策能力，保障决策的科学性，同时，有效防范不良资产处置行业的系统风险和道德风险。此外，以 AMS 系统、OA 系统、视频会议系统、在线表决系统等信息系统为纽带，实现决策机制和风险防控体系在信息系统的有效整合，有效地把控了业务和管理的风险节点，提高了决策和运营效率，形成了差异化、高效率和低成本为主要运营模式的核心竞争力。

3. 阳江豪特资产处置案例

该项目债务人为阳江市豪特交通能源有限公司，其担保人为粤西公路建设有限公司。债务人无实质经营，唯一收入来源是担保人粤西公司路费收入。粤财资产公司接收该项目后，立即去函粤西公司协商关于该账户的监管细则。粤财资产公司本欲与粤西公司的另一股东——广东省路桥公司联系洽谈重组方案，由于相关因素，并无后续接洽。在明确债务人已无重组能力后，粤财资产公司果断变更债权处置方式为公开拍卖，实现了债权价值的大幅提升，有效化解了阳江地区历史遗留的重大金融风险，为稳定地方金融作出了应有的贡献。

粤财资产公司采用多样、灵活的处置的手段。任何项目都有自身的特点，对应的最优处置方式绝不是单一的，处置方式的选择应根据实际情况的不同而有所变化。粤财资产公司对阳江市豪特项目的处置最初采用的是债务重组方式，项目组在企业不具备相关条件的时候，果断中止了重组进程，随后采取了公开拍卖方式，实现了债权价值的大幅提升。

（三）粤财资产公司风险管理评述

粤财资产公司从战略高度重视风险管理，打造全面风险管理体系，实现产品全生命周期动态管理；从战术层面坚持内控合规零容忍、制度流程全覆盖、风险管理高效和高标准，前中后台一种语言。全面完成“风险治理规划及风险管理系统规划项目”“三合一管理体系建设及数据整合治理与风险数据集市规划项目”的规划实施工作，搭建起具有粤财特色的“一体两翼”全面风险管理体系，全面筑牢发展根基。继续传承粤财“诚信、稳健、专业、进取”的经营理念，持续完善全面风险管理体系，扎实构筑三道险管理防线，提高风险防控水平。

本章小结

本章通过对投资与增信类民间金融机构融资性担保公司、商业保理公司、投资公司及地方资产管理公司面临的风险进行了分析，详细地说明了不同民间金融机构风险的概念、特点、类型等。随后介绍了融资性担保公司、商业保理公司、投资公司和地方资产管理公司的风险管理相关知识及风险管理措施。最后介绍了融资性担保公司、商业保理公司、投资公司及地方资产管理公司的风险管理案例。

本章重要概念

操作风险　集中度风险　流动性风险　信息科技风险　合规风险　营运风险　宏观环境风险　内部控制风险　财务风险　风险识别　风险追踪　风险评价　资产处置　风险管理　道德风险　信息不对称风险

本章思考题

1. 融资性担保公司面临的风险特征有哪些？请简要阐述。

2. 风险偏好体系与业务运营之间有什么关系?

3. 商业保理公司应如何建立风险管理架构?

4. 投资公司面临的主要风险有哪些? 请简要阐述。

5. 地方资产管理公司面临的主要风险有哪些? 该如何管理这些风险?

6. 广东粤财资产管理有限公司的风险管理对其他地方资产管理公司有什么借鉴意义?

7. 如何理解当前宏观经济形势给地方资产管理公司带来的机遇和风险?

8. 商业保理公司应如何防范与商业银行合作过程中产生的风险?

本章参考文献

[1] 文学舟, 梅强. 中国三种模式信用担保机构研究 [M]. 北京: 中国社会科学出版社, 2012.

[2] 聂峰. 商业保理培训系列教材. 商业保理风险管理实务与案例 [M]. 上海: 复旦大学出版社, 2016.

[3] 李书文, 厚朴保理. 商业保理理论与实务 [M]. 北京: 中国民主法制出版社, 2014.

[4] 赵玉洁. 金融风险管理 [M]. 北京: 对外经济贸易大学出版社, 2015.

[5] 吉昌荣. 中小企业信用担保公司可持续发展的模式选择 [J]. 金融发展研究, 2003 (12): 14 - 15.

[6] 陆志红, 王含笑. 利用地方资产管理公司防范区域金融风险的几点思考 [J]. 浙江金融, 2017 (02): 47 - 50.

[7] 广东银达融资担保投资集团有限公司 http: //www. yindajf. com/Index/index. html.

[8] 深圳国投商业保理有限公司 http: //www. glorintfactoring. com/.

[9] 昆吾九鼎投资控股股份有限公司 http: //www. jdcapital. com/.

[10] 广东粤财资产管理有限公司 http: //www. utrustamc. com/index. html.

宏微观管理篇

第九章　投资与增信类民间金融与宏微观管理

本章导读

投资与增信类民间金融与其他金融机构、金融市场密切相关，相互影响。以识别和防范系统性金融风险为主要目标的宏观审慎管理措施会通过相关的渠道或途径对投资与增信类民间金融机构产生影响，这种影响有积极的一面，也可能会有消极的一面。同时，投资与增信类民间金融机构的一些市场行为也会影响到宏观审慎管理的效果。这种双向反馈机制同样体现在微观审慎管理中。因此，从稳定金融市场，防范系统性金融风险的角度而言，探讨投资与增信类民间金融与宏微观管理的关系具有重大的理论和实践意义。

本章学习目标

了解宏观审慎监管和微观审慎监管的概念和基本框架，掌握宏微观审慎监管的异同点，掌握融资性担保公司、商业保理公司、投资公司及地方资产管理公司的市场行为与宏微观审慎监管的关系。

本章知识结构图

- 投资与增信类民间金融与宏微观管理
  - 投资与增信类民间金融与宏观审慎监管
    - 一、宏观审慎监管及其基本框架
    - 二、投资与增信类民间金融与宏观审慎监管
  - 投资与增信类民间金融与微观审慎监管
    - 一、微观审慎监管及其基本框架
    - 二、投资与增信类民间金融与微观审慎监管

第一节　投资与增信类民间金融与宏观审慎监管

一、宏观审慎监管及其基本框架

（一）宏观审慎监管概念

“宏观审慎”一词最早可以追溯至20世纪70年代后期，当时巴塞尔银行监管委员会的前身——Cooke委员会——召开会议谈论向发展中国家提供更多的贷款是否会影响实体经济和金融体系稳定时提及了“宏观审慎”这一说法。1979年10月，英格兰银行研究了如何引入审慎措施管理监管贷款，并比较了微观审慎和宏观审慎的用途。BIS（1986）提出宏观审慎是一种“广泛的金融体系和支付制度的安全和稳健”的政策。2000年，BIS总裁Andrew Crockett提出宏观审慎的目标是降低金融危机的成本，着眼点在于金融体系的整体。并提出了宏观审慎管理的两个不同方面：一是风险随着时间的演变（即所谓的“时间维度”），主要通过建立逆周期的资本缓冲机制；二是风险在整个金融体系的分布（即“横截面维度”），要关注系统内具有相似风险的金融机构，尤其是具有系统重要性的金融机构。①

---

① 方意：《中国宏观审慎监管框架研究》，南开大学，2013。

从监管角度来看，宏观审慎监管是着眼于整体金融系统，目标是降低系统性金融风险发生的概率，从而避免系统性金融风险对实体经济产生的负面影响。

从风险角度来看，宏观审慎监管认为风险具有内生性（方意，2013），金融机构的集体行为能够影响资产价格、借贷以及经济活动，从而影响整个金融系统的风险。

从监管方法来看，宏观审慎监管认为单个金融机构的健康运行并不足以保证金融系统的健康运行，金融系统的运行存在一个“合成谬误”的问题，在金融机构存在大量的共同风险暴露时，来自宏观层面的负面冲击可能会导致金融系统的危机，因此宏观审慎监管更关心来自金融系统层面的风险，资产价格、信贷总量等宏观指标是其重点监控的对象，因此宏观审慎监管是一种更强调整体的监管方法。[①]

（二）宏观审慎监管基本框架

宏观审慎监管框架主要包含四个组成部分。

1. 宏观审慎监管的目标

与微观审慎监管目标不同，宏观审慎监管的目标是防范系统性金融风险，维护金融体系的整体稳定，从而防止经济增长受到金融风险的影响。宏观审慎监管的具体目标可以分解为两个：一是限制金融风险的累积，抑制金融体系的“过度顺周期性”，降低金融危机的可能性或强度；二是强化金融体系对经济下滑和其他负面冲击的恢复能力，限制风险累积可以理解为对系统风险的事前预防，强化恢复能力是对系统风险爆发后的事后补救。

2. 宏观审慎监管的工具

根据 IMF（2011）的规定，宏观审慎工具是限制系统性或系统范围金融风险的工具，且其主要使用微观审慎工具。宏观审慎工具通过降低金融失衡的累积、降低金融体系崩溃的速度和程度以及对实体经济的影响程度，对那些导致整个金融体系功能失灵的因素（如共同敞口、风险集中，导致风险传染和风险溢出的关联性）进行识别和处理来实现限制系统性金融风险的目标。

目前，常用于宏观审慎目标的有以下几种工具：

（1）贷款价值比（loan-to-value，LTV）上限、债务收入比（Debt-to-income，DTI）上限、外币贷款上限、信贷规模或增长上限。这些工具主要用来限制信贷（本

① 何德旭，吴伯磊，谢晨：《系统性风险与宏观审慎监管：理论框架及相关建议》，载于《中国社会科学院研究生院学报》，2010 年第 6 期。

币或外币）的过度增长导致金融体系的失衡，属于信贷相关的工具。

（2）限制外汇净敞口（net open currency positions，NOP）或货币错配、限制期限错配、准备金要求（这个也属于资本金相关的工具）。这几类工具主要用来控制金融体系的流动性，属于流动性相关的工具（liquidity-related）。

（3）逆周期资本金要求、动态准备金要求、对利润的分配限制。这几类工具属于资本金相关的工具。

3. 宏观审慎监管的对象

宏观审慎监管侧重在对金融机构的整体行为以及金融机构之间相互影响力的监管上，同时关注宏观经济的不稳定因素；而微观审慎监管侧重于对金融机构的个体行为和风险偏好的监管。从具体监管对象上看，宏观审慎监管更关注具有系统重要性金融机构（如银行和金融集团）的行为，金融市场整体趋势及其与宏观经济的相互影响。宏观审慎监管的发力点是对系统性金融风险的监测，系统性风险包含两个维度：时间维度和横截面维度。时间维度反映了金融体系内部及其与实体经济之间的累积和放大机制。这种顺周期机制以金融机构和非金融机构具有相同的运行趋势为基础，即在金融周期的膨胀阶段风险暴露增加，在紧缩阶段又表现出对风险的过度厌恶。顺周期性在金融企业（也包含企业和家庭）杠杆过高引发的信用和流动性周期中体现出来，也在金融部门过度的期限错配中体现出来。在经济上行时，顺周期性使金融系统和经济更易受内生和外生冲击的影响。总风险的积累增加了金融危机爆发的概率。

横截面维度反映了金融体系某个时点风险的分布。若顺周期性决定了不稳定机制的动态变化，横截面维度则提供了进一步的动力，加重了对金融困境的影响。严重的问题不需要累积也可能导致金融困境，这取决于机构的规模、业务活动的集中度和可替代性，以及它们之间的相互关联。相互关联可能来源于机构内的风险敞口（资产、融资）或者受共同冲击的影响（通过机构之间的溢出产生传染渠道）。任何一个机构出现偿债风险或流动性风险都会因为这些直接或间接的关联使所有的机构受强烈影响，从而导致整个系统流动性“干涸”以及资产抛售。

宏观审慎政策就是要从以上两个维度针对系统性风险，从时间维度上限制系统性风险在金融体系的积累，从横截面维度上限制系统性风险在金融机构之间的传染。

4. 宏观审慎监管制度安排

为了最有效地执行宏观审慎政策，需要设计较好的制度安排和政策协调机制。有效的制度安排涉及以下几个方面：制定明确的目标；提供实现目标的工具和激励措施；

问责制和决策的透明化；确保与金融稳定相关的多种政策的有效协调。方意（2013）认为宏观审慎政策的制度设计主要包括以下几个方面：授权、权力和手段；问责制和透明化机制；决策机构的组成；国内政策协调的机构安排。

（1）授权包括明确的目标，问责制以及宏观审慎政策机构的权利，正式的授权有助于提高决策的透明度，抑制不作为心理，避免意见出现分歧时的政策难以制定。

（2）权利和手段包括信息收集和决策权利，宏观审慎当局拥有调查和统计、汇总信息的权利，发展和更新信息监测和获取的手段和工具。

（3）问责制包括评测度量政策成功的标准、公布会议记录、金融稳定报告、年度业绩报表，等等。

（4）决策机构的组成包括建立相关委员会，对系统性风险来源以及监管套利机会发表意见，识别合适的监管工具，等等。

（5）国内政策协调的机构安排包括促进与金融稳定相关的所有政策在实施时协调一致。例如，关于何时撤退逆周期资本缓冲可能会引起矛盾。从宏观审慎的角度看，在经济上行时应建立补充性缓冲，而在下行时应该释放缓冲。但某些监管部门会从微观审慎的角度出发，希望持续增加资本缓冲以应对单个机构不断增加的风险。在这种情况下，就需要明确的决策责任分派和明确的冲突解决机制。

二、投资与增信类民间金融与宏观审慎监管

长期以来，我国金融格局以商业银行为主，商业银行资产和市场份额占据绝对优势地位。商业银行、金融市场等也是大量的投资与增信类的民间金融机构的资金来源的重要渠道。因此，一方面，宏观审慎监管政策往往会通过商业银行、金融市场等渠道对投资与增信类民间金融机构产生影响。另一方面，投资与增信类民间金融机构也会通过商业银行、金融市场等渠道影响宏观审慎监管效果。以融资性担保公司与地方资产管理公司为例，具体体现有以下几个方面。

（一）融资性担保公司与宏观审慎监管

一方面，近年来，随着国家一系列宏观审慎政策的陆续出台，在利率、存款准备金率、公开市场操作等多种调节工具的综合运用下，商业银行信贷规模受到了很大程度的制约，受此影响，部分担保公司在自身开拓市场能力有限的情况下，融资性担保

规模受到较大影响。

商业银行逐步提高担保合作门槛，合作更为谨慎，降低风险分担机制。上调了与担保公司合作准入资信等级，同时对担保公司的资本金和保证金比例有了更高的要求，一部分担保资金实力有限的担保公司被终止了业务合作。

另一方面，担保公司融资性担保业务活力能力较弱，融资性担保业务收费在1%—3%，且需要提取较高比例的风险准备金，仅仅依靠单一担保业务往往难以支持担保公司发展。大量中小微企业对民间融资依赖性很大，在民间融资市场巨大的利益面前，许多担保公司将闲置资金以投资和委托贷款的形式投入高收益项目中，甚至直接以自有资金参与民间借贷，导致担保公司担保资金大量流失，同时也对其担保代偿能力产生巨大影响，存在着较大的金融风险。

（二）地方资产管理公司与宏观审慎监管

地方资产管理公司的创新业务——资产证券化业务对宏观审慎监管提出了不小的挑战。众所周知，2008 年国际金融危机的爆发源头就是次级债券的过度证券化，层层嵌套，导致风险链延长，加剧信息不对称问题。

一方面，当前地方资产管理公司因受政策的松绑，其业务规模和新设规模实现了较快增长，其中，资产证券化业务量也实现了较快增长，对金融市场稳定的影响力日益增长，需要引起高度重视。

另一方面，地方资产管理公司作为专业的金融不良资产处置机构，在转移和化解系统性金融风险方面具有独特的作用，应充分发挥地方资产管理公司的宏观审慎逆周期调控作用，建立科学的风险共担机制。

第二节　投资与增信类民间金融发展与微观审慎监管

一、微观审慎监管及其基本框架

（一）微观审慎监管概念

微观审慎监管关注的是单家金融机构对风险的反应，将风险看成是外生的，没有包括内生风险，并且微观审慎监管忽视了集体行为的系统性内涵。具体来讲，它是一种通过跟踪资本充足率、拨备覆盖率、不良贷款率等一系列监管指标的发展变化来监测和发现每个金融机构存在的风险，并通过非现场监管和现场检查的方式促进金融机构建设，只针对单个金融机构的稳健运营而进行的监管。微观审慎监管的理念基于一个逻辑，即只要每个金融机构安全稳健，那么整个金融体系就安全稳健。微观审慎监管忽视了两方面的内容，一是金融体系存在的系统性风险，多家金融机构共同行为可能导致的合成谬误问题，也没有注重机构与机构之间存在的关联性；二是微观审慎监管框架下的一系列监管指标的顺周期效应。[①] 微观审慎监管体现了金融稳定的传统理念，认为只要单个金融机构实现了稳健经营，那么由这些金融机构组成的体系也能够实现稳健经营，落脚点是金融体系的稳定。

（二）微观审慎监管基本框架

1. 微观审慎监管的目标

控制个体金融机构或行业的风险，保护投资者利益是微观审慎监管的目标。微观审慎监管认为金融风险是外生的，单个金融机构的行为不会对资产价格、金融市场和实体经济造成影响，其初始目标是控制个体风险，避免单个金融机构的危机，从而最终达到防止金融机构破产、保护存款者和投资者利益的目的。

2. 微观审慎监管的工具

微观审慎监管是由下而上实现监管，依赖于资本要求和会计准则，根据这些资本要求的指标来监督金融机构的经营状况，根据资产负债表来计量单一机构的风险暴露，它关注单个机构的稳定，然后将其汇总，实现整个金融体系稳定。

3. 微观审慎监管的对象

微观审慎监管更多地关注单个金融机构的风险暴露情况，认为各个机构之间是相互独立的，并不存在关联和影响，它通过跟踪一系列监管指标的发展变化来监测和计量每个金融机构所面临的风险。

二、投资与增信类民间金融与微观审慎监管

（一）融资性担保公司与微观审慎监管

为加强对融资性担保公司的监督管理，规范融资性担保行为，促进融资性担保行

① 潘凌遥：《论宏观审慎监管与微观审慎监管的关系》，载于《区域金融研究》，2012 年第 10 期。

业健康发展，依据《中华人民共和国公司法》《中华人民共和国担保法》《中华人民共和国合同法》等法律规定，中国银行业监督管理委员会、国家发展和改革委员会、工业和信息化部、财政部、商务部、中国人民银行、国家工商行政管理总局于2010年制定了《融资性担保公司管理暂行办法》。为进一步加强对融资性担保公司的监督管理，中国银行保险监督管理委员会会同发展改革委、工业和信息化部、财政部、农业农村部、人民银行、国家市场监督管理总局等融资性担保业务监管部际联席会议成员单位，于2018年联合印发了《关于印发〈融资担保公司监督管理条例〉四项配套制度的通知》（银保监发〔2018〕1号，以下简称《通知》），发布《融资担保业务经营许可证管理办法》《融资担保责任余额计量办法》《融资担保公司资产比例管理办法》和《银行业金融机构与融资担保公司业务合作指引》四项配套制度。对融资性担保公司的微观审慎监管以上述提到的法规为依据，主要分为以下方面进行介绍。

一是为引导融资担保公司专注主业、审慎经营，确保融资担保公司保持充足代偿能力，优先保障资产流动性和安全性，《融资担保公司资产比例管理办法》将融资担保公司主要资产按照形态分为Ⅰ、Ⅱ、Ⅲ级，对资产比例进行了明确规定：第一，融资担保公司净资产与未到期责任准备金、担保赔偿准备金之和不得低于资产总额的60%。第二，融资担保公司Ⅰ级资产、Ⅱ级资产之和不得低于资产总额扣除应收代偿款后的70%；Ⅰ级资产不得低于资产总额扣除应收代偿款后的20%；Ⅲ级资产不得高于资产总额扣除应收代偿款后的30%。第三，融资担保公司受托管理的政府性或财政专项资金在计算Ⅰ级资产、Ⅱ级资产、Ⅲ级资产、资产总额以及资产比例时应予扣除。

二是对于注册资本的规定，根据《融资性担保公司管理暂行办法》第十条规定：监管部门根据当地实际情况规定融资性担保公司注册资本的最低限额，但不得低于人民币500万元。注册资本为实缴货币资本。

三是为规范融资担保业务经营许可证管理，《融资担保业务经营许可证管理办法》明确了融资担保业务经营许可证定义，是指监督管理部门依法颁发的特许融资担保公司经营融资担保业务的法律文件，规定了监督管理部门颁发、换发、吊销、注销融资担保业务经营许可证的条件和流程，规定了许可证应当载明的内容，对监督管理部门做好许可证管理工作提出了具体要求。

四是为规范融资性担保公司的审计流程，《融资性担保公司管理暂行办法》第三十六条：监管部门应当建立健全融资性担保公司信息资料收集、整理、统计分析制度和监管记分制度，对经营及风险状况进行持续监测，并于每年6月底前完成所监管融资性担保公司上一年度机构概览报告。第三十七条：融资性担保公司应当按照规定及时向监管部门报送经营报告、财务会计报告、合法合规报告等文件和资料。融资性担保公司向监管机构提交的各类文件和资料，应当真实、准确、完整。第四十三条：融资性担保公司应当聘请社会中介机构进行年度审计，并将审计报告及时报送监管部门。

五是为规范高管任职资格要求，《融资性担保公司管理暂行办法》第二十四条规定融资性担保公司应当配备或聘请经济、金融、法律、技术等方面具有相关资格的专业人才。跨省、自治区、直辖市设立分支机构的融资性担保公司应当设立首席合规官和首席风险官。首席合规官、首席风险官应当由取得律师或注册会计师等相关资格，并具有融资性担保或金融从业经验的人员担任。董事、监事、高级管理人员和从业人员的资格管理办法由融资性担保业务监管部际联席会议另行制定。

六是为防范融资担保业务风险、准确计量融资担保责任余额，《融资性担保公司管理暂行办法》第二十七条：融资性担保公司对单个被担保人提供的融资性担保责任余额不得超过净资产的 10%，对单个被担保人及其关联方提供的融资性担保责任余额不得超过净资产的 15%，对单个被担保人债券发行提供的担保责任余额不得超过净资产的 30%。根据《融资担保公司监督管理条例》有关规定，融资担保责任余额，是指各项融资担保业务在保余额，按照《融资担保责任余额计量办法》规定的对应权重加权之和；对于按比例分担风险的融资担保业务，融资担保责任余额按融资担保公司实际承担的比例计算。另外，融资担保责任余额不得超过融资担保公司净资产（扣除对其他融资担保公司和再担保公司的股权投资）的 10 倍，对于符合主要服务小微企业和“三农”条件的融资担保公司，可以提高至 15 倍；对同一被担保人、同一被担保人及其关联方的融资担保责任余额不得超过相应的比例。

七是对于未到期的责任准备金，担保赔偿准备金的计算规定，《融资性担保公司管理暂行办法》第三十一条：融资性担保公司应当按照当年担保费收入的 50% 提取未到期责任准备金，并按不低于当年年末担保责任余额 1% 的比例提取担保赔偿准备金。担保赔偿准备金累计达到当年担保责任余额 10% 的，实行差额提取。差额提取办法和担保赔偿准备金的使用管理办法由监管部门另行制定。

监管部门可以根据融资性担保公司责任风险状况和审慎监管的需要，提出调高担保赔偿准备金比例的要求。

（二）商业保理与微观审慎监管

为规范商业保理企业经营行为，防范行业风险，促进商业保理行业健康发展，政府已经出台了一些部门规章、地方法规专门用于规范保理业务的发展，包括中国人民银行发布的《应收账款质押登记办法》（中国人民银行令〔2007〕第4号），银监会发布的《商业银行保理业务管理暂行办法》（银监会令〔2014〕第5号）对商业银行开展的保理业务进行规范，对保理业务的定义和分类、保理融资业务管理、保理业务风险管理、法律责任等进行明确；商务部发布的《商务部关于商业保理试点有关工作的通知》（商资函〔2012〕419号）、《商务部关于香港、澳门服务提供者在深圳市、广州市试点设立商业保理企业的通知》（商资函〔2012〕1091号）、《关于做好商业保理行业管理工作的通知》（商办秩函〔2013〕718号），就商业保理试点工作提出一些政策指导。对商业保理的微观审慎监管以上述提到的法规为依据，主要分为以下七个方面进行介绍。

一是对于注册资本的规定，实缴资本不低于5 000万元，主出资人申请前一年总资产不低于5 000万元人民币，投资者及关联实体无违法违规记录。经营期限一般不超过30年，在中西部设立企业的经营期限一般不超过40年。

二是高管任职资质要求，北京石景山区要求应当拥有2名以上具有3年以上金融领域管理经验且无不良信用记录的高级管理人员，海淀区为5年；天津要求应当拥有2名以上具有金融领域管理经验且无不良信用记录的高级管理人员，拥有与其业务相适应的合格专业人员；上海要求应当拥有不少于2名具有3年以上金融领域管理经验且无不良信用记录的高级管理人员；重庆要求应当拥有2名以上具有3年以上金融领域管理经验且无不良信用记录的高级管理人员。

三是为规范商业保理的审计流程，由企业出具企业近3年运营情况说明、税务登记证明、完税凭证、缴纳社保的凭证及最近3年经审计的财务报告，了解企业近3年企业主要产品的生产经营情况、企业对外投资、重大资产构建等情况；核查企业销售额和营业利润增减变化、股东分红等情况；了解企业纳税及缴纳社保的情况；核查企业是否存在被工商行政、税务、环境保护等部门处罚的情况；了解企业未来经营目标和长远发展规划。

四是协助企业建立内部自查机制，保理公司、买方、卖方核对应收账款余额之前，应协助卖方内部进行往来款自查。自查内容包括：对当月销售数据进行统计；对当月发票金额进行统计：对上月未付款项进行统计；综合本次回款金额等。对账涉及的相关部门，如财务部和销售部或采购部各自设立自己的明细账簿，对于对账结论可分为核对无误和问题复查等内容。企业内部自查后，保理公司可以要求将内部自查结论提供于保理公司，并与保理公司掌握的账务资料进行核实，完成双向核对。

针对财务部门的往来账自查时，首先应将当月全部经济业务入账并结出余额，进行往来账自查。

（1）审查往来账余额的大小及方向，看是否有不正常的余额和方向，如出现异常情况，应重点审查相应的明细账。

（2）审查明细账时，应当逐笔浏览该账户借贷方有无不正常的发生额，有无异常摘要。如果存在异常的发生额或摘要等，应审查相应的记账凭证及原始凭证，以确定往来账无错记金额等错误发生。

（3）逐笔审查期初至期末业务的记账凭证及原始凭证，并记录日期、金额、发票编号等，以备在与对方单位对账时使用。

五是对于风险计量，商业保理企业风险资产与或有负债之和与风险系数的乘积不得超过 10 倍，再保理企业不得超过 15 倍。风险资产按照商业保理企业的资产总额与现金、银行存款、国债之差确定。或有负债按照商业保理企业承担还款保证责任的应收账款余额与对外担保余额之和确定。商业保理企业不良应收账款率不超过 5% 的，风险系数按 1 计算；不良应收账款率超过 5% （含）但不超过 10% 的，风险系数按不良应收账款率的 180 倍与 8 之差计算；不良应收账款率大于 10% （含）的，风险系数按 10 计算。

六是保持商业保理资产的足够流动性，建立合理的流动性风险指标体系与引进动态的流动性差额分析方法。我国现有的流动性风险缺乏普遍适用的衡量标准，主要采用存贷款比率、流动性资产和全部负债的比率、现金比率、超额准备金等指标，但缺乏反映保理公司不同时点流动性状况的指标与评价保理公司负债流动性管理能力的指标。为此，可增加流动性指数、业务集中度和引进动态流动性差额分析方法。当流动性差额为负值时，表明流动性需求增强，保理公司应通过建立合理规模的流动性储备以防范风险。

七是建立风险备付金制度，在保理业务实践中，要建立风险备付金制度，从每笔业务盈利中提取 2%—3% 的风险备付金，用于保理公司的流动性管理使用，可以在出现流动性危机时立即使用。目前，监管部门和税务部门还没有专门针对商业保理公司的风险备付金或准备金的监管办法和税收抵扣办法，由于建立风险准备金制度对于保理公司的可持续发展至关重要，因此应尽快完善相关的管理制度和税收抵扣方法，引导保理公司建立风险备付金制度。

（三）投资公司与微观审慎监管

1. 创业投资公司

第一，国家对创业投资企业实行备案管理。凡按规定完成备案程序的创业投资企业，应当接受创业投资企业管理部门的监管，投资运作符合有关规定的可享受政策扶持。未按规定完成备案程序的创业投资企业，不受创业投资企业管理部门的监管，不享受政策扶持。同时创业投资企业的备案管理部门分国务院管理部门和省级（含副省级城市）管理部门两级。国务院管理部门为国家发展和改革委员会；省级（含副省级城市）管理部门由同级人民政府确定，报国务院管理部门备案后履行相应的备案管理职责，并在创业投资企业备案管理业务上接受国务院管理部门的指导。

第二，设立管理方面，要求在省级及省级以下工商行政管理部门注册登记的创业投资企业，向所在地省级（含副省级城市）管理部门申请备案，并且实收资本不低于3 000万元人民币，或者首期实收资本不低于1 000万元人民币且全体投资者承诺在注册后的5年内补足不低于3 000万元人民币实收资本。投资者不得超过200人。其中，以有限责任公司形式设立创业投资企业的，投资者不得超过50人。单个投资者对创业投资企业的投资不得低于100万元人民币。所有投资者应当以货币形式出资。有至少3名具备2年以上创业投资或相关业务经验的高级管理人员承担投资管理责任。委托其他创业投资企业、创业投资管理顾问企业作为管理顾问机构负责其投资管理业务的，管理顾问机构必须有至少3名具备2年以上创业投资或相关业务经验的高级管理人员对其承担投资管理责任。

第三，投资运作，创业投资企业可以以全额资产对外投资。其中，对企业的投资，仅限于未上市企业。但是所投资的未上市企业上市后，创业投资企业所持股份的未转让部分及其配售部分不在此限。其他资金只能存放银行、购买国债或其他固定收益类的证券。经与被投资企业签订投资协议，创业投资企业可以以股权和优先股、可转换优先股等准股权方式对未上市企业进行投资。创业投资企业应当在章程、委托管理协议等法律文件中，明确管理运营费用或管理顾问机构的管理顾问费用的计提方式，建立管理成本约束机制。创业投资企业不得从事担保业务和房地产业务，但是购买自用房地产除外。

2. 股权投资公司

第一，股权投资企业管理。股权投资企业可以通过组建内部管理团队实行管理，也可以采取委托管理方式将资产委托给管理企业进行管理，实行委托管理的股权投资企业与受托管企业须签订委托管理协议。

第二，设立与合伙人资格。除法律、行政法规和国务院决定规定禁止外，境外自然人、法人和其他合法经济组织均可以作为股权投资企业与管理企业的股东或合伙人。所有股东或合伙人均以货币形式出资。设立股权投资企业与管理企业应当依法在工商部门登记注册股权投资企业管理暂行办法。以股份有限公司形式成立的股权投资企业与管理企业发起人数不得少于 2 人，最高不得超过 200 人。以有限责任公司形式设立的股权投资企业，管理企业股东人数不得超过 50 人，以合伙制企业形式设立的股权投资企业与管理企业合伙人数不少于 2 人，最高不得超过 50 人。股权投资企业注册资本或全体合伙人出资额不少于人民币 3 000 万元，首期缴付不少于人民币 1 000 万元。管理企业注册资本或全体合伙人出资额不少于人民币 1 000 万元，首期缴付不少于人民币 500 万元。股权投资企业的注册资本应当以非公开发行方式募集，不得以任何方式公开募集。

第三，高管任职资格。管理企业至少有 3 名高级管理人员，具备 2 年以上股权投资或相关业务经验，其中至少有 1 名高级管理人员具备 5 年以上股权投资或经济管理经验。管理企业及实行自我管理的股权投资企业，其《公司章程》或合伙企业等法律文件应载明业绩激励机制风险约束机制，并约定相关投资运作的决策程序，并在相关法律文件中向投资人充分揭示风险。

3. 天使投资公司

第一，天使投资公司引导基金管理。设立引导基金管理委员会，引导基金阶段性参股等重大事项的决策和协调，设立创新中心并且在银行设立引导基金专门账户管理委员会办公室加强对引导基金的管理，引导基金的引导方式为基金参股，由创新中心先行洽谈相关合作协议，经管理委员会办公室研究后报管理委员会审议。同时，引导基金参股创业投资机构形成的股权基金，参与该基金的符合合伙人协议要求的，合伙人同意，可适时退出，用于发起设立新的天使投资企业。

第二，税收管制。天使投资个人采取股权投资方式直接投资于初创科技型企业满 2 年的，可以按照投资额的 70% 抵扣转让该初创科技型企业股权取得的应纳税所得额；当期不足抵扣的，可以在以后取得转让该初创科技型企业股权的应纳税所得额时结转抵扣。天使投资个人投资多个初创科技型企业的，对其中办理注销清算的初创科技型企业，天使投资个人对其投资额的 70% 尚未抵扣完的，可自注销清算之日起 36 个月内抵扣天使投资个人转让其他初创科技型企业股权取得的应纳税所得额。

第三，天使投资公司决策审查。首先投资项目发掘推荐自荐，然后由投资经理进行初审，审查项目建议书，约见项目方初步调研。初审合格向总经理提出投资立项申请，总经理同意立项后组建项目组。项目组全体成员尽职调查，合格后，项目组提交尽职调查报告和价值评估报告。然后由总经理办公室会讨论，作出投资决策，并报送监事和财务经理进行合规性和实质性审查。项目组进行交易结构谈判，并报决策层批复。决策层向财务经理下达支付通知，财务经理根据监事会合规性审查函、资深实质性审查函和支付通知向会计下达支付命令。然后最后交由董事会讨论。其中任何一个部分审查不合格都会作出进一步审查或放弃投资。

（四）地方资产管理公司与微观审慎监管

在市场需求、政策松绑效应和各地政府推动下，地方资产管理公司近几年密集成立。为了使数量逐渐增多的地方 AMC 健康发展，防范其发展过程中过度滋生风险，很多地区的金融办出台了相关审慎监管措施。如山东省金融办印发了《山东省地方资产管理公司监管暂行办法》，在相关监管制度设计上，注重吸收中央关于四大金融资产管理公司的成熟做法，参考《金融资产管理公司条例》和《金融资产管理公司监管办法》相关规定，沿袭了公司设立、业务范围、公司治理、经营管理、监督管理等监管制度安排。2017 年 10 月 25 日，江西省金融办公布《江西省地方资产管理公司监管试行办法》，明确建立风险管控为本的审慎监管框架，对银监会划定的地方资产管理公司准入门槛进行了细化，包括但不限于地方资产管理公司的股东资格、公司治理、高管任职、风险管控、资本充足性、财务稳健性、信息披露等。对于地方资产管理公司的审慎监管，本章主要以山东省和江西省的相关规定为例。下面分为七个方面进行介绍。

一是对于地方资产管理公司的资金充足率的规定。2018 年《山东省地方资产管理公司监管暂行办法》依据《金融资产管理公司监管办法》作出规定：省政府地方金融监管机构根据全省不良贷款质量情况，确定公司处置不良贷款的经营目标。与此同时，规定公司资本充足率不低于 12.5%，公司资产流动性比例不低于 25%。在沿袭中央有关金融监管文件精神的同时，山东省做了适度创新和突破。例如，对公司主营业务，规定用于经营不良资产的资金不低于公司资本金的 60%；建立资本自救安排机制，省地方金融监管机构在必要时可要求公司股东给予流动性支持。此外，江西省金融办颁布的《江西省地方资产管理公司监管试行办法》第三十条：地方资产管理公司的资本充足率不得低于12.5%。

二是对地方资产管理公司注册资本的规定。《江西省地方资产管理公司监管试行办法》第六条：注册资本最低限额为10亿元人民币，为实缴货币资本，须一次性足额缴纳。

三是对地方资产管理公司的股东资格的规定。《江西省地方资产管理公司监管试行办法》第八条：地方资产管理公司发起人应具有较强的可持续出资能力，发起时资产负债率不超过70%。其中主发起人出资额不高于净资产的50%，其他发起人出资额不高于净资产的70%。第十五条：地方资产管理公司主发起人持有的股份自地方资产管理公司成立之日起5年内不得转让，其他股东持有的股份2年内不得转让（监管部门责令转让或司法机关强制转让的除外）。第七条：地方资产管理公司的发起人应为企业法人，单个股东出资或者持股比例不得超过地方资产管理公司注册资本总额的40%，股东之间不得有关联关系。同一企业法人不得持有两家或两家以上地方资产管理公司的股份或股权。

四是对于高管任职资格的规定。《江西省地方资产管理公司监管试行办法》第十条：地方资产管理公司董事应当具备以下条件：（1）从事金融、经济、法律、财务等工作5年以上；（2）具有大学专科以上学历。申请独立董事任职资格的，应与所申请地方资产管理公司不存在关联关系、利益冲突或者其他可能妨碍独立客观判断的情形。第十一条：地方资产管理公司董事长、副董事长应当具备以下条件：（1）从事金融工作6年以上，或从事相关经济工作10年以上，其中从事金融工作3年以上；（2）具有大学本科以上学历；（3）省政府金融办规定的其他条件。第十二条：地方资产管理公司高级管理人员应当具备以下条件：（1）拟任地方资产管理公司总经理应当具备本科以上学历，从事金融工作8年以上，或从事相关经济工作12年以上，其中从事金融工作4年以上；（2）拟任地方资产管理公司副总经理、总经理助理、董事会秘书应当具有大学本科以上学历，从事金融工作6年以上，或从事相关经济工作10年以上，其中从事金融工作3年以上；（3）拟任地方资产管理公司财务负责人应当具备本科以上学历，从事财务、会计或审计工作6年以上；（4）拟任地方资产管理公司合规负责人应当具备本科以上学历，从事相关经济、法务工作6年以上，其中从事金融工作2年以上。第十三条：地方资产管理公司董事和高级管理人员离任，其任职资格自离任之日起自动失效。董事长、副董事长和高级管理人员离任，地方资产管理公司应当在六十日内向省政府金融办报送其离任审计报告。

五是对地方资产管理公司风险管控的规定。《江西省地方资产管理公司监管试行办法》第二十一条：地方资产管理公司应当根据经济发展状况、市场变化、发展战略和风险偏好等因素，确定审慎、可行的年度经营计划。第二十二条：地方资产管理公司应当整合风险管理资源，逐步建立独立、全面、有效的综合风险管理体系，公司董事会全面负责公司范围的风险管理、内控机制、内部审计和合规管理，确保公司风险管理行为的一致性。(1) 地方资产管理公司董事会应当设立独立的风险管理委员会；(2) 地方资产管理公司董事会应当设立独立的审计委员会，审计委员会成员主要由非兼任高级管理人员职务的董事或监事担任；(3) 地方资产管理公司应当建立独立的风险、合规管理部门和内部审计部门，在人员数量和资质、薪酬等激励政策以及公司内部信息渠道等方面给予风险管理部门和内部审计部门必要的支持。第二十三条：地方资产管理公司应当建立包括但不限于以下的风险管控机制：(1) 制定适当的长、短期资金调度原则及管理规范，建立衡量及监控地方资产管理公司流动性风险的管理机制，衡量、监督、管控公司的流动性风险；(2) 根据公司整体风险情况、自有资本及负债的特征进行各项投资资产配置，建立各项投资风险管理制度；(3) 建立资产性质和分类的评估方法，计算及管控地方资产管理公司的大额风险暴露，定期监测、核实并按照会计准则计提损失准备。

六是对地方资产管理公司财务审计的规定。《江西省地方资产管理公司监管试行办法》第二十四条：地方资产管理公司应当建立统一的内部审计制度，检查公司的业务活动、财务信息和内部控制。第三十四条：地方资产管理公司应当严格依据会计准则进行会计核算，提高会计信息的可靠性，提升会计信息质量，全面、真实反映公司经营状况，满足监管要求。第四十二条：地方资产管理公司应当建立健全财务会计报告制度，每年向省财政厅提供财务会计报告，并于年度终了后一个季度内将年度审计报告报送省财政厅。第四十三条：地方资产管理公司应当于每月 15 日前向省政府金融办报送上月业务统计报表，按季向省政府金融办报送财务报表和经营情况报告，并于年度终了后一个季度内向省政府金融办报送年度审计报告。

七是对于地方资产管理公司信息披露的规定。《江西省地方资产管理公司监管试行办法》第三十六条：地方资产管理公司应当制定与其经营战略相适应的信息化建设规划，建立完善适应业务实际需求的信息管理系统，及时、准确、全面获取公司资本、流动性、大额风险暴露、盈利、绩效评价等信息。第三十八条：地方资产管理公司应当建立和完善信息披露制度，规范披露程序，明确内部管理职责，在公司官网等媒体披露公司营业地址、联系电话、治理结构、组织结构、股权结构、高管人员信息、监管部门监督投诉方式等。相关信息发生变更的，应在变更后 7 日内及时更新。

本章小结

本章总结了投资与增信类民间金融与宏观审慎监管、微观审慎监管之间的关系，分别从理论层面和实践层面探讨了两者之间存在的双向反馈机制。梳理了宏微观审慎监管的目标、工具、对象等内容，并分别介绍了融资性担保公司、商业保理公司、投资公司与地方资产管理公司的微观审慎监管制度安排。

本章重要概念

宏观审慎监管　微观审慎监管　系统性风险　单一风险　贷款价值比　资本充足率　逆周期资本要求　动态资本要求

本章思考题

1. 请简述宏观审慎监管与微观审慎监管的异同点。
2. 哪些监管手段属于宏观审慎监管？为什么宏观审慎监管要依靠微观手段才能实现？
3. 微观审慎监管措施在融资性担保公司有哪些体现？
4. 微观审慎监管措施在商业保理公司有哪些体现？
5. 地方资产管理公司的资产证券化业务是如何影响宏观审慎监管的？
6. 融资性担保公司经营非担保业务会对其审慎经营产生哪些影响？你认为应如何才能防止这些行为？
7. 当前，相当数量的商业保理公司介入地产融资项目，你如何看待此类行为？
8. 当前，越来越多的民间金融机构利用金融科技开拓业务，这会对宏微观审慎监管带来哪些不利影响？

本章参考文献

[1] 张亦春，胡晓．宏观审慎视角下的最优货币政策框架 [J]．金融研究，2010

(05)：30－40.

[2] 方意．中国宏观审慎监管框架研究 [D]．南开大学，2013.

[3] 中国人民银行调查统计司与成都分行调查统计处联合课题组．影子银行体系的内涵及外延 [J]．金融发展评论，2012 (08)：61－76.

[4] 李波，伍戈．影子银行的信用创造功能及其对货币政策的挑战 [J]．金融研究，2011 (12)：77－84.

[5] 陈霜华，蔡厚毅．商业保理实务与案例 [M]．上海：复旦大学出版社，2016.

[6] 李书文．商业保理 [M]．北京：中国民主法治出版社，2016.

[7] 王彬．地方资产管理公司治理与发展 [M]．北京：法律出版社，2018.

[8] 巴曙松，杨春波，陈金鑫．中国不良资产管理行业的发展新趋势 [J]．当代金融研究，2018 (03)：38－46.

[9] 陆志红，王含笑．利用地方资产管理公司防范区域金融风险的几点思考 [J]．浙江金融，2017 (02)：47－50.

[10] 李曙琦．区域金融稳定发展的对策研究——基于地方资产管理公司的视角 [J]．经济研究导刊，2016 (31)：61－62＋86.

[11] 马翔，黎贤强．宁波市创业投资发展研究 [J]．经济地理，2019，39 (07)：158－164.

[12] 张旭波．私募股权投资的风险规避研究 [D]．华中科技大学，2009.

[13] 钱苹，张帏．我国创业投资的回报率及其影响因素 [J]．经济研究，2007 (05)：78－90.

[14] 倪剑．地方资产管理公司的定位与监管研究 [J]．上海金融，2015 (01)：49－53.

[15] Olivier Butzbach. Systemic risk，macro-prudential regulation and organizational diversity in banking [J]. Policy and Society，2016，35 (3).

附录一　国家融资担保基金股东及出资比例

股东名称	出资（亿元人民币）	占比（%）
中华人民共和国财政部	300	45.39
中国工商银行	30	4.54
中国农业银行	30	4.54
中国银行	30	4.54
中国建设银行	30	4.54
交通银行	30	4.54
中国邮政储蓄银行	20	3.03
国家开发银行	20	3.03
上海浦东发展银行	20	3.03
兴业银行	20	3.03
招商银行	20	3.03
中国民生银行	20	3.03
中信银行	20	3.03
中国光大银行	10	1.51
华夏银行	10	1.51
浙商银行	10	1.51
平安银行	10	1.51
中国进出口银行	10	1.51
中国农业发展银行	10	1.51
中国人寿保险（集团）	10	1.51
北京金融街资本运营中心	1	0.15
合计	**661**	**100**

附录二　地方资产管理公司名录

公司名称	成立时间	总部地址	注册资本（亿元人民币）
上海国有资产经营有限公司	1999 年 9 月	上海	55
海南联合资产管理有限公司	2003 年 7 月	海口	10. 33
北京市国通资产管理有限责任公司	2005 年 2 月	北京	10
辽宁省国有资产经营有限公司	2006 年 3 月	沈阳	10
广东粤财资产管理有限公司	2006 年 9 月	广州	30
福建省闽投资产管理有限公司	2008 年 11 月	福州	15
江苏资产管理有限公司	2013 年 5 月	无锡	50
广西金控资产管理有限公司	2013 年 6 月	南宁	100
天津津融投资服务集团有限公司	2013 年 7 月	天津	29. 15
浙江省浙商资产管理有限公司	2013 年 8 月	杭州	60. 18
安徽国厚金融资产管理有限公司	2014 年 4 月	芜湖	25
山东省金融资产管理股份有限公司	2014 年 12 月	济南	101. 1
四川发展资产管理有限公司	2015 年 1 月	成都	30
湖北省资产管理有限公司	2015 年 2 月	武汉	30
吉林省金融资产管理有限公司	2015 年 2 月	长春	10
宁夏顺亿资产管理有限公司	2015 年 4 月	银川	102
上海睿银盛嘉资产管理有限公司	2015 年 6 月	上海	20
内蒙古金融资产管理有限公司	2015 年 8 月	呼和浩特	52. 3
中原资产管理有限公司	2015 年 8 月	郑州	50
青岛市资产管理有限责任公司	2015 年 9 月	青岛	30
河北省资产管理有限公司	2015 年 11 月	石家庄	10
厦门资产管理有限公司	2015 年 12 月	厦门	16
光大金瓯资产管理有限公司	2015 年 12 月	温州	30
湖南省资产管理有限公司	2015 年 12 月	长沙	30

续表

公司名称	成立时间	总部地址	注册资本（亿元人民币）
华融晋商资产管理股份有限公司	2016年2月	太原	30
江西省金融资产管理股份有限公司	2016年2月	南昌	20
甘肃资产管理有限公司	2016年3月	兰州	20
苏州资产管理有限公司	2016年5月	苏州	12
黑龙江嘉实龙昇金融资产管理有限公司	2016年6月	哈尔滨	10
华融昆仑青海资产管理股份有限公司	2016年6月	西宁	10
重庆渝康资产经营管理集团有限公司	2016年6月	重庆	50
海德资产管理有限公司	2016年7月	拉萨	47.21
陕西金融资产管理股份有限公司	2016年8月	西安	45.08
广西广投资产管理有限公司	2016年10月	南宁	10
天津滨海正信资产管理有限公司	2016年11月	天津	10
湖北天乾资产管理有限公司	2016年12月	武汉	26.98
云南省资产管理有限公司	2016年12月	昆明	20
泰合资产管理有限公司	2017年1月	济南	100
宁波金融资产管理股份有限公司	2017年2月	宁波	10
兴业资产管理股份有限公司	2017年2月	福州	19.5
深圳市招商平安资产管理有限责任公司	2017年3月	深圳	30
重庆富城资产管理有限公司	2017年3月	重庆	15
晋阳资产管理股份有限公司	2017年3月	太原	30
广州资产管理有限公司	2017年4月	广州	30
辽宁富安金融资产管理有限公司	2017年5月	沈阳	10
贵州省资产管理股份有限公司	2017年6月	贵安新区	10
安徽省中安金融资产管理股份有限公司	2017年6月	合肥	40
黑龙江国投穗甬资产管理有限公司	2017年7月	哈尔滨	10
河南资产管理有限公司	2017年8月	郑州	50
甘肃长达金融资产管理股份有限公司	2017年8月	兰州	10
宁夏金融资产管理有限公司	2017年8月	银川	10
新疆金投资产管理股份有限公司	2017年8月	乌鲁木齐	10
内蒙古庆源绿色金融资产管理有限公司	2017年12月	呼和浩特	14
江西瑞京金融资产管理有限公司	2018年1月	赣州	15
北京资产管理有限公司	2019年7月	北京	12